历史的智慧

国家人文历史
NATIONAL HUMANITY HISTORY

三国面孔

纷争下的人性与权谋

《国家人文历史》编著

中央党校出版集团 大有书局

目录

001 世家的此消彼长

089 谋略的交锋

世家的此消彼长

弘农杨氏的五百年孤独：杨修为何必死？

自震至彪，四世太尉，德业相继，与袁氏俱为东京名族云。

《后汉书·杨震列传·杨修》

提到“四世三公”，很多人首先想到的是袁绍、袁术出身的汝南袁氏。东汉末年，“四世三公”并非汝南袁氏一家独享，《三国演义》中颇具知名度的谋士杨修的家族同样是“四世三公”，煊赫时比起汝南袁氏毫不逊色。但随着杨修在曹操麾下的攀升与身死，他的家族也因此中衰，在三国时期走向了没落。

弘农杨氏和杨修的入仕

杨修出身于著名的弘农杨氏，杨氏家族的荣耀源于垓下之战。

汉初，一位名叫杨喜的士兵效力于刘邦麾下，任职郎中骑。他本从属韩信作战，后来跟随灌婴。在垓下之战中，汉军杨喜奉命追击项羽到乌江。西楚霸王项羽不会知道，当他自刎于乌江后，有五个汉军士兵争抢肢解了他的尸体去论功行赏。杨喜就是这五人之一，他凭借项羽的残骸受封赤泉侯，得食邑一千九百户，采邑南阳郡丹水县，逝世后被追赠为严侯，荣获列侯之尊。

到了杨喜的曾孙杨敞时，杨氏与一户司马人家联姻。杨敞迎娶的妻子名为司马英，她就是太史公司马迁的女儿。或许，《史记》之所以能将楚汉之争记录得如此生动，跟亲家代代相传的口述回忆有关。

说回杨家。杨敞很受当时的权臣霍光赏识，官运亨通，参与了废黜刘贺和拥立汉宣帝等重大事件，受封安平侯，新增封邑三千五百户。

至此，弘农杨氏数百年的荣光正式开启。

到了东汉，弘农杨氏在庙堂之上已经累世公辅，朝廷之外培养恩待的门生故吏业已遍布天下。杨敞的玄孙杨震成为一代大儒，号称“关西孔子”，官至司徒、太尉。杨震的儿子杨秉、孙子杨赐也继承祖上遗风，均官至太尉。弘农杨氏的声望到此时达到极盛，已有“四世太尉”的美称。

但与弘农杨氏的兴旺相反，汉室却日渐颓败。此时的弘农杨氏，并没有像其他世家大族一样，或走到台前争霸，或另寻觅明主，而是一直试图维持摇摇欲坠的东汉王朝。

杨修的父亲杨彪也是如此。杨彪曾一路不辞辛苦地跟随汉献帝东归，几度险些丧命。建安元年（公元196年），曹操迎汉献帝定都于许昌，在东归百官之中，曹操独独惧怕杨彪。随后百官举行大宴时，因为见杨彪神情不悦，立足未稳的曹操在惧怕之下离开了宴会。

此后不久，曹操借口杨彪与袁术有姻亲关系，弹劾杨彪大逆之名，诬陷杨彪勾结袁术废黜献帝，将杨彪下狱。好在弘农杨氏根基深厚，杨彪之父杨赐的门生孔融为了这件事东奔西走、竭力营救，甚至对曹操以辞职相胁，才保得杨彪平安出狱。但自此以后，杨彪也逐渐淡出了权力中心。

建安十一年（公元206年），曹操逐渐坐大，北方根据地愈加稳固。为了避祸，杨彪以“脚挛不复行”主动引退。杨彪投之以桃，曹操报之以李，加上为了维持和士族之间的关系，杨彪之子杨修被擢升，担任“主簿”。

杨修正式接过弘农杨氏的接力棒，踏上仕途。入仕以后，杨修的办事能力和聪明才智在当时也是有目共睹的，但这并没有为杨修带来正面的回报，反而成了他和弘农杨氏灾祸的起点。

流血的仕途

《三国演义》中，杨修是因为屡次揣测曹操的心思，导致曹操厌恶才最终身首异处。在真实历史上，杨修的自作聪明和“鸡肋”事件虽真实存在，但被杀也不单单是因为他的锋芒。

杨修踏上的仕途，就是一条不归路。

关于杨修不懂藏锋这点，演义和正史的记录高度重合。曹操率军征讨刘备途中，战事陷入胶着，诸军不知进退之际，听到曹操口称“鸡肋”不止，众人还在惶惑不解，只有杨修声称：“夫鸡肋，食之则无所得，弃之则如可惜，公归计决矣。”毫不费力，杨修猜到了曹操退兵的意图，后来的曹操也如杨修猜测一样，引兵退去。

但与演义不同的是，曹操并没有因此迁怒杨修，更没有以蛊惑军心之名将杨修处死。但此后杨修丝毫不知收敛，在《后汉书·杨震列传·杨修》中记载：“修又尝出行，筹操有问外事，乃逆为答记，敕守舍儿：‘若有令出，依次通之。’”杨修旷工出行也就罢了，还喜欢猜测曹操会询问的政令问题，然后提前做出解答。这种自作聪明的把戏，为自己日后的灾祸埋下了隐患。

如果仅仅是自作聪明，杨修不致落到最后的凄惨处境。最致命的是，杨修还参与了曹植、曹丕的夺嫡之争。杨修入仕不久，就和曹操之子曹植交好，在曹操考察曹丕、曹植的能力时，杨修屡屡为曹植出谋划策。杨修给曹植的书信中，言语之间所表现出来的关系远远超过主从，不由得让人怀疑杨修背后的弘农杨氏。

杨修的《答临淄侯笺》中对曹植道：“不待数日，若弥年载，岂由爱顾之隆，使系仰之情深耶？”杨修竭力表达了自己对曹植的思念和敬仰，用词之恳切，宛若情信。弘农杨氏带有政治投资的强烈目的在这种极力讨好的表现下难以被隐藏。

在杨修的帮助下，曹植在夺嫡之争中一度取得优势。但曹植和杨修并不安分，曹操出征期间，曹植醉酒误事“乘车行驰道中，开司马门出”，走了天子御道。共犯杨修还与曹植一起，“谤讪鄢陵侯（曹）彰”，这也招致了曹操的勃然大怒。公车令因为这一事件的发生被曹操下令处死，此后，曹植日渐为曹操所疏远。

不久之后，曹操确立了曹丕的继承地位，曹植正式出局。确定储位的曹操也并非高枕无忧，他十分担心这场储位之争会在自己百年之后彻底失控。曹操所忧虑的，并不是杨修的卖弄和投机，毕竟，他曾批过下属“面从”，说明曹操并不介意下属是精明之人；曹操忌惮的，是弘农杨氏四百年来盘根错节的家族势力。在这个前提下，杨修机敏的味道开始不一样了。杨修的仕途，已经悄然走向了尽头。

杨修的身死：弘农杨氏的衰落

> 至（建安）二十四年秋，公以（杨）修前后漏泄言教，交关诸侯，乃收杀之。修临死，谓故人曰："我固自以死之晚也。"
>
> 裴注引《典略》

南朝著名史学家裴松之注解批改的《典略》中，对杨修的死因做了概括："言语无忌""与诸侯交好"。这些固然是杨修被杀的罪名之一，但直到杨修临死前，他都在对故人感叹：自己死得太晚了。不难看出，杨修对自己的结局早有预料，杨修必死的最关键因素，也和他背后的弘农杨氏关系颇大。

杨修身死前的几年，曹操集团的状况可谓相当糟糕——

建安十六年(公元211年)，步骘为孙权初定交州；

建安十九年(公元214年)，刘备入成都取代刘璋，初平益州；

建安二十四年(公元219年)，刘备在汉中之战中取胜，曹操被迫撤离；同年，关羽水淹七军，威胁曹操统治的腹地，威震华夏，刘备势力发展至顶峰。

外部威胁不断，内部的麻烦也让曹操焦头烂额。曹操称"魏王”之后，汉室天子权威坠地，这也诱发了曹操集团内部的震荡，如扶风耿氏耿纪、冯翊吉氏吉本、京兆金氏金祎、京兆韦氏韦晃等忠于汉献帝的亲汉势力均倒戈相对。为此，曹操甚至牺牲了长期跟随他的名士荀彧，对旧汉臣势力开始清算。

> 太祖西征，田银、苏伯反，幽、冀扇动。
>
> 《三国志 · 常林》

> 二十三年春正月，汉太医令吉本与少府耿纪、司直韦晃等反，攻许，烧丞相长史王必营，必与颍川典农中郎将严匡讨斩之。
>
> 《三国志 · 武帝纪第一》

> 讽字子京，沛人，有惑众才，倾动邺都，钟繇由是辟焉。大军未反，讽潜结徒党，又与长乐卫尉陈祎谋袭邺。未及期，祎惧，告之太子，诛讽，坐死者数十人。
>
> 《世语》

当曹操顾望自己身边的亲汉势力时，一定不会忽略掉弘农杨氏，这个既有煽动叛乱的嫌疑，又有组织叛乱的能力的家族。早年杨彪与曹操关系不睦，即便杨彪退求自保，弘农杨氏在曹操眼中也越发碍眼了。弘农杨氏中，除杨彪对汉室尽忠外，其余杨氏成员也是不折不扣的“亲汉派”。侍中杨琦与黄门侍郎钟繇一起谋划策反了李傕的部将杨昂、宋晔，救汉献帝于危难之中，这才有了后来的“献帝东归”。此外，杨奉之孙杨众，以谒者仆射之身从献帝入关，累迁至御史中丞，一路跟随汉献帝从不易节。献帝东归后，夜走渡河，杨众也不辞辛苦地同百官步行跟随。不难看出，弘农杨氏中的大多数人，对汉室有着相当高的忠诚度。除此之外，杨修作为杨彪的独子，其母袁氏是袁术亲族。他身负弘农杨氏和汝南袁氏双重血脉，家族又是汉室的“铁杆派”，这样的身份很难让曹操放心。杨修之死，已成必然。杨修及弘农杨氏的深厚根基对曹操来说，如芒刺在背，因此，杨修之死所引发的与弘农杨氏的疏离，就已经不那么重要了。

匹夫无罪，怀璧其罪。作为政治牺牲品的杨修，成为曹操对亲汉士族的一个严重警告。弘农杨氏也自杨修死后开始没落，再没能力干预曹丕、曹叡当政时期的事务决策。

持续百年声望的弘农杨氏，即使衰落了，也会被后世向往，最有名者当属杨坚。他曾自称杨震后人，但据历史学家陈寅恪考证，杨坚先祖来源山东，而据唐长孺、李文才、魏宏利等学者考证，东汉太尉杨震的后裔到了北魏时期已经不可考证。所以，《新唐书·宰相世系表》中记载的北朝以来的“弘农杨氏”[杨珍、杨播、杨钧（越公房）、杨雄（观王房）、杨惠嘏]均属伪冒，大抵是想借弘农杨氏自抬身价。

有人将杨修之死看作弘农杨氏的“五百年孤独”，这个家族是否仍有后人，天知道答案。

（文/湘桥蓬蒿人）

汝南袁氏：袁绍和袁术为何不兄弟联手？

按照大众的一般观念以及历史上那些著名的士族门阀之经历，同一个家族的成员间应当是团结奋斗，至少不去给对方添堵，这样才能保证家族势力的稳定和发展（皇室宗亲争权除外）。可在汉末，同为“四世三公”的袁氏首领，袁绍和袁术不但没有携手打天下，反而势同水火，最后被曹操各个击破了。那么袁绍和袁术之间究竟有着什么样的矛盾，让他们成为“兄弟阋墙”而失败的典型呢？

龙生九种，各不相同

要解答这个问题，首先得从二袁的家族身份谈起。二人同出身于高门汝南袁氏，汝南袁氏在东汉时兴起，先祖袁良曾被汉光武帝刘秀任命为成武县令；袁良孙子袁安被举孝廉，官至司空、司徒这样的朝廷“三公”（东汉“三公”包括太尉、司徒、司空）；袁安的三子袁敞位列司空；而袁敞的儿子袁汤又累迁了“三公”中的司空、司徒、太尉；袁汤的三个儿子更了不得，长子袁成担任左中郎将，次子袁逢先后担任过太仆卿、司空、执金吾，三子袁隗担任太尉和太傅。袁家连着四世都有人担任

“三公”的官职，这就是汝南袁氏“四世三公”的由来，是东汉时期最显赫的家族之一。

袁绍和袁术都是司空袁逢的儿子，看似亲兄弟，但是袁绍因为母亲地位卑贱，被过继给了袁成当儿子，而袁术的母亲是袁逢正妻，这使得袁术成为袁家的嫡子。这样一比较，袁术是根正苗红的“三公”后代，而袁绍的地位就差多了，与袁术从同父异母的兄弟变成了异父异母的兄弟。这样一来，在讲究家庭地位的高门贵族之中，年龄上袁绍虽然是兄，但是在弟弟袁术面前却矮了三分。但论及气质和才能，袁绍和袁术却是反着的。袁绍相貌英俊、气宇轩昂，很得父辈们的喜欢。他二十岁时出任濮阳县令，是位清正廉洁、勤政能干的优秀地方官。在愈演愈烈的“党锢之祸”时期，他暗中通过自己的社会关系保全儒家士大夫和太学生等“党人”，与宦官势力对抗。黄巾之乱后，他又成为大将军何进府上的幕僚，先后担任中军校尉和司隶校尉，多次劝说何进对宦官斩尽杀绝。在错把董卓引入洛阳后，面对董卓的威压毫不惧怕、面而斥之，并广罗人才以对抗董卓。由此可见，袁绍在早年还是展现出了一定的英断与智谋，再加上汝南袁氏的声望，这也是他能够成为讨董联军盟主的原因。

反观袁术，虽然也有一定的勇气和能力，也参与了讨董行动，但是从小优渥的生活条件和地位让他养成了骄奢淫逸、盛气凌人的性格和习惯，在长水校尉任上就得到了百姓的讽刺绰号“路中悍鬼袁长水”，与袁绍在地方官任上清正能干的名声形成鲜明对比。由于这样的性格，袁术难以做到礼贤下士，因此为当时的豪杰和枭雄所不喜。他虽然相较袁绍有嫡子优势，但却嫉妒袁绍的相貌和才华。袁术在得势时战略头脑不清楚，盲目称帝，过早地把自己变为众矢之的，最终自取灭亡。

因此，袁绍和袁术在家庭地位和性格特质上的差别，是他俩不能联手打天下的一个关键因素。

政见不合，野心很大

如果说家庭地位和性格上的差别还不足以决定二人关系的好坏，那么袁绍和袁术二人在政见和目标上的差别，是决定他俩不能成为盟友的根本因素。

同为显赫高门出身，在面对汉室皇权落于他手、皇家脸面被枭雄们扔在地上狠狠踩踏的局面时，袁绍和袁术都在心中升起了掌控朝廷甚至取汉室而代之的心思。但不同的是，袁绍并不想很快地取代汉室，而是提出要与其他实力派人物共同辅佐皇帝，自己先成为一人之下万人之上的人物。袁术的想法则更为迫切，心思直接写在了脸上，在北方强敌环伺的时候就敢直接行僭越之事。

先来看袁绍的方略。袁绍曾经和曹操讨论过一个问题：如果讨董行动失败，可以去什么地方据守呢？袁绍提出的战略是南据黄河，北守燕、代，兼有乌丸、鲜卑之众，然后南向争夺天下。其核心思想就是统辖以河北大地为核心的北方地区，再与其他势力对抗。而曹操提出，收纳人才才是平天下的根本。

许多观点都用这段对话来证明曹操的境界比袁绍高，但事实上，他们只是分别从地缘战略和人心战略的不同角度进行了讨论。袁绍对搜罗人才一直都很重视，手下谋士、良将很多，而曹操在征战北方的过程中，事实上是按袁绍的地缘路线实行的。因此，袁绍在战略眼光上其实是比较到位的。他不如曹操的地方，在于他还没消灭曹操时，就已经对献帝开始不恭顺了，而曹操将尊重献帝的表面文章做到了袁绍死后。

袁绍在和自己的首席谋士沮授讨论方略时，沮授建议他先往东平定青州黄巾军，再消灭张燕势力，之后北平公孙瓒，最后降服草原上的游牧部落，就能够跨据黄河以北的四州之地，收纳天下英才，将皇帝迎回洛阳，成就扶汉大业。“虽黄巾猾乱，黑山跋扈，举军东向，则青州可定；还讨黑山，则张燕可灭；回众北首，则公孙必丧；震胁戎狄，则匈奴必从。横大河之北，合四州之地，收英雄之才，拥百万之众，迎大驾于西京，复宗庙于洛邑，号令天下，以讨未复。”这前半部分与袁绍和曹操提到的方略基本一致，后半部分则加上了迎回皇帝的内容。袁绍当时也意识到了挟天子以令诸侯的重要性，只是下手慢了，被曹操抢了先。

再来看袁术。与袁绍前期匡辅汉室相比，袁术很早就表现得私欲很重、格局不足。当时一等一的猛将孙坚成为他的副手，屡战屡捷，他却害怕孙坚将来威胁自己的地位，不给孙坚提供粮草资助。孙策帮助袁术打赢很多场战役，袁术却屡屡不兑现答应授予孙策的奖赏，反而将奖赏给了自己的亲信。袁绍在董卓死后，想要拥立成年宗室刘虞为帝，袁术却想要自己做皇帝，拒绝了这一提议。大概袁术觉得，自己是袁家嫡子，兵强马壮，为啥要听你这个庶子的建议，还把皇位让给刘家人坐？而袁绍看这个袁家嫡子想自己做皇帝，心想着如果他真称帝了，以自己的庶子身份是没法和他争的。因此，双方都对对方产生了很大的意见，这事也成了两人对立的导火索。在献帝一行人被董卓余部李傕和郭汜追着跑的时候，袁术没有意识到掌控天子的重要性，因此没有采取任何行动。他以为汉室大权旁落就是自己称帝的机会，却不了解自己在部曲和其他诸侯中的名声和人望究竟如何；他认为传国玉玺在手就有天命，以至于一宣布登基，手下的孙策等部将马上就叛离，其他诸侯更是马上找到借口攻打自己，使得局面陷入一发不可收的境地。袁术对老百姓也没什么感情，不懂得刘备说的“以人为本”的道理。在沛相舒邵劝袁术赈济饥饿的灾民时，袁术甚至想杀掉他。而袁绍因为比较善待百姓，他死后，很多河北人民都念着他的好。

袁术失势后走投无路，想要挽回和袁绍破裂的关系，打起了“家族牌”和“祥瑞牌”，想要把帝号推给袁绍。袁绍虽然内心很想称帝，甚至让主簿耿苞为自己找到“赤德衰尽，袁为黄胤，宜顺天意，以从民心”的理论依据，但还是清醒地认识到时机未到，拒绝接受帝号，并杀掉了耿苞以“自证清白”。

可以说，袁术这一路下来，没有很清晰的战略，都是见哪里有利可图就奔向哪里，一切行动朝着称帝的目标，也缺乏给力的谋士为自己匡正战略。本来，在袁绍和袁术势力较大的时候，二者也不是非得联合，各干各的也行，并到一起反而容易产生混乱。但是同为汝南袁家，他们哪怕互相嫉妒和看不起，最好也不要相互为敌、削弱袁氏的势力。袁术最后到了走投无路的时候，才想起来和袁绍搞好关系，可惜悔之晚矣。

不过二人有同样的性格弱项，就是抗挫折能力较弱。袁绍虽然输了官渡之战，但是还占据着庞大的河北之地，军事实力依然强过曹操，结果袁绍却备感落败，忧愤成疾，战后仅两年就病逝了。袁术在被曹军追击的过程中，想要得到蜜浆解渴而不得，遂感叹自己怎么会落到这种地步，结果呕血而亡。相比之下，刘备常年被各路军阀追得东奔西跑，四十多岁仍壮志不灭；曹操在赤壁、潼关、汉中遭遇大败后，能够及时调整心态并积极部署，力图卷土重来。在争夺天下这种要命的事业上，没有强大的抗压能力是不行的。

合作失败，破镜难圆

以上侧重于表述他们不能联合的理论因素。在现实经历上，他俩联合也是很难办到的，过去他们的合作经历就证明了这一点。

当初汉灵帝驾崩时，朝政混乱，大将军何进同时拉拢袁绍和袁术。二人在铲除宦官时合作得还算不错，但是在组织讨董联军时，袁绍当了盟主，袁术出于对袁绍地位的不服和保存实力的考量，开始游离在以袁绍为盟主的关东联军之外，这成为关东联军瓦解的一个重要因子。反观袁绍，在其尚未消灭董卓全部势力的时候，为了巩固势力又策动立刘虞为新皇帝，几件事情加在一起算是和袁术彻底闹翻。为此，袁绍突然出兵袭击刚刚打完董卓的孙坚（孙坚是袁术部下），实在不是一个讨董领袖该做的事。二人从此演变成军事对抗的状态。

袁术在与袁绍争霸时，把自己内心的阴暗面展露无遗。他试图拉拢河北地区的诸侯一起对抗袁绍，结果因为袁绍人望较高，没有几个跟随他的。袁术直接就破防了："群竖不吾从，而从吾家奴乎！"他还写信给公孙瓒说袁绍不是袁氏子孙，可见袁术此时已经完全不讲兄弟和同宗情谊了，对袁绍表现出了赤裸裸的鄙视。

第二次联合的机会，出现在上文中说到的袁术失势后去投奔袁绍时。如果袁术不是被曹操派出刘备和朱灵拦路阻截的话，袁术还能有活命的机会。但是我们也可以想见，以袁术一直以来的高傲之心，如果他在袁绍阵营里有了一定的实力和地位，可能就会与袁绍争夺领导权了；而袁绍在明知袁术是什么货色的前提下，仍然表示愿意接纳他，尽管有袁术让出帝号的条件在前，但也可以看出袁绍至少表现出了容人之量，也能将嫉恨袁术的心思压下去。至于袁绍是否真的能接纳袁术，那肯定是要打个问号的。

由此可见，在二人都没啥实力的时候，二者虽然因互相嫉妒等因素会有所失和，但是存在一起干大事的基础；在二人势力都很强大的时候，二人会倾向于争夺袁氏的领导权和潜在的皇位；在缺乏容人之心和共同巩固袁家势力的理念感召的时候，必然走向决裂。若袁绍强势而袁术弱势，袁绍不会狠狠欺负他这位兄弟，但也不会让其获得足够的地位和实力，给个闲职的可能性比较大；若袁术强势而袁绍弱势，那袁绍肯定会被袁术压得死死的，没有一丝合作的空间。

纵观袁绍和袁术之间的经历，他们和东晋时期的琅琊王氏形成了鲜明的对比。王氏家族除孤立过王敦这样的朝廷叛臣之外，总体上是非常团结的，形成了一个稳定的家族利益共同体；反观袁绍和袁术，不大打出手就不错了。如果袁绍和袁术真能摒弃前嫌携手争雄，那可真没曹操什么事了。

（文/铁骑如风）

颍川荀氏往事：荀彧心中的帝国

建安十七年（公元212年），光禄大夫荀彧在寿春的魏军军营里，收到了曹操送来的一个食盒，打开里面空无一物。曹操几乎向荀彧明说了——在未来的魏国中，没有你的位置。

随后，荀彧将毕生出计献策的书信付之一炬。随着青烟一同消散的，还有荀彧对曹操二十一年的鼎力辅佐，以及二十一年彼此依靠的戎马岁月。

颍川往事

延熹六年（公元163年），在颍川郡颍阴县的西豪里街道，经学世家荀绲的家中，迎来了一个新生命。荀绲给这个男孩起名叫“彧”，取其“高雅有教养”的意思。颍川荀氏，是当地的世家大族。荀彧的爷爷荀淑，是颍川荀氏崛起的关键人物。之所以关键，不在于荀淑的官位高，而在于他通过学识和品行，和李固等人一起在“党锢之祸”中稳稳选对了立场，没有被迫害压倒，从而成为世家大族的精神领袖。

东汉以来，世家大族发展迅速，垄断了乡里清议和察举，进而实际掌握着地方政权，因此无论朝中如何变化，始终是掌权者需要依赖的力量。这从颍川荀氏家族的另一个传奇——荀彧的六叔荀爽的身上，也可以看出来。先是大将军何进征召他做从事中郎，后来因何进被杀而不了了之。董卓专权时，荀爽又受到征召，以布衣身份连升三级，出任司空，创造了百日内从“零基础”到位列“三公”的仕途壮举。

荀彧的父亲和七个叔伯在当时口碑都不错，让乡亲们联想到了古代高阳氏也有八个出色的儿子，所以，颍阴县令把西豪里街道名称改成了高阳里。因此，这个以经学传家的颍川世家，自然对荀彧这代人充满了期待。而荀彧确实也成长为这代人中的佼佼者。六叔荀爽的朋友何颙与袁绍、曹操都是旧交，董卓之乱中，还和荀彧的族侄荀攸，一起密谋刺杀董卓。何颙称赞荀彧这个晚辈说：这是王佐之才啊！

东汉名士、重臣的成长路径一般是先拜名师学经学、到首都洛阳的太学镀金，然后受征辟担任中央或地方官员，出色的还有机会成为朝廷重臣，如陈寅恪所说：“东汉末年的高门，必须既是儒生也是大族。”

颍川荀氏，无疑是“高门”中尤为显赫的。但两次“党锢之祸”，让情况有了一些变化，出头的大族子弟，常有不测之祸。为了家族的安全，荀彧的父亲不顾风评，替荀彧安排了一门亲事，对方是大官宦、车骑将军唐衡的女儿。这种权变安排，也反映了荀家的处事风格。

东汉永汉元年（公元189年），“党锢之祸”解禁后没几年，已经二十六岁的荀彧举孝廉，到朝中担任守宫令，属于少府序列，要不是身处乱世，可以说是个体体面面的官职。然而好景不长，几个月后董卓乱起，荀彧为求自保，申请去外地当县令。同一时期逃离洛阳的，还有中军校尉袁绍和典军校尉曹操。

再回到家乡时，在洛阳的所见所闻让荀彧意识到大乱将至：经过黄巾和董卓的折腾，朝廷连表面和平都难以维系，老家颍川是四战之地，必遭兵燹之灾。因此，荀彧力劝乡亲父老搬走。迁居并不是流亡，荀彧已经联系好了目的地——冀州，他计划去投奔冀州牧、颍川老乡、袁氏门生故吏韩馥。然而，乡亲父老可能是没有条件，最后荀彧只带着自己的宗族举家北上，跨过黄河，搬到邺城一带。荀家表面上投靠的是韩馥，实际上和少数一同迁徙的颍川士人一样，都依附在真正有势力的袁绍之下。当时袁绍手下的谋主，就包括颍川人郭图、辛评，还有荀彧的亲兄弟荀谌。

此时的关东各州郡，各怀鬼胎的反董卓联盟已经成立，其中既有何进的旧部张杨、鲍信，又有想要另立朝廷的袁绍、袁术。

荀彧虽然被袁绍以“上宾之礼”对待，但他还在寻找真正的机遇。想离开的原因，也许是因为袁绍的身边已被河北世家大族卡住了位置，留给颍川人的空间不足；也许是像后世说的那样，袁绍的眼光和气度，暴露了他缺乏潜力；也许只是因为家里已经有一个荀谌投在袁绍帐下。但有一点可以肯定的是，曹操是最有吸引力的目标。荀家对曹操的关注，不是一朝一夕，荀家世交何颙曾评价曹操：“汉家将亡，安天下者必此人也。”（《后汉书·党锢列传·何颙》）这个预言比月旦评的许劭还要早。

以袁绍为首的讨伐董卓联军，“军合力不齐，踌躇而雁行”，一会儿排成“人”字，一会儿排成“一”字。在盟军“扭扭捏捏”时，董卓已经一把火烧了洛阳宫殿，还挖开了汉帝和公卿的陵寝，驱赶百姓、劫迁天子，跑去了长安，留下了方圆二百里“无复人烟”的洛阳。“海内震动”之下，联军中只有曹操异军突起，独自引兵西进，但在荥阳被徐荣打败，几千人的薄薄家底几乎损失殆尽，在各路诸侯中显得非常另类。荥阳大败之后，曹操开始触底反弹。先是在东郡大败黑山贼，又在袁绍的扶植下，做了东郡太守。

初平二年（公元191年），二十九岁的荀彧来到了曹操身边。曹操大为高兴，把荀彧比作是“吾之子房”，任命其为“别部司马”[①]。曹操的“子房”荀彧带来的还有同族的荀衍、荀悦，以及日后的一大批“命世大才”。

荀彧建议曹操全力经营东方，不用去管董卓，他会自爆（“必以乱终”）。有了正确的方针，再加上兖州高能寒族代表程昱和世家大族代表陈宫的加盟，曹操的好运停不下来了。青州黄巾军骤然起势，杀死了兖州刺史刘岱。在各方的支持下，曹操成功击溃了号称三十万的青州黄巾军，并将其收编为“青州兵”，自己随后被袁绍表奏为兖州牧。而此时豫州的颍川，早已被李傕、郭汜率数万兵扫荡了一遍。“杀略男女，所过无复遗类”，乡亲父老遭受了劫难，颍川旧族流落四方，郭嘉等人投奔袁绍，

---

① 别部司马：中国汉末武装扩充势力的常用官职，和清朝的“外委把总”比较类似，都是低级军官，没有正式编制，是为了安抚有功人员而采取的一种权宜之计。

荀攸等人作客荆州。此后的整个豫州，基本就处于袁术黄巾军的控制之下。

这只是个开始，接下来的日子里，中原将一次次沦为焦土，而荀彧已经做好了他独特的选择。

兖州之变的大考

反董卓联盟解散后的关东各地，混战的主线是袁绍和袁术的争斗，这时的曹操领有一州之地，已经成了中原依附于袁绍的最大保障。曹操在兖州站稳脚跟，并充当袁绍的打手，先后击败了袁术、陶谦。

初平四年（公元193年），为报杀父之仇，曹操带兵东征徐州陶谦，袁绍派朱灵督战。此时的兖州后院却意外起火，这个祸患的源头，是曹操杀掉了兖州名士边让。

边让本来被董卓任命为九江太守，后辞官回乡，在兖州地界上，对出身阉宦之家的曹操屡次出言轻蔑，后来被曹操杀掉。这在兖州世家大族中引起了恐慌。陈宫等兖州本地人选择抛弃曹操，密谋拥戴豪侠出身的陈留太守张邈。他们以吕布南下为契机，在全州进行反曹串联。失去了世家大族的支持，曹操便失去了对郡县的治理能力，一夜之间，兖州几乎全境倒戈，曹操手上只剩下鄄城、东阿、范县、东郡。

身处鄄城、总镇后方的荀彧，面临着来到曹营三年以来的最严峻考验，他也是第一个察觉大事不妙的人。当时张邈派人向荀彧讨要军粮，说吕布已经带人过来，要协助曹操攻打徐州。其他人都不明就里，但荀彧立刻意识到张邈叛变了，他一边加紧用捉襟见肘的兵力布防，一边紧急向东郡的夏侯惇求援。

夏侯惇带着东郡的有生力量驰援，在鄄城杀了十几个叛军的内应，稍微稳住了局面。而此时南边的豫州刺史郭贡，又率众数万兵临城下，骑墙求见，如果看到城中虚弱，就顺势做灭曹的先锋，如果没什么赚头，则翻墙就撤。

夏侯惇劝荀彧不要去（“君一州镇也，往必危，不可”），但荀彧算定了郭贡和兖州势力素无联系，而且，陶谦刚刚表奏刘备为豫州刺史，敌人的敌人就是朋友。最主要的是援军已到，城中内应得以清除，局面已经稳住。

果然如其所料，面对莫测的局势和荀彧“两米八”的气场，郭贡不愿意啃硬骨头。另一边，荀彧举荐的颍川人范县令枣祗也稳住了阵脚，程昱用计保住了东阿。曹操东征的军队得以掉头攻击吕布，以艰难保住的这几个据点为依托，和吕布展开了艰难的拉锯战。以荀彧为首的留守班底经受住了最严峻的考验，经受检验的，不只是谋略、机断、胆识，还有忠诚。

兴平二年（公元195年），陶谦病死，曹操又看到了占领徐州的机会，而且此时兖州已经饱经战乱，又遭遇蝗灾，赤地千里，不如趁早转移。但荀彧劝曹操：兖州是天下要地，就像汉高祖的关中，虽然已经残破，但好歹可以自保。东征徐州，人少了不够，人多了家里连能砍柴的人都没有。之前打徐州杀人太多，一定遭到殊死抵抗。这样来看，东征是属于以大换小、舍本逐末。和东边偶然的机会比，还是本地的秋收更重要，不如分兵抢收兖州各地小麦，硬着头皮先把吕布解决。

这是荀彧又一次帮助曹操做出了正确的战略决定，赶走吕布之后还有进一步的收获，就是以相对低的成本，在两三年内取得了除袁绍老家汝南以外的豫州各郡。

建安元年（公元196年），曹操击破了颍川的黄巾军，打通了西进的通道。

与此同时，一个能让曹操摆脱袁绍在黄河以北的“离岸操盘”、隔岸观火的大机遇也来了。

奉主上以从民望

献帝从长安逃出来，经过河内来到洛阳，与曹操控制的颍川只有一山之隔，而近水楼台的袁绍竟然无动于衷。实际上，袁绍手下的沮授提出了把献帝接到邺城、“挟天子以令诸侯”的设想。郭图却认为，接来了献帝，听他的也不是，不听也不是，是个大麻烦（“从之则权轻，违之则拒命”）。面对分歧，袁绍直接选择搁置。

曹操身边的大多数人也反对接下献帝这个烫手山芋，有人认为一路走来的杨奉、韩暹在献帝身边还有相当的实力，不好驾驭，而且曹操既不是北方唯一的势力，更不是最大的势力。只有荀彧极力主张迎立献帝。

世家大族在桓灵二帝时代，受到了各种打击、目睹了各种乱象，对大汉政权已经不像以往那样热忱，连袁绍这种天下士族领袖，都想随意自行拥立朝廷。然而在中小士族眼中，大汉四百年的余威尚存，即使是符号化的汉廷，也有巨大的政治价值，这是荀彧主张迎立献帝的原因。

和沮授不同，荀彧的说法更接近行为的本质：建议曹操“奉主上以从民望”。不仅如此，他还对曹操提出了极高的期待：“秉至公以服雄杰”，“扶弘义以致英俊”。荀彧还以楚汉争霸为榜样，说曹操这样做，就像刘邦为义帝熊心披麻戴孝，可以感动天下归心。在各路新老军阀都只讲实力、讲谋略的时候，荀彧的讲政治、讲伦理，甚至讲道德，让他显得卓然不群，更重要的是，他达到了目的。

荀彧提出这一主张不仅是献策，还代表着颍川士族的心声。献帝在许县落脚，荀彧（“太祖虽征伐在外，军国事皆与彧筹焉”）成了汉尚书令，总揽政务。这让散落各地的颍川才俊欢欣鼓舞，许都本就地处颍川故乡，这时又成了众人的精神家园和事业乐土。一时间，荀攸从荆州北上，顶尖名士钟繇加盟，郭嘉接到荀彧来信，也立即从袁绍处赶来……

迎立献帝，带来了戏剧性的效果。同样“四世三公”的士族代表杨彪来到了许都，天下闻名的孔融也因被袁绍排挤到了曹操这边。原本寄托着天下士族希望的袁绍，要求曹操杀掉杨彪与孔融。宦官之后的曹操，一个世家大族眼中的异类，反而成为杨、孔等人的临时保护人，这和荀彧带来的影响恐怕是分不开的。

迎献帝于许都，可以说是曹操最正确的决定。曹丕在称帝时，曾在诏书中说：“昔汉祖以秦中为国本，光武恃河内为王基，今朕复于此登坛受禅，天以此郡翼成大魏”。曹魏的核心武将虽以豫州沛国人士为主，而颍川郡才是其政权的发祥地。

促成这一切的诸多因素中，荀彧起到了决定性的作用。

天下之大机

迎立献帝后的曹操，南边有张绣、袁术，东边有吕布，西边的韩遂、马腾也蠢蠢欲动。建安二年（公元197年），曹操在宛城败给张绣后情绪低落。旁人都以为是因为败给张绣，而荀彧看出来曹操是因为想和袁绍争锋的雄心受挫，因此鼓励曹操，提出了曹操对袁绍的“四胜论”：袁绍小肚鸡肠，用人多疑，心胸上你赢了；袁绍反应慢，总错失机会，谋略上你赢了；袁绍纪律不明，赏罚不公，军事上你赢了；袁绍不懂装懂，吸引的是不明觉厉的庸才，人德上你赢了。结论是，我们要先打吕布。

经过三年的经营和征战，曹操平定了吕布、张绣，而北边的袁绍也占据了幽州、并州、冀州全境，官渡之战对峙的形势，已经展开了。

荀彧在后方，为了免除曹操提出的“以兖州、豫州两州的力量，对抗天下其余的六分之五”的担心，推荐曾经久宦于洛阳的钟繇来稳定西北。许都的汉廷，被钟繇渲染得颇有声势，钟繇纯靠交涉解决了韩遂、马腾的威胁，二人还向许都送来了人质，西边暂时没有了压力。而东边，曹操在取得徐州和一部分青州后，将其委托给了投降的青徐豪强臧霸，东线也没了后顾之忧。

此时天下的目光，聚焦到了许都以北二百里的官渡。

大战前夕，双方强弱的对比一目了然。经常和荀彧、荀悦一起进宫、与献帝谈论经学的孔融，对荀彧提出了质疑：袁绍地广、兵强；田丰、许攸为他出谋划策；审配、逢纪忠心耿耿；颜良、文丑勇冠三军，咱们怎么赢？

荀彧反驳的原话，几乎像预言一般：

> 绍兵虽多而法不整。田丰刚而犯上，许攸贪而不治。审配专而无谋，逢纪果而自用，此二人留知后事，若攸家犯其法，必不能纵也，不纵，攸必为变。颜良、文丑，一夫之勇耳，可一战而禽也。
>
> 《三国志·魏书·荀彧》

建安五年（公元200年），董承衣带诏事件后，袁绍借机宣战。曹操先击败刘备，后解白马之围，随后收缩到官渡，陷入几个月的僵持。如果说，在此之前荀彧、郭嘉、贾诩的战略忽悠还有作用，那这个时候的曹操逐渐顶不住了。眼看军队的粮草即将耗尽，曹操给荀彧写信，商量要不要退回许都，加以休整。这时候的荀彧，充当了曹操的宪兵，再次帮他做出了正确的决定：坚守战线，不要在绝望中后退。荀彧说：目前的局势，和刘邦与项羽在荥阳对峙时相比，不算艰难，当时的双方都不敢退。这种时候，是天下之大机，谁在尖峰时刻退缩，就会一崩到底。既然已经以对方十分之一的兵力坚守了半年，正是出奇制胜的时候，再想想办法吧。

而实际上，曹操在官渡面对的局面，要比刘邦在荥阳时恶劣得多：豫州骚动，许昌以南的郡县投降袁绍，徐州豪强昌豨连兵数万叛变，田丰劝袁绍打许都，刘备也劝刘表打许都，汝南的黄巾军余众蠢蠢欲动，豫州群众大批大批地往北迁徙。一着不慎，就可能全盘瓦解。

事后，曹操在写给朝廷的表奏中，对荀彧正确的坚持毫不吝惜地进行了赞美，称其“睹胜败之机，略不世出”，能够“以亡为存，以祸致福”，眼界高人一等，也高他一等。官渡战胜后，曹操仍然忌惮袁绍的实力，直至袁绍病死后才发动大规模的进攻。与袁氏的作战，持续了八年，其中曹操数次要退缩转而南下进攻更弱的刘表，都被荀彧、荀攸等人劝阻。

荀彧在战略决策方面的贡献，始终很受曹操重视。建安八年（公元203年），曹操表奏荀彧为“万岁亭侯”，上表中说：“虑为功首，谋为赏本”，历史上萧何的封赏就大于曹参。曹操在初见荀彧时将其比作张良，在这里又将其比作萧何。当荀彧以“无野战之劳”推辞时，曹操在回信中深情地说：

> 与君共事已来，立朝廷，君之相为匡弼，君之相为举人，君之相为建计，君之相为密谋。

可见，在这十几年中，荀彧确实扮演着张良加萧何的角色。不过，这也是二人并肩作战的最高点了。

时代的罗网

建安九年（公元204年），曹操得到冀州后，两人之间不和谐的音符出现了。有人建议曹操恢复古代九州的制度，以扩大自己的声势。曹操写信和荀彧商量，遭到了荀彧的反对。荀彧认为，这样冀州就变得太大了，包括司隶的一部分和幽州、并州，这样其他地方的人也会加紧防守，统一大业会变得更难。应该在彻底平定河北后，南邻荆州，谴责刘表不向天子纳贡称臣的行为（“责贡之不入”），这样天下就会“知道是什么意思”，就会“人人自安”“天下大定”。而曹操要的不是“责贡之不入”，而是“会猎于江东”。眼见荀彧真把自己当成周文王来捧，曹操还是回信表示感谢，并且声明此事作罢。

这之后，史书中关于荀彧的记载变得非常简略。只有荀彧建议在讨伐刘表时“显出宛、叶而间行轻进，以掩其不意”这样平淡的内容了。

建安十七年（公元212年），灭掉马腾后的曹操，授意军师祭酒董昭制造进爵“魏公”、“加九锡”的舆论。照例，曹操仍然私下征求了尚书令荀彧的意见。根据《三国志》记载，荀彧的答复是“本兴义兵以匡朝宁国，秉忠贞之诚，守退让之实；君子爱人以德，不宜如此”，意思就是天下掉到头上了可以接，没砸到不可以伸手够，倒不是主公不如献帝，主要是这样不够优雅。

荀彧的表态，让曹操愤怒不已（“心不能平”）。在此之前，经历赤壁新败的曹操，面对内外压力和非议，写下了著名的《述志令》。在其中，曹操不无悲愤地写道：“设使国家无有孤，不知当几人称帝，几人称王！”还借《论语》以周人自比：占据天下三分之二，还能服从殷商，这真是够意思到家了（“三分天下有其二，以服事殷，周之德可谓至德矣”)。更让曹操“心不能平”的是，荀彧在他成功的路上，献出的“密谋”，光自己记得的就有上百个（“光显于孤者以百数乎”)，随便拎出来两条，功劳就足够位列“三公”。谁都可以反对，为什么偏偏是荀彧？《述志令》中的这番内心独白，曹操不知道私下里对荀彧倾诉了多少次。然而事到临头，荀彧还是如此顽固。看来决裂是在所难免了。

那么，曹操放下权柄、回到武平国封地享福行不行呢？不行，因为骑虎难下。“诚恐己离兵为人所祸也。既为子孙计，又己败则国家倾危，是以不得慕虚名而处实祸。”在生存还是毁灭的问题面前，不进则退。

曹操曾作《短歌行》：“月明星稀，乌鹊南飞。绕树三匝，何枝可依？”田余庆论曹操称：乌鹊南飞，飞不出时代的罗网。

曹操征战一生，统一全国的目标终究没来得及实现。本就出身浊流，再怎么标榜自己要学“岩穴名士”都洗刷不掉出身的影响。统一北方的事功，终究转化不成自己的帝业。在汉晋之间，另类的用人和执政方式，终究要被曹丕时代新的九品官人法取代。从东汉的离散世家大族，过渡到西晋司马氏主导的世家大族，曹操的事业被衬托得像是一支插曲。

建安十七年（公元212年)，曹操南征孙权，同时用一纸调令，让荀彧南下劳军，加封光禄大夫。居中为尚书令执政十六年的荀令君，不再是令君了。荀彧行至寿春，因病滞留，没能赶到前线。这时，他收到了曹操寄来的空食盒。于是便有了本文开头的那一幕。

根据《魏氏春秋》记载，荀彧“饮药而卒”，为他自己的选择付出了生命，时年五十岁。曹植为荀彧之死作诗：

> 百僚唏嘘，天子沾缨，机女投杼，农夫辍耕。轮结辙而不转，马悲鸣而倚衡。

第二年，曹操称魏王，但他也做出了妥协，表态说要学周文王，这也算是对荀彧顽固的政治理想的一种回应。可荀彧的政治理想又是什么呢？

高贵的“反动派”

根据《洛阳伽蓝记》，在洛阳南城西阳门的永康里，有一口古井，人们从里面挖出一块石碑，上面写着“汉太尉荀彧宅”。“汉太尉”是由两个事实混合而成的误称：荀彧更喜欢以汉臣自居，曹操太庙配飨的二十六人里，谁都有唯独没有荀彧；咸熙二年（公元265年），荀彧身后的第五十三年，司马氏把持下的朝廷才追封荀彧为“魏太尉”。这种身份的矛盾还体现在两种史书上。《三国志》将荀彧和贾诩同篇，《后汉书》则将其和孔融并列。贾诩是阴谋诡计的“王者”，而孔融是士族价值的“牌坊”，荀彧的复杂性在这里也体现无遗。

历来对荀彧的评论，主要有几种说法，均是基于以蜀汉为正统、以曹魏为篡逆所做出的评价。

唐代杜牧是“小偷踩点说”的代表，认为荀彧的行为无异于给盗贼踩点，虽然自己没拿，但这样就不是贼了吗？明代李贽是“既当又立说”的代表，认为荀彧是儒生道学家，而“世间道学，好骑两头马，喜踹两脚船”。明代于慎行提出了“闹大了害怕说”，举了王莽时期的孔光为例，说孔光贪图一时富贵，搞大后又开始害怕往回缩，借此讽喻荀彧。

而回到荀彧和曹操相遇相知的年代，中原鼎沸，群雄割据，“大者连州郡，小者连阡陌”，杀杀抢抢，过一天算一天。这些割据武装，饿了就去抢，吃剩下就扔掉，走一路吃一路，不用人打，自己就灭亡了；袁绍的军队在河北，以桑葚充饥；袁术的军队在江淮，吃河蚌度日。这时的有识之士，选择鹤立鸡群的曹操，并不令人费解。

> 饥则寇略，饱则弃余，瓦解流离，无敌自破者不可胜数。袁绍之在河北，军人仰食桑椹。袁术在江、淮，取给蒲蠃。
>
> 《三国志 · 魏书 · 武帝纪》

荀彧处处用刘邦项羽争霸来做比喻，不可能看不清胜利的报酬是什么，何来“上错贼船”一说？矛盾的只是荀彧最后不近人情的坚持。荀彧不死，三国不立。他死后八年，曹、孙、刘陆续各称其帝。荀彧终于站在了时势潮流的对立面，成为了历史的“反动派”。

荀彧始终想给这个统一的目标加上“大汉”的注脚，并且把这种追求咄咄逼人地强加于曹操。和荀悦一起熟读“申韩之术”的荀彧，不会不知道时代不同了，“文王行仁义而王天下，偃王行仁义而丧其国”，但他反而一边起劲地为曹操献上奇谋异策，一边劝曹操像周文王那样以德服人，令人费解。

究其根源，四百年的汉王朝留下了很多遗产，身处分裂和离乱之中，向往统一、期待德行是大多数人的追求。荀彧人生的落幕，源于过去一切值得怀念的政治伦理与三国鼎立的现实局势之间的矛盾，这种矛盾形成了荀彧心中难以平息的回响，而矛盾的爆发最终导致了他选择的灭亡。以统一北方的实力来说，曹操称魏王是相称的，按“骑虎难下”的形势而论，一路走下去是必须的；而同时纠缠着荀彧的政治伦理也是高贵的。正因为是两种同样正当的追求之间的冲突，荀彧人生的结局才蒙上了悲剧的色彩。

放眼随后的历史会发现，即使只是“道德牌坊”也自有其价值。魏晋皇权的嬗代以及西晋的内乱，给荀彧的自取灭亡加上了意味深长的注脚。

历史人物，面目大多早已模糊。而关于荀彧的形象，惜墨如金的史书中留下了不少直接的描述。《三国志》写人外貌的极少，有记载的，除了奇丑就是奇帅。而《三国志》记载，荀彧“为人伟美”“清秀通雅”。祢衡说“文若可借面吊丧”，不是说他哭丧着脸，而是变相地称赞荀彧恭谨、严肃。荀彧的“头号粉丝”裴松之还不满意，专门搜集了碑文，证明说荀彧“瑰姿奇表”。

曹操崇尚简朴，禁酒、禁香，但禁酒拦不住曹植，禁香管不到荀彧。《襄阳耆旧记》中说："荀令君至人家，坐席三日香。"然而这些描写，论传神，都不如曹丕记录的一个余味悠长的片段。

建安十七年（公元212年），荀彧死前不久，曹操大军南征，荀彧奉命劳军。走到许都南边不远的曲蠡（荀彧老家颍阴县的附近），已经做出最终抉择的荀彧，在军中见到了曹丕，发生了一段对话。这段对话见于曹丕的《典论·自序》。《典论》是曹丕看得极重的个人文集，在曹丕称帝之后刻石广布天下，所以也是重要的政治文献。因此，这次的会面不仅是曹魏元勋与公子的闲谈，事后来看，也是士族领袖与曹魏继承人的会晤。这也是典籍中，关于荀彧的最后一条记载。

闲谈中，荀彧说："闻君善左右射，此实难能。"（听说子桓公子射箭，能左右开弓，很难得啊。）

曹丕："余言执事未睹夫项发口纵，俯马蹄而仰月支也。"（那还用说，我还能正着射、倒着射、挂在马背上射呢。）

荀彧看着这个年轻又兴致勃勃的新任五官中郎将，笑着说："乃尔！"（这样啊！）

敦厚君子，宠辱皆忘；恬静如水，不以己悲。谈笑之间，依然可见当初运筹帷幄、坐不累席的王佐之才的坚定与谦和。

如火如荼的时代里，荀彧最终的历史形象，就定格在了这平淡的一瞬。

（文/杰尼龟）

曹氏和夏侯氏算是一家人吗？曹操到底更信任谁？

“奸雄”曹操之所以能在东汉末年的乱世中强势崛起，除自身的谋略智慧外，其家室背景也提供了诸多助力。以至于有人说：“曹操的爷爷虽然是个太监，但却有曹嵩、夏侯嵩两个爸爸。”

这个说法固然是玩笑，却也贴合曹操成功利用血亲关系团结了谯沛曹氏、夏侯氏两大家族的史实。那么，对于这诸多曹氏、夏侯氏子弟，曹操是否有亲疏之分，又是如何人尽其用的呢？

曹操生父曹嵩的身世考

由于通俗小说《三国演义》的广泛传播，所谓“操父曹嵩，本姓夏侯氏，因为中常侍曹腾之养子，故冒姓曹”的说法，似乎早已人尽皆知。

然而，2013年复旦大学课题组通过对全国各地七十九个曹姓家族的二百八十名男性和四百四十六组包括夏侯、操等姓氏的男性志愿者的静脉血样本进行比对，得出一份曹操与夏侯氏没有血缘关系的“亲子鉴定报告”。

我们不去讨论复旦大学的研究方法是否科学。曹嵩由夏侯氏过继给大太监曹腾的说法，本就不为《三国志》所接受。在《魏书·武帝纪》中关于曹嵩的出身，陈寿只是含糊表示“莫能审其生出本末”，意思是“别问我，我也搞不清楚”。

倒是南朝裴松之在批注《三国志》时，自作聪明地加上了吴人所作的《曹瞒传》及西晋史学家郭颁所著的《魏晋世语》中所谓“（曹）嵩，夏侯氏之子，夏侯惇之叔父”的说法。

上述说法典出何处，由于相关典籍的散佚，今天已不可考。于是后世有学者围绕当时的宗族制度，指出：古人的过继原则，都是从宗族中其他家的孩子过继为自家的子嗣；而根据历史考证，曹腾虽然是宦官，但他是有兄弟存在的。因此，曹嵩很可能本与曹腾同宗。

有趣的是，关于曹操的父亲到底姓曹还是姓夏侯，汉末还有另一种说法。在由陈琳撰写的《为袁绍檄豫州》一文中，曾称曹嵩“乞匄携养，因赃假位，舆金辇璧，输货权门，窃盗鼎司，倾覆重器”。这段话的意思是，曹嵩是曹腾收养的小乞儿，凭着买官沽爵，才当上司隶校尉、大鸿胪、大司农、太尉等职。

考虑到袁、曹两家曾为“至交”，彼此知根知底，而曹操本人面对这篇“讨伐檄文”时更一度无从辩驳，因此，即便曹嵩不曾沿街托钵，其出身也必定极其卑微，以至于在“四世三公”的袁绍看来与乞丐无异。一如后世司马懿调侃老婆家的亲戚山涛，称之为“小族”。

那么缘何出身曹氏旁支或寒门小姓的曹嵩，会和夏侯氏扯上关系呢？这一点，或许要从谯沛曹氏尴尬的政治处境说起。

曹氏与夏侯氏的招揽与依附

按照司马彪所著的《续汉书》的说法，曹操的曾祖父曹节是个素以仁厚著称的好好先生，以至于邻居家跑丢一头猪，随即诬蔑是曹节偷的，曹节便很配合地将自家的猪送给了邻居。这件事最后以邻居家的猪自己跑回家来而闹剧收场，但也从一个侧面说明了谯沛曹氏在曹节那一辈还远称不上地方豪强。

直至曹腾以中常侍、大长秋的身份在宫中站稳脚跟，曹氏子弟才逐渐在东汉的政治舞台上崭露头角。除身为曹腾养子的曹嵩步步高升之外，曹腾的族兄弟曹褒出任颍川太守，堂侄曹鼎更是官至尚书令，初步形成了谯沛曹氏的政治基本盘。

但是相较于汝南袁氏这般门生故吏遍天下的政治豪门而言，谯沛曹氏终究根基尚浅，曹腾虽兢兢业业为皇室服务了三十余年，并通过“进达贤能”的手段收买了不少人心，但终究是一个为名士所不齿的阉宦。

在谯沛曹氏苦苦寻觅政治同盟之际，同郡的夏侯氏子弟夏侯惇步入了曹腾、曹嵩父子的视野。必须指出的是，夏侯惇虽自称是汉代开国元勋夏侯婴之后，但那个曾食邑六千九百户的汝阴侯夏侯氏早已在西汉被一撸到底。即便夏侯惇真的是夏侯婴的直系子孙，也不过是“破落贵族”。

或许正是源于血统和政治地位上的落差，夏侯惇格外重视荣誉。以至于十四岁那年，他只是因为有人出言侮辱了自己的老师，便愤而拔刀，活生生上演了一幕“私塾少年杀人事件”。令人玩味的是，事后夏侯惇不仅没有被绳之以法，还获得了“刚烈”的赞誉。

曹氏是否曾动用其政治影响力为夏侯惇脱罪，史书中并未有明确记载。但是少年时游侠放荡的曹操曾惹出一桩官司，最终由夏侯惇的族弟夏侯渊出面顶罪，在《三国志》中留下了浓墨重彩的一笔。或许是为了报答夏侯渊，曹操将其“捞出”监狱，并将自己发妻丁氏的妹妹许配给了这位“好兄弟”。

此时的夏侯氏除那块早已千疮百孔的“开国功勋”虎皮之外，早已一无所有，唯有依附于新近崛起的曹氏。也正是因为夏侯氏的处境比曹氏更为不堪，其子弟才更早走入了军帐，跟随曹操转战四方。

早在曹操征伐黄巾军的过程中，夏侯惇便以裨将的身份跟随其左右。至中平六年（公元189年），曹操于陈留起兵讨伐董卓时，夏侯渊已然成为独当一面的别部司马、骑都尉。

在兖州争夺战的表现

初平元年（公元190年），不满袁绍等人终日置酒高会的曹操，独自率军讨伐董卓，却在荥阳被徐荣所败。混战之中，尚书令曹鼎的侄子、曾为蕲春县长的曹洪主动让出自己的战马，保护曹操突出重围。此后曹洪更是利用其与扬州刺史陈温的交情，在庐江、丹阳等郡募得了数千青壮，令严重失血的曹操集团迅速恢复实力。

曹洪的表现无疑令曹操加深了对曹氏子弟的信赖。因此，曹操对纠集青壮从淮、泗之间赶来的颍川太守曹褒之孙曹仁同样青眼相加，给了他“厉锋校尉”的头衔，并在与袁术和陶谦的战斗中，多次委任曹仁为前锋。

然而，不等曹操从自己的宗族中发掘出更多的可用之才，兴平元年（公元194年），长期避祸于琅琊郡的曹氏家族遭到了徐州牧陶谦所部的袭击。裴松之批注的《三国志》中仅引用了《魏晋世说》关于曹操之父曹嵩、幼弟曹德遇难的过程，但在这场“阖门皆死”的惨祸中，遇害的曹氏成员显然不止此二人。

为了复仇，失去理智的曹操亲率大军出征徐州，却不料部下张邈、陈宫暗中勾结吕布乘虚而入，侵占了兖州大部。值此紧要关头，夏侯惇反应迅猛，统率留守濮阳的部队轻装赶到鄄城，并在遭遇战中成功击退了吕布，保全了居住在当地的曹操家眷。与此同时，曹洪亦率部从徐州前线赶回，占据东平、范县等地，并迅速征集粮秣以备持久作战。夏侯氏与曹氏并为曹操左膀右臂的局面悄然形成。

然而，在救援鄄城的行动中，夏侯惇不仅所部辎重为吕布所夺，更一度被伪降的吕布部将劫持。在部将韩浩的解救之下，夏侯惇最终得以脱身，但对于这样一个注重荣誉的刚烈汉子而言，此事无疑是奇耻大辱。或许是为了洗刷耻辱，在争夺兖州的战斗中，夏侯惇身先士卒，被流矢射中了左目。而曹洪却是打得颇为顺手，在追击败走的吕布过程中，连续收复了东阿、济阴、山阳、中牟、阳武、京、密等十余座县城，进而先后升任鹰扬校尉和扬武中郎将。

在长期相处中，曹操渐渐发现了夏侯惇和曹洪各自的性格优缺点。出身不高的夏侯惇为人谦和、礼贤下士，甚至时常亲自迎师、虚心求教，所得的赏赐也全部分给麾下将士，是以深得军心、民心；而曹洪却贪财吝啬，甚至日后连曹操的次子曹丕找他周转借贷时都不给面子。

基于两人的不同性格，夺回兖州后，曹操先后任命夏侯惇为陈留、济阴太守，让其负责逐步推进军屯事务。夏侯惇在任期间亲自主持了太寿水的治理工程，并经常活跃于田间地头，负土种稻，用实际成绩证明了自己下马理民的能力。

建安元年（公元196年），曹操迎回汉献帝，任命夏侯惇为主政洛阳周边地区的河南尹。有趣的是，同一时期，领兵迎接汉献帝的曹洪也升了官，当上了专掌朝堂议论的谏议大夫，显然以他那种“不给钱就六亲不认”的态度，恰好可以为曹操狠狠收拾一下“异见人士”。

官渡之战前后的分工

随着曹操将东汉皇朝迁都许昌，逐渐形成“挟天子以令诸侯”的局面，来自南、北两个方向的压力也陡然增强。建安二年（公元197年），为了解决近在咫尺的威胁，曹操亲率兵马扑向张绣盘踞的宛城。然而，向来被世人视为奸诈代名词的曹操却被先降后叛的张绣打了个措手不及，长子曹昂、侄子曹安民及宿卫战将典韦悉数战死。关键时刻，多亏从征的曹仁脱颖而出，才稳定了军心士气。

或许是为了平复自己的丧子、丧侄之痛，曹操对南征张绣前后、隐姓埋名从荆州北上的同族子弟曹休颇为看重，赞赏其为“此吾家千里驹也”，还特意让曹休与次子曹丕一同居住。典韦之死也令曹操看到了单靠个体的勇猛无法扭转战局的现实，开始在军中选拔骁锐，组建带有“近卫军”性质的“虎豹骑”，并任命曹仁的弟弟曹纯为“虎豹骑”首任统帅。

有趣的是，曹操之所以选中曹纯，除看重其从小与哥哥分居仍能统御数百僮仆的管理能力外，还源于曹纯曾短暂出任过皇帝近侍的“黄门侍郎”的经历。由其执掌这样一支精锐部队，显然更能堵住朝野上下的悠悠之口。

此后二次讨伐张绣的军事行动，曹操虽吃了瘪，但一系列的东征较为顺利。建安二年（公元197年）九月，曹操击败试图袭击许昌的袁术，将其势力驱赶至淮河流域。次年十二月，曹军攻破下邳，盘踞徐州的吕布被杀。建安四年（公元199年），随着张绣的归降，曹操终于可以放开手脚与北方霸主袁绍一决雌雄了。

建安五年（公元200年），袁、曹双方以官渡为中心展开了一系列的攻防战。袁绍一度试图在曹操的后方点火，但关键时刻，曹仁率领骑兵先后在灈县、强县和鸡洛山中先后击败了刘备和袁绍的别将韩荀。袁绍兵败后，夏侯渊则会同张辽、于禁诸将平定东海郡内的昌豨叛乱。至此，曹氏和夏侯氏均涌现出了独当一面的人物。

平定河北的过程中，曹纯统率的“虎豹骑”开始崭露头角，先后在南皮和白狼山的战斗中起到扭转战局、一锤定音的作用。

而在建安十三年（公元208年）南征荆州的军事行动中，“虎豹骑”更是加入了曹操亲率的五千轻骑，一路追击至长坂坡，击溃了刘备纠集的十余万众，其中“虎豹骑”还俘虏了刘备的两个女儿。

赤壁之战后，曹操留下曹仁镇守南郡，抵挡江东孙氏的汹涌反扑。在此期间，夏侯渊则活跃于内线，先后为曹操平定了活跃于济南、乐安等地的黄巾军残部和投靠刘备的前袁术部将雷绪等人。

通过这些战斗，曹仁擅长防守、夏侯渊善于奇袭的战术风格逐渐成型。

建安十五年（公元210年），曹纯去世。朝廷派出官吏要求曹操选调其他将领执掌“虎豹骑”。曹操却毫不客气地表示：“像曹纯这样的人才是无法再次得到的，谁又能与他相比！难道我不能直接担任虎豹骑的统帅吗？”从此，“虎豹骑”成为曹氏的私人军队，先后交给曹操的养子曹真、曹休统率。

建安十六年（公元211年），曹操于渭水流域击败马超、韩遂后，将陇西的军务全权交给时任“护军将军”的夏侯渊。夏侯渊在这个岗位干得颇为出色，不断压缩对手的活动空间，最终击败了为祸西凉数十年的韩遂，迫使马超逃往汉中。

建安二十年（公元215年），曹操西征张鲁，夏侯渊率驻凉州诸将及归附的羌、胡诸王与曹操会师休亭。此后曹操每次会见羌、胡的首领，都命夏侯渊陪同出席以示威慑。当年十一月，张鲁自南郑出降后，曹操更拜留夏侯渊为征西将军，令其留守汉中。

收复完陇西的氐、羌部落，夏侯渊开始向窃取益州的刘备集团施加压力，最终迫使对方向孙权割让荆南四郡以后全力北上与夏侯渊展开决战。经过长达两年的缠斗，两军于定军山一线展开对峙。

为了打破僵局，刘备率精锐万余人猛攻守备东围鹿砦的夏侯渊部将张郃。夏侯渊遂分兵救援张郃，刘备又在走马谷一线攻烧夏侯渊驻守的南围鹿砦，夏侯渊带领四百精兵前去救火、修补工事。此时，刘备麾下战将黄忠突然杀出，袭击了毫无防备的夏侯渊。得知消息的曹操表示："为督帅尚不当亲战，况补鹿角乎？"

夏侯渊兵败身亡，其赫赫战功却依旧足以荫蔽子孙。同样，夏侯惇的诸子之中亦有七人被曹魏政权封为关内侯。其中夏侯惇的次子夏侯楙更迎娶了曹操之女清河公主，一度成为坐镇长安的封疆大吏。曹仁、曹洪的子嗣也大多被封为列侯。但是，曹丕对他们的信任显然没法同与自己一同长大的曹真、曹休以及夏侯渊的侄子夏侯尚相比。

曹丕篡汉之后，曹真、曹休和夏侯尚均一跃成为手握数州兵马的封疆大吏。但这些曹魏帝国的后起之秀似乎并没有继承曹氏、夏侯氏曾经筚路蓝缕的开拓精神，以至于曹丕面对吴、蜀交兵的有利战机时，仍未能打破三足鼎立的局面。

黄初五年（公元224年），夏侯尚因为曹丕粗暴干预其家庭事务、处决了其钟爱的小妾而精神恍惚，两年之后便郁郁而终。太和二年（公元228年），曹休因轻敌冒进而在石亭之战中遭遇惨败，不久便背痈发作而亡。太和五年（公元231年），曹真也因病去世。乱世中成长起来的曹氏、夏侯氏将领尽数凋零。

正始十年（公元249年），司马懿发动“高平陵政变”，彻底终结了曹真之子曹爽对曹魏政权的把控，曾与曹爽结为一党的夏侯尚之子夏侯玄，虽然凭借着妹妹夏侯徽嫁与司马师的香火之情，交出兵权后苟活了几年，但最终仍在嘉平六年（公元254年）被以参与行刺司马师的罪名问斩于洛阳东市。

曹爽、夏侯玄的悲剧人生，与其说是智谋和决断力的不足，不如说是曹氏、夏侯氏这般在乱世中崛起的家族，终究不是河内司马氏这样世家门阀的对手。

（文/赵恺）

诸葛亮、诸葛瑾、诸葛诞为何分侍三国?

三国时期，诸葛家族三个兄弟分侍三国，《世说新语》称他们为“龙虎狗”，即“蜀得其龙，吴得其虎，魏得其狗”。“蜀得其龙”是指诸葛亮，为建立蜀汉政权立下汗马功劳；“吴得其虎”是指诸葛亮的哥哥诸葛瑾，他是孙权手下的重要谋臣，为孙刘联盟做出了重大贡献，孙权称帝后，诸葛瑾官至大将军；“魏得其狗”是指诸葛亮的堂弟诸葛诞，是曹魏的重要将领，官至征东大将军。诸葛三兄弟在各自效忠的政权内都风生水起。

那么，他们为什么要分侍三国？他们如果都效忠一个势力，岂不是更好？

沉寂两百余年的家族

从马后炮的角度看，诸葛家三兄弟分侍三国，肯定是源于家族内部的战略规划，即当天下未统一时，往各国都安排一个家族中人，这样可以避免一损俱损的结果，而无论哪国最后一统山河，诸葛家族都将跟着一荣俱荣。然而，当时的诸葛家族并没有做出这样的战略安排，诸葛家三兄弟分侍三国，完全是历史的巧合。

诸葛家族的来历，裴松之在给《三国志》做的注中说：“吴书曰：‘其先葛氏，本琅邪诸县人，后徙阳都。阳都先有姓葛者，时人谓之诸葛，因以为氏。’”裴松之还注了另一种说法，东汉应劭著的《风俗通》中说：“葛婴为陈涉将军，有功而诛，孝文帝追录，封其孙诸县侯，因并氏焉。”即陈胜手下的猛将葛婴，被汉文帝感念其反抗暴秦的功绩，敕封其后人为诸县侯。葛家人感念汉文帝的恩德，将其分封的诸县地名加入了姓氏中，葛姓变成了诸葛姓，形成了后来的诸葛家族。

《风俗通》之说，应该不可信，查《汉书·功臣表》，文帝所封异姓侯十人，并无姓葛的。而且，终汉之世，也不曾封过所谓的“诸县侯”。诸葛家族的所在地琅琊（古作“琅邪”）郡，东汉属琅琊国，不曾有任何异姓封侯于此。所以，葛婴不是诸葛亮的先祖。

在《三国志》中，诸葛三兄弟都有传，同时都提到了他们是“汉司隶校尉诸葛丰”的后代。汉元帝时，诸葛丰被任命为司隶校尉，继而升任光禄大夫。他性情刚正不阿，对贪官污吏、专事阿谀奉承之小人恨之入骨。后因弹劾权臣，触怒皇帝，将他降为城门校尉。不久又被免官，贬为庶人，老死家中。

诸葛丰之后，诸葛家族在两汉政坛上默默无闻了两百多年。直到东汉末年，诸葛家族才出了一个当官的人，即诸葛亮的父亲诸葛珪，他当上了泰山郡丞。蛰伏了两百多年的没落家族，此时终于看到了重新崛起的希望。然而，在诸葛亮八岁那年，诸葛珪就因病去世了。诸葛珪留下了三个儿子，长子诸葛瑾，次子诸葛亮，幼子诸葛均，还有两个女儿。父亲的死亡，意味着家中顶梁柱的崩折，才十五岁的诸葛瑾只能承担起奉养继母的义务，而两个弟弟以及尚未出嫁的两个姐姐全部转由叔父诸葛玄抚养。为什么要把一家人这样分离？可能是因为诸葛瑾的继母与诸葛玄是叔嫂关系，在那个讲究礼教的年代，必须避嫌。但是继母一个人又不能无依无靠，所以只得留下最大的孩子诸葛瑾照顾她。此外，诸葛家族先祖的墓地都在琅琊郡，当时战乱纷纷，诸葛瑾还有留下来照看祖先坟墓的职责。

琅琊郡在西汉时被划为徐州刺史部管辖，成为徐州的一部分，而徐州又是个兵家必争之地。东汉末年，徐州战乱不断，生灵涂炭，诸葛瑾实在活不下去了，只得举家迁往未受战火波及的江东。诸葛瑾后来曾对孙权说："瑾与殷模等遭本州倾覆，生类殄尽。弃坟墓，携老弱，披草莱，归圣化，在流隶之中，蒙生成之福。"

诸葛瑾定居江东曲阿之后，因博学多才，与当地的名人张承、步骘、弘咨等人成为朋友，渐渐在东吴名士圈有了名声。后来在孙权大姐夫弘咨的推荐下，开始了他的仕途生涯，成为孙权信任的重臣。诸葛瑾为人大度、善思，孙权对他甚为看重，每有大事就要征询他的意见。

赤壁之战爆发之前，孙权派鲁肃到荆州邀请刘备联盟，鲁肃说到自己与诸葛瑾是朋友，于是搭上了与诸葛亮的关系。可以说，孙、刘联盟能够结成，诸葛瑾是一个重要的节点。

诸葛三兄弟的个人选择

诸葛珪去世后，他的堂弟诸葛玄被袁术任命为豫章太守。诸葛玄带着侄子、侄女离开琅琊，前去豫章上任。不料，朝廷又另外任命了朱皓为豫章太守，直接罢了他的官。诸葛玄一向和荆州牧刘表有些老交情，就前去投奔刘表。建安二年（公元197年），诸葛玄病逝。

不过，据裴松之记载，豫章太守周术病逝后，刘表推荐自己的属下诸葛玄接替。东汉朝廷听闻周术过世，任命朱皓代替诸葛玄为豫章太守，朱皓请求扬州刺史刘繇出兵，共击诸葛玄，诸葛玄退守西城。建安二年（公元197年）正月，西城居民叛乱，杀害诸葛玄，并斩其首级送与刘繇。

尽管诸葛玄之死有两种说法，但是他的侄子诸葛亮在他死后确实是留在了荆州，躬耕陇亩、养家糊口，成为“诸葛村夫”。诸葛村夫一边耕地，一边勤学苦读，同时有心结交荆州有名望的人士，逐渐在荆州地区打造出“卧龙先生”的美誉。

建安十二年（公元207年），诸葛亮的朋友徐庶被迫效忠曹魏，临行前其告知刘备去请“卧龙先生”诸葛亮出山，这才有了后来刘备的“三顾茅庐”。诸葛亮被刘备的诚意打动，帮助其拟定了一份统一天下的战略构图——《隆中对》。按照隆中对策，诸葛亮协助刘备迅速崛起，与曹操、孙权三分天下，离兴复汉室仅一步之遥。

再来看诸葛诞，他的出生年月不详，只知道他一开始就投奔了曹魏，并被任命为荥阳令。做荥阳令时，他和另一员大将亲自试验新造的大船，没想到遇到大风浪，大船被卷入河里，诸葛诞差一点被淹死。这时候有人驾船来救，诸葛诞自己不肯先上船，让他们先救其他人，自己则被河水冲上了河岸昏死过去。因为这件事，他赢得了品行高尚的声名。后来，诸葛诞被任命为吏部郎。因为其兢兢业业、为官清廉，诸葛诞一直做到了御史中丞尚书，官至征东大将军。他与曹魏的大将夏侯玄、邓飏、田畴称兄道弟，俱有声名，并被称为“四聪”。

由此可见，诸葛家族在东汉末年并不是一个显赫家族，而是一个没落的小家族。整个家族也没有一个主心骨，唯一有点话语权的可能就是诸葛珪和诸葛玄两兄弟。但是诸葛珪英年早逝，诸葛玄四处奔波。从诸葛玄一个人带着哥哥的四个孩子来看，这个诸葛家族要么是没有能帮得上忙的人，要么就是家族内部四分五裂，没有凝聚力。既然家族内部没有主心骨，整个家族也貌合神离，也就不存在什么诸葛家族的战略规划了。因此，诸葛三兄弟分侍不同的政治势力，完全是机缘巧合。诸葛瑾是因为逃难去了江东，在东吴政权任职；诸葛亮是因为跟着叔叔去荆州定居，然后在徐庶和水镜先生司马徽的举荐下，加入了刘备团队；诸葛诞则是一开始就跟着曹魏政权，与诸葛瑾和诸葛亮这两个堂亲也没什么瓜葛。

尤其是诸葛亮的选择，存在着很大的偶然性。恰好刘备落魄，只能在刘表治下的新野安身；恰好刘备又在当地碰上了司马徽和徐庶，他们二人又都隆重推荐了诸葛亮；恰好徐庶的母亲被曹操所抓，徐庶只得离开刘备，使得刘备急需一个新的智囊；恰好刘备又是个诚意满满的人，才最终请得诸葛亮。总之，诸葛亮与刘备的相遇，有着太多的巧合因素，而这一切不太可能是出自事先的家族战略规划。

东汉末年的政治生态

我们不禁要问，诸葛三兄弟分侍三国，真的不会引起各自主公的猜忌吗？毕竟你家兄弟可是在竞争对手的帐下，你们会不会暗中勾结？

事实上，曹魏除了诸葛诞，还有诸葛璋和诸葛绪等人。诸葛璋官拜谒者仆射。诸葛绪历任泰山太守，打退吴军进攻后，迁雍州刺史，参与魏灭蜀之战，西晋建立后，册封乐安亭侯，历任太常卿、卫尉卿等官。

蜀汉除了诸葛亮，还有其亲弟弟诸葛均，诸葛均在二哥出山之后，仍留在隆中种田度日，后来诸葛亮将他引荐给刘备。不管诸葛均有没有才能，刘备就算是给诸葛亮一个人情也要用其。蜀汉建立后，诸葛均出任长水校尉，蜀汉灭亡后被迁徙至洛阳，在途中病故。

东吴除了诸葛瑾，还有诸葛直。这个诸葛直可是大名鼎鼎，黄龙二年（公元230年）正月，孙权派卫温、诸葛直带领上万士兵出海寻找夷洲、亶洲。夷洲，就是今天的中国台湾。诸葛直和卫温成为中国历史上记载的最早登陆中国台湾的人，但是因为他们没能找到亶洲，回来后被孙权下令处死。

东汉末年，在经过“十常侍乱政”与“董卓霸京师”之后，中原地区呈现“白骨露于野、千里无鸡鸣”的凄惨景象。由于汉室江山出现了权力真空，一些地方豪强、乡绅财主，为求自保，组建了很多地方武装组织，并形成了一种“部曲”制度。“部曲”，并非正常的雇佣关系，手下士兵多是地方豪强、世家大族的私属仕从，可以理解为“家兵”。也就是说，有钱就可以招兵买马，有粮便可以养活军队。曹操就是通过这样的手段拉起了一干人马，兼并周边的孱弱势力，并逐渐壮大，而刘备、孙权之类的政治势力也基本上都是这样起家的。

军阀选用人才，自然要看你的才能，也就是“唯才是举”。而在“唯才是举”的用人原则下，就容易忽略对人才其他方面的考察。例如隐蕃，他从魏国的青州跑到吴国，在孙权面前展现自己的“王佐之才”。孙权听罢有些心动，身边的胡综则忧虑此人言辞敏捷但言不副实。隐蕃在吴国虽然没有得到重用，却笼络了一帮皇亲国戚。后来他果然作乱逃走，最终被孙权诛杀。这里可以看出，胡综怀疑的仅是隐蕃的个人能力问题，而根本就没有想过此人是否是魏国派来的奸细。还可以举一个例子，颍川大族荀氏的荀彧，本是袁绍的人，后来看袁绍这人成不了大器，就投奔了曹操。曹操也不怀疑他是袁绍的奸细，或者是否还跟袁绍集团有联系，便立即委以重任。而荀彧的哥哥荀谌，一开始是冀州牧韩馥的人，后来投奔袁绍。他成功劝说韩馥让出冀州给袁绍，为袁绍积累初始的政治资本奠定了坚实基础。袁绍也从未去怀疑，荀谌和他那个在曹营的弟弟荀彧会不会暗中勾结。事实上，两兄弟各为其主，确实也从未有过暗通款曲之事。

对于那时的众人才而言，各为其主是他们基本的道德操守，毕竟主公为自己提供了实现人生价值的舞台。像吕布那样，先后杀掉自己的主公兼干爹丁原、董卓，就很为世人所不齿。

诸葛三兄弟也是如此，且不说诸葛诞了，只说诸葛瑾和诸葛亮这对亲兄弟。建安二十年（公元215年），诸葛瑾奉命出使蜀汉要求刘备归还荆州，诸葛瑾与诸葛亮在公馆见面，没谈私事，最后双方以分界结束。建安二十四年（公元219年），诸葛瑾跟随吕蒙讨伐关羽。公元221年，刘备为了给关羽报仇，举兵伐吴，孙权委托诸葛瑾给刘备写信请和。由于诸葛亮久事刘备，而且位高权重，关于诸葛瑾通蜀汉的谣言便四起。孙权听说后说："孤与子瑜有死生不易之誓，子瑜之不负孤，犹孤之不负子瑜也。"并说自己与诸葛瑾已是神交，关系非外人可以离间，对其信任之深不言而喻。

东汉末年独特的政治生态，正是诸葛家三兄弟可以分侍三国的基础。如果放在后世，这种情况很难出现。

公元234年，诸葛亮在五丈原去世；蜀国亡后，其孙子诸葛京也移居河东，后来在晋朝仕官，官至江州刺史。公元241年，诸葛瑾去世，享年六十八岁，死前嘱咐买棺服、办丧事要简约；吴国亡后，其玄孙诸葛显被迁到河东郡定居，成为诸葛瑾一脉唯一传人。公元258年，诸葛诞在寿春发动叛乱反抗司马昭，兵败被杀，夷灭三族。

诸葛三兄弟凭借自己的才能，为各自的主公立下了汗马功劳。然而，他们一生的心血，最终都被司马家族所吞并。

（文/柏舟）

孙氏集团：如何从瓜农一路冲击当上皇帝

建宁四年（公元171年），孙坚十七岁，职业是老家吴郡富春县的一个小吏。当时地处东南的吴越在中原眼里就是蛮荒之地，富春县更甚，乃至几十年后孙权分富春等县立东安郡时候，都把老家冠以“恶地、险地”之名。若干年后，孔融在盛夸虞翻时候，还不忘嘲讽“乃知东南之美者，非徒会稽之竹箭也”。在孔文举眼里，除了虞翻，江东也就特产竹箭能入他法眼了，真可谓地不灵、人不杰。后世富春县的士人尚且如此，更毋论当年的孙坚这个籍籍无名的底层小吏了。

军功起家

虽然孙权称帝策文把祖宗追溯到孙武、黄帝。欧阳修在《新唐书·宰相世系表》里又把孙武之后修到东汉汉阳太守孙耽，并说其为孙钟、孙坚、孙权先人。可偏偏整本《三国志》加上注文，孙坚父祖之名俱无。剩下六朝史料竟也说不清“种瓜孝子”孙钟到底是孙坚的父亲还是祖父。

既没显赫的家谱，也不姓刘、姓曹，孙县吏在这世道想发达，大约只能凭一下身材相貌了。《三国演义》中描写孙坚身长八尺、广额阔面、虎体熊腰。可惜史书中孙坚比起儿子孙策、孙权，形貌又是欠奉，除了自家《吴书》一句“容貌不凡”的客气话，连个身高都没留下。

当时若要发达，除察茂才、举孝廉，朝堂、三公、州郡征辟之类外，只剩军功一途了，毕竟汉初高祖还说过“非军功不得封侯”。虽然到了东汉文长武消，连开国赤泉侯杨喜这等军功名门都成功转型成经学大家，弘农杨氏也连出杨赐、杨彪等名士，但比起宋朝的“娼优隶卒”四大贱流的兵卒倒数第一的状况好多了，在沙场上还是能拼出个功名来的，毕竟曹操当时的梦想都是墓碑上刻“征西将军曹侯”。所以只要有所表现，还是有出头之日的。在江东这个险恶之地，机会更是不少。

当孙坚和父亲经过邻县钱唐（属会稽郡）时，船突然停下了，原来是一伙海盗抢劫完了，在岸边公然分赃。在其他商旅行人吓得停船裹足时，只有孙坚无视父亲反对，提刀一跃登岸。孙坚并没有直接冲上去，他挥刀做指挥状，做贼心虚的海盗以为被官兵包围了，扔了财物就分散逃命。孙坚盯准一个骑马落单的海盗，斩首而回，毕竟能骑马的最差也是个贼首。在这乱哄哄的场面下，短短时间内孙坚的表现可谓面面俱到、谋勇兼备。无名乃父大惊之时，孙坚也一举成名郡县闻了。吴郡太守府马上征召孙坚到府授予假尉之职，这对于十七岁的瓜农之子可谓一步登天。

上天似乎眷顾着孙坚，就在孙坚当上假尉的第二年，隔壁会稽郡又出事了，熹平元年（公元172年）十一月，妖贼许生、许昌、许昭祖孙三代聚众数万，反于句章数县，叛乱规模并不大，但许家竟然自称“阳明皇帝”“越王”，一下把这场乱事级别提至最高。在巫医流行的年代（日后孙坚自己军中亦带巫医），汉晋会稽特产有二——妖贼、海盗。今日他们是孙坚之踏脚石，而两百多年后，又是在句章，他们成了无名之辈刘裕的踏脚石。

洛阳朝堂急拜臧旻为扬州刺史讨伐许氏，州郡兴兵，会稽边上的吴郡自然有份。时东汉郡有郡丞、长史，但面对大规模反乱，郡府会设置司马主兵事。而以勇略闻名一郡的孙坚升职成吴郡司马，负责招募精锐千人，协助州郡讨伐许昭。无论是因冀州举其优异而由县令直升一州刺史的臧旻，还是年仅十八岁已经成了千人精兵统帅的孙坚，都因为这场称帝乱事获益匪浅。

风头正盛的许氏，一遇后来讨伐匈奴大胜的臧旻，顿时大败。可是许氏在会稽根深蒂固，一下又聚众再起。熹平二年（公元173年）更是大败会稽太守尹端，成了强龙大战地头蛇的持久战。连战三年，终于在熹平三年（公元174年）十一月，臧旻大破许氏。大胜之后，谁卖命、谁无能，臧旻自然清楚。会稽太守尹端，被臧旻上奏当斩，却因属下主簿朱儁偷偷到洛阳塞了几百金，仅以降免躲过死罪。当先拼命的孙坚一样被臧旻列上功状，被诏书任命徐州广陵郡盐渎县丞，是年孙坚二十岁。

万事俱备

中平元年（公元184年），孙坚三十岁，官拜下邳县丞。

曹操能成为“治世之能臣、乱世之奸雄”，而在这十年“治世”中，孙坚历任盐渎、盱眙、下邳三县，只能当“治世之县丞”。这十年对孙坚来说是停滞的十年，亦是有用的十年。《江表传》曰：“坚历佐三县，所在有称，吏民亲附。乡里知旧，好事少年，往来者常数百人，坚接抚待养，有若子弟焉。”

史称孙坚“性阔达，好奇节”，由此可见一斑。日常数百人的乡党少年，孙坚能一一接抚待养，凭一个县丞的数百石俸禄根本不可能。只能说孙坚任上生财有道，徐州当时“百姓殷富、谷实甚丰”，在徐州当县丞也算肥缺。而孙坚历任的三县也是一个比一个富，最后的下邳县更是后来徐州治所、钱粮之地。“十年副县长、钱粮知多少”，殷实的徐州之地无疑让孙坚建立了自己的人脉、财路，更重要的是改善了“乡誉”。而在汉末，乡誉是非常重要的。孙坚的乡誉如何，可以从其娶妻略知一二。

孙破虏吴夫人，吴主权母也。本吴人，徙钱唐，早失父母，与弟景居。孙坚闻其才貌，欲娶之。吴氏亲戚嫌坚轻狡，将拒焉，坚甚以惭恨。夫人谓亲戚曰：“何爱一女以取祸乎？如有不遇，命也。”于是遂许为婚，生四男一女。

孙坚求亲时间史书无记，从上文“何爱一女以取祸”可知当时孙坚已有能力祸及会稽钱唐的吴氏一门了。十七岁欲上岸击贼被父亲不许的孙坚定无此能力，因此孙坚求亲应在一举成名担任吴郡假尉之后。而吴氏拒婚理由是孙坚“轻侠狡桀”，这问题出在孙坚的名声和乡誉。从这次求亲可知，孙坚在吴郡乃至隔壁会稽，乡誉之糟都堪比后来被乡里称为三害之一的周处了。而在求亲差点黄了的时候，孙坚也知“惭恨”，可见他就和见陆云后的周处一样，知道亡羊补牢、尚为不晚。在徐州三县，每天面对一堆乡里，“接抚待养，有若子弟”。这不光要花费大笔钱粮，更得消耗大量精力，而孙坚却十年如一日地坚持不懈，最终挽回了乡誉和名声。

“好事少年”在当时往小了说是流氓地痞，往大了说是强盗土匪。鲁肃年轻时候结交“轻侠少年”，就被乡亲父老骂“鲁氏世衰，生此狂儿”。可是时间证明鲁肃是正确的，乱世拉起自己的势力才是生存之道，而孙坚早就明白这个道理了。

中平元年（公元184年），孙坚三十岁，万事俱备，只欠乱世。

天下大乱

试想县丞孙坚都生财有道，那么比他位高权重的官员如何？当时室宗刘焉上书说“刺史、太守，货赂为官，割剥百姓，以致离叛”。官逼民反、星火燎原，终于发展成中平元年的“黄巾起义”。这次大乱天下响应、席卷八州，不到一月，兵锋已至首都洛阳东面的颍川，天下惶惶、京师震动。手忙脚乱的朝堂于三月七日，大赦、发天下精兵，博选将帅，其中皇甫嵩、朱儁各统一军，联手出征逼近洛阳的黄巾军。

朱儁当年和孙坚同为郡官，十年间却举孝廉、任县令、拜交州刺史、平乱封侯、征拜谏议大夫，察举、征辟、军功封侯全部占全。朱儁能成功，一半是因其有能力，一半是因其会做官。这次“黄巾起义”，又是一堆洛阳公卿联手推荐朱儁任右中郎将、持节为帅。

朝堂火烧眉毛地下诏发兵选将，一副只要懂行我全要的样子，朱儁（jùn）亦当仁不让地开始找人。大概十年前在会稽平乱的孙坚给他留下了深刻的印象，朱儁上表朝廷请调孙坚来当佐军司马。

军情紧急刻不容缓，孙坚迅速招募兵员。除当地淮泗精兵外，身边的故旧、少年也都愿追随孙坚。而下邳这种大城市，因为战事滞留的商旅数量不少，能在盗贼蜂起的汉末出行，自然是有点本事的主，孙坚又把他们招募进来，七拼八凑出来一千多人。

张角起事，时人谓之“黄巾”，亦名为“蛾贼（蚁贼）”。可见在上层眼里，黄巾虽盛，不过大群蝼蚁而已，发天下精兵对蚁贼当然是无往不利。而《孙坚传》亦记录孙坚讨豫州黄巾是“与朱儁并力奋击，所向无前”。可是《后汉书 · 孝灵帝纪》却在当年四月大书一笔“朱儁为黄巾波才所败”，同书《皇甫嵩朱儁列传》又书“儁前与贼波才战，战败，嵩因进保长社。波才引大众围城，嵩兵少，军中皆恐”。原来皇甫嵩、朱儁所辖的凉州劲旅、三河五校之精兵，正面尚且不敌黄巾。而后皇甫嵩用火攻大破波才，官军势如破竹之际，孙坚却在汝南西华因乘胜冒进，被黄巾军大败，自己都差点身亡。只能说“所向无前”不代表“所向无敌”。孙家三世老将程普本传开头“讨黄巾于宛、邓，破董卓于阳人，攻城野战，身被创夷”。只提南阳之宛城、邓县，却不说汝颍，只能说孙坚在豫州汝颍虽作战当先，却乏善可书之处。真正让孙坚大放异彩的是南阳宛邓之地。

当时汝颍黄巾兵败后逃入荆州，和南阳黄巾会合，聚众十余万死守宛城。战事直到十一月二十二日，朱儁才破宛城，彻底扑灭起义。时语“小民发如韭、剪复生，头如鸡、割复鸣”，而南阳黄巾更是死一帅换一帅，连换四帅，宛城更在双方惨烈拉锯战下几易其主。血战中主将朱儁都亲身披甲、当先攻战，孙坚更是不后于人、勇冠三军。《三国志》中以十六字描述孙坚攻城：“身当一面，登城先入，众乃蚁附，遂大破之。”

十二月二十九日，灵帝自以为黄巾既平，大赦天下，改年号为中平。但天下并未平定，孙坚的征途也刚刚开始。

谋略过人

中平二年（公元185年）春，升任右车骑将军的朱儁，从南阳振旅而还京师，功成师克、威声满天下。立下大功，跟着一起班师国门、献俘阙下的孙坚也一样名传京师、与有荣焉。朱儁上奏孙坚的战功，朝堂拜孙坚为别部司马（按后董卓与刘艾论兵，孙坚依旧兼任佐军司马）。因为天下动乱不息，各将都增加编制，别领营属者称别部司马，其带兵往往没有固定限制，多至数千之众。由地方县丞一跃为中央车骑将军司马，孙坚登上了更大的舞台。

同年八月，因凉州之乱扩大到关中，前线皇甫嵩被宦官排挤以至被贬官削爵，朱儁又因母丧守孝不出，竟成“朝中无大将、司空张温征关中”的局面。张温虽也是一时英杰，但和皇甫嵩、朱儁相比就是云泥之别了，有自知之明的他请了一堆有能之士来当参军。去年朱儁在南阳和黄巾苦战时，全靠张温才没被朝堂召回，可见两人关系匪浅。身为南阳人的张温，对于拯救南阳的大英雄孙坚当然耳熟能详，遂上表朝廷，请孙坚为参军，并统领一千骑兵，跟随荡寇将军周慎。灭黄巾不过半年，孙坚已成内参军事、外统千骑的热门人物了。

这场两军二十多万人的大战，从临阵换将开始就闹剧不断。主帅张温不服董卓，全军冒进；周慎不听孙坚的建议，结果粮道被断，最后以六军上陇、五军败绩的丑态收场。孙坚自己也在美阳亭北遇敌大败，靠丢下印绶才逃得一命。只有预留后路的董卓一军全师而还。随后大家又开始互相推诿扯皮。和孙坚同为参军的陶谦也大骂张温无能。孙坚却在张温和董卓互相指责时上前耳语张温，把三个自己也未必信的罪名扣到了董卓头上，要张温乘机杀掉董卓！可出征前朝议，为该用招募乌桓、鲜卑、羌胡谁为雇佣军争论不休，最后百官大会，尽数赞成应劭招募凉州羌胡的建议。可见国策就是以凉治凉，如果杀了在军中、凉州深得人心的董卓，后果不堪设想，吓得张温连忙让孙坚快出去。

孙坚这次败仗，董卓曾认为不是孙坚的责任，而是孙坚所部实在太差。而孙坚让张温杀董卓，目的也正是杀人夺兵。当时凉州军是天下精兵，和皇甫嵩、董卓合作过又被凉州叛军惨败的孙坚对此深有体会，他当然希望获得凉州兵以补充损失。这次失败，也让孙坚更加体会到拥有强兵的重要性。

张、董二人不欢而散，可朝堂却因董卓进军击破叛军，退军全师而还，加封其为斄乡侯。此时，庆幸没杀董卓的张温，没想到日后自己会因董卓的报复而送命；而看着董卓封侯的孙坚，更没想到董卓才是他的伯乐。日后董卓在刘艾讨论孙坚时候，认为孙坚一个佐军司马，却能提出和他这个破虏将军一样的策略，绝对是可用之才。董卓感叹“儿曹用其言，凉州或能定也”。当然身为“破虏将军”的董卓此时没想到，孙坚没有辜负他这个伯乐，几年后董卓在洛阳迎战孙坚时，看到旗号正是“破虏将军孙坚”。

世人说起孙坚，不离勇猛，但孙坚一生成功，其过人的“谋略”起了更大的作用。令他成名的击海盗，就是典型的谋定而后动。朱儁请他为佐军、张温请他参军事，亦都是看好孙坚谋略过人，董卓更是看出孙坚时多奇计、才堪大用。陆机《辩亡论》说孙坚“权略纷纭，忠勇伯世”，这是对谋勇兼备的孙坚的最佳评价（当然那个“忠”字有时效）。

终为二千石

中平三年（公元186年）十二月，已升任太尉的张温还朝。因为这次军败无功，孙坚并未升迁，可是孙坚已是能和三公耳语之人，马上被朝廷征拜议郎。议郎虽然官小人多，可却是天子近臣，多以贤良方正之士任之。孙坚由一武夫能征议郎，跻身贤良方正，顾问应对、参与朝政，更是荣耀。

自黄巾之后，天下群起，杀刺史、二千石者，往往而是。中平四年（公元187年）十月，在凉州、幽州大乱不休时，荆州长沙又冒出一个区星自称“将军”，率众造反。宦官专权、叛乱频频，能征惯战之士或免职、或战死，朝廷又在凉、幽两州投入大量兵将，此时可用之人捉襟见肘。朝堂诏拜孙坚为长沙太守，前去平乱。终于轮到孙坚应时而发了。当年孙坚十七岁被召为郡吏时，家乡富春县前沙涨为洲，乡里在其上为孙坚饯行，父老开玩笑说："此沙狭而长，君其为长沙太守乎？"想不到一语成谶。是年孙坚三十三岁，历经十六年，终为二千石。

相比凉州、幽州的大战规模，区区长沙山贼真是幺麽小丑、岂堪一击。旬月之间，区星就被孙坚打得败出长沙，只得南逃零陵，据守重安县。同时又有零陵人观鹄自称"平天将军"，聚众攻打桂阳郡。孙坚越境零、桂，和荆州刺史王叡一起，破区星、斩观鹄，至中平五年（公元188年），当地响应区星的周朝、郭石、苏马等人也被统统击破。一年之间，三郡肃然，朝堂记孙坚前后功劳，竟封为乌程县侯。县侯是侯爵最高一等，中平初年至今，因功封县侯者不过六人。首次封侯就是县侯，封邑又在故乡，真是最高荣耀。而董卓二十余年大小百余战，当时不过乡侯，和孙坚同为司马讨黄巾的傅燮，连擒三帅，功最高，却因得罪宦官，又不愿意花钱买爵，最终不得封侯，战死凉州。孙坚能一跃县侯，除了朝里有人好做官，只能说他实为深通当时的为官之道。

越境零、桂用兵，近人多认为孙坚无视汉法"二千石行不得出界、兵不得擅发"。但考虑到刺史有权让郡国发兵，既然孙坚和刺史王叡一起平定零、桂，又因此封侯，可证孙坚并非擅自发兵。但孙坚在长沙任上，扬州宜春县遭贼攻打，求救长沙，孙坚不顾主簿进谏，进兵越界扬州救之。这次不但擅发、出界，还跑到了扬州豫章郡。不过东汉初就有琅琊太守李章擅自发兵，越境北海平乱的先例，孙坚事急从权亦无不可。况且孙坚这也是有考量的。首先，宜春长是孙坚同乡吴郡陆康的侄子，陆氏是吴郡四姓之一，曹操曾云“四姓长者，世有高位”。其次，虽然是扬州有事，可宜春就在长沙边上，《续汉书》记载建安八年（公元203年），豫章贼攻陷长沙醴陵县，杀掠吏民。不管宜春，弄得豫章贼坐大，波及长沙，还不如从源头解决祸根，更能一举两得卖人情给陆康。

当时州牧刺史、守相令长到任，往往变成太守和地方明争暗斗的局面。曹操为济南相，奏免八县长吏、捣毁祠屋神坛，断人财路。刘备任平原相，礼贤下士、外御寇难、内丰财施，又是另一套做法。可是无论曹、刘的大棒、胡萝卜，最后都招致怨恨，甚至刺客上门。强势刺史太守上任，往往拿郡府掾属、地方豪强杀鸡儆猴，而孙坚以武人上任长沙，史称“郡中震服，任用良吏”。孙坚随后却对郡吏说“谨遇良善，治官曹文书，必循治，以盗贼付太守”，也就是我只管驱兵击贼，其他你们自己张罗，一副无为而治的样子。即使如此，掾属也未必相信。但孙坚还真除了武事，其他全交给郡属，自嘲“太守无文德，以征伐为功”，完全是垂拱而治了。

虽说孙坚治长沙弃文就武，可任命掾属、举荐贤良还是太守自己负责。史称孙坚一至长沙就任用良吏，那么府内应该长沙英才济济，可是查遍史书，可考者却仅临湘桓阶一人任功曹，又被孙坚举为孝廉。一郡满二十万人可年举孝廉一人，可长沙户口百万，分母数这么大，竞争更为激烈。当时虽由太守举孝廉，却多为郡僚推荐、大族把持，更常鱼目混珠，“以桀逆应至孝，以贪饕应廉吏”。应劭说“荆扬江南七郡，唯有临湘、南昌、吴三令尔”，汉朝县有万户而立令，也就是说临湘是荆州江南第一大城市。桓氏为长沙大姓，世出二千石，桓阶之父桓胜更是官至尚书、著名南方。而地方若与太守不和，可辟掾属不任、举孝廉不就。桓阶作为大族代表应孙坚之辟举，说明当时孙坚和当地大族关系甚好。而桓阶为人方直敦厚，后来投曹，治理地方路不拾遗，身为高官清贫得让曹操、曹丕父子两代感慨。由此可见，孙坚所举得人、委用良吏不虚。

汉时有云“璅石出雁门、武夫出长沙”，说明长沙正适合招兵买马。孙坚在长沙不过三年，却以武人专武事建立起了自己的军事集团，坐拥数万之众，户口百万的长沙对此功不可没。虽然孙坚部属长沙人无考，可其他武人、宗族却是不少。在孙坚为长沙太守前，史书明确可考部属仅程普一人，而当了长沙太守后，有出身孝廉的朱治、黄盖，地位低微的韩当，还有日后继任孙坚为长沙太守的吴郡苏代、当九江太守以德义文武闻名的丹阳芮祉。孙策和太史慈战于神亭，从骑十三，皆韩当、宋谦、黄盖辈也，这十三人也都是孙坚旧将。程普、朱治、黄盖都是东吴名臣。而在三十多年后，曹丕倾天下伐吴，朱治之子朱然因守江陵名震敌国。后来，孙资对曹睿称赞江陵守军“被围历月，权裁以千数百兵住东门，而其土地无崩解者。是有法禁，上下相奉持之明验也”，守东门者，正是韩当。就是这些人，出生入死、辅佐孙氏三世，打下东吴基业。

随着孙坚的鱼跃龙门，吴郡老家也与有荣焉，孙家也从孤微之家渐成门阀。孙坚讨黄巾时候留家寿春，寿春是扬州州治，名士豪族汇聚于此。当时十几岁的孙策已经交结知名，声誉发闻，更和世出三公的周瑜结为兄弟。孙坚侄子孙贲为郡督邮守长，族弟孙香任郡主簿功曹，族子孙河、外甥徐琨都能少仕州郡。而孙坚日后举兵，孙策收合士大夫，江、淮间人咸向之，其弟孙静能一下纠合乡人族人五六百保障家宅。这些孙氏亲族和孙坚妻舅吴景也都成了孙坚军的主要将领。

合伙袁术

> 汉室不幸，皇纲失统，贼臣董卓，乘衅纵害，祸加至尊，毒流百姓。
>
> 《后汉书·虞傅盖臧列传·臧洪》

初平元年（公元190年）正月，关东诸侯会盟渤海，竖起讨伐董卓的大旗。袁术屯兵南阳郡鲁阳，表奏孙坚为假中郎将（“假”为代理之意），邀孙坚北上共襄盛举。时诸侯各拥兵数万，大多遇上“粮储单竭，兵众乖散”的问题，于是大家“奇计”百出，筹措钱粮。

河内太守王匡在境内找碴儿抓人索要赎金，不交则杀人灭族立威；盟主袁绍则对富户强收考责钱，交不出连卸任的二千石都照杀不误，即使如此，袁绍还常说“吾士饥乏”。原来是冀州牧韩馥怕袁绍做大，为让其部众离散，故意不发、少发军粮给袁绍。而孙坚一军北上鲁阳，至冬天，“粮储单竭，兵众乖散”，那时孙坚想出了更狠的“奇计”。

从上面可知，州府对于诸侯军的补给极其重要，而荆州刺史王叡也一起加入了讨董联盟。王叡虽然轻视武人孙坚，但并没不发补给。可孙坚北上路过州治江陵，就与武陵太守曹寅勾结，以索要补给骗开城门，假传诏书杀了王叡，荆州府库钱粮自然也都被孙坚吞并。随后兵到南阳，孙坚又出“奇计”，与江夏太守、荡寇将军刘祥联手，把太守张咨诱出而杀之。顿时，南阳“郡中震栗，无求不获”。后来，曹睿骂孙权“先人劫略州郡”倒是一语中的。

孙坚杀王叡、张咨，当然是因为想把荆州控制在自己手里。南阳本是东汉光武帝龙兴之地，也是汉朝南都、户口数百万的大郡，光武中兴的云台二十八将中南阳一郡就占了十一人。高门豪强无数，安能让孙坚予取予求。他们先找上比孙坚官位高却实力差的刘祥举兵攻之，结果堂堂“荡寇将军”竟然不敌南阳士民，一仗身亡。

孙坚发现南阳体量太大无法独吞时，找了一个镇得住场子的合伙人——“四世三公”的袁术。他北上鲁阳和袁术同盟结好，南阳归于袁术手中。而王叡死后，朝堂派刘表出任荆州刺史，却被袁术驻兵鲁阳拦住而无法就任。三方博弈，最终刘表上表推荐袁术为南阳太守，投桃报李，袁术承认刘表为荆州刺史。同时，袁术也上表孙坚行“破虏将军”，又领袁术老家豫州刺史。有袁术的公开支持，孙坚在豫州和南阳站稳了脚跟。

由于此时中央政府为董卓所把持，同盟诸侯上表荐官只是走个形式后就自称“将军”“太守”，远没中央封官赐印正统。可是此次对孙坚的封官上表，竟有回音。《后汉纪》书：“卓以坚为破虏将军，冀其和弭。”看来，董卓也看出荆州是潭浑水，特示好孙坚。

收复洛阳

初平元年（公元190年）二月，丧心病狂的董卓强行搬空洛阳、迁都长安，以至哀鸿遍野、死伤一路。三月，更一把火烧毁洛阳，二百里内房屋荡尽、鸡犬不留。董卓自己留在洛阳指挥，袁曹之师战于荥阳、河内之甲军于孟津，在并凉强兵面前，王匡、袁绍、曹操等一一败绩。南阳却一直到冬天都无战事，孙坚按兵不动，一直在鲁阳练兵。

联军虽然人多势众，但不过“驱略百姓，以作寇逆，其锋不如人，坚甲利兵强弩之用又不如人”，遇上统率“天下强勇，并、凉之人，羌胡之兵”的董卓，自然有败无胜。昔年在美阳，孙坚部下千骑，也算历战宛洛的精兵，可在董卓眼里不过“乌合之众”，事实也是一遇凉州叛军就大败而逃。有此惨痛经验的孙坚深知凉州军的厉害，吴起曾云“兵以治为胜”，故此孙坚一直在鲁阳练兵不动。而曾对孙坚高度评价的董卓，也告诫众将遇到孙坚时不可轻敌、需要提防。

是年冬月，孙坚正在鲁阳城外，置酒高会，董卓军轻骑数十突然驰到面前，后面更有步骑数万。孙坚却敬酒谈笑，命令部下整行列阵，不得妄动。见敌军如此，又想起董卓告诫，董卓军竟放弃战机，不敢攻城而退。第二年阳人聚之战，董卓军半夜突至，却发现“城中守备甚设，不可掩袭”，到了白天更是“城守已固，穿堑已深”，可见孙坚练兵之神效。

鲁阳治兵后，孙坚率荆、豫之卒沿宛洛道北上入河南郡梁县，兵锋直指洛阳，其间先败后胜，终于初平二年（公元191年）大破董卓军于阳人聚。看程普、朱治两传，讨董卓唯书“破董卓于阳人（聚）”，就知阳人聚之战意义重大。

《后汉纪》记载董卓迁都时候，曾亲口说“关东黄巾作乱，所在贼起”。除名声赫赫的青、徐黄巾外，当时黄巾余部由郭泰率众再起，号“白波军”，破太原、入河东。董卓派遣女婿牛辅前去讨伐，却被打败。可见，黄巾和关东并列非虚。和郭泰一起浑水摸鱼的南匈奴单于栾提于夫罗，更被袁绍延揽。日后于夫罗和白波不少势力也和袁术联手。而豫州的汝南、颍川黄巾何仪、刘辟、黄邵、何曼等各部十余万，更一起投靠袁术，现在又跟随孙坚，一时声势大振。

当时洛阳周边数百里无人烟，附近颍川、陈留等地也被董卓军屡屡抢掠，州郡大族小民，或北逃山谷、或南遁荆州，已经是野无可掠了。而董卓军内的并州、凉州两派也内讧不断，孙坚在阳人聚之所以大胜，就是统军的凉州胡轸和并州吕布不和，未战先乱，自取其败，敌逼于前、寇危于后、将乱于内、兵败于外、城无可据、野无可掠，战略的天平已经向孙坚倾斜了。

故阳人聚之战后，董卓派遣亲信李傕去孙坚处求和提亲，却被孙坚严词痛斥赶走。但相比袁术、袁绍、王匡在去年六月把董卓派来的求和大臣几乎杀光，孙坚却放过屡掠颍川的李傕一命，只能说还留有余地了。随后孙坚乘胜向大谷关进军，大军距离洛阳不足百里。

虽然野无所掠，但董卓更连地下都不放过。东汉十一处帝陵和公卿大臣墓冢都在洛阳东南、东北。董卓一面让吕布把陵墓盗掘一空，一面自己带队在陵墓之间迎击穿过大谷关的孙坚。想着打包走路的董卓军自然兵无斗志，一战而退。董卓不回洛阳，西退渑池。孙坚乘胜沿路杀到城下，在正南宣成门遇上吕布，一边连战连胜、战意高涨，一边盗陵掘墓、腰包鼓鼓，上下都不卖力的吕布军再次败走。

身死名留

自长沙举义、鲁阳治兵、血战梁东、大胜阳人，败董卓于陵间、破吕布于城下，大小十余战、征途两千里，孙坚终于打败董卓，收复洛阳。这一功盖海内的伟业产生了巨大而深远的影响，孙坚死后依然是江东数代最大的政治资本。

入洛非一人之力，实际是孙坚、袁术、朱儁三人联手之功。孙坚能整合荆、豫两州之兵和黄巾北上，袁术功不可没。而孙策日后亲口说出“先君与袁氏共破董卓”，更证明这是孙坚、袁术两人同心协力的结果。初平二年（公元191年）二月，董卓迁都后留朱儁守洛阳，朱儁却弃官出奔荆州和袁、孙联手，亦募军北上，击破董卓所任河南尹杨懿。《后汉纪》又云“尚书令朱儁之出奔也，与孙坚俱入洛阳”，可见当时孙坚的入洛大军亦有朱儁一军。

修复历代皇陵，祭扫汉室宗庙，期间又得传国玉玺自匿。孙坚又分兵出函谷关，军出新安、渑池间，想要截断董卓后路。谁想后院起火，袁绍乘孙坚大军尽出、后方空虚，任命周喁为豫州刺史，袭夺颍川阳城，断了孙坚粮道。孙坚不由长叹“同举义兵，将救社稷。逆贼垂破而各若此，吾当谁与戮力乎！”言发而涕下。但孙坚却忘了，当初就是他首开先例，杀了同举义兵的王叡、张咨。此举甚至导致有人对袁术说董卓是狼，孙坚更甚是虎，差点导致联盟破裂。而这两年大家纷纷效仿，“势利使人争，嗣还自相戕”。正是孙坚自食其果，况且得玉玺而私吞，何尝不是变质。

在袁术、孙坚的大怒杀来之下，周喁自然败绩，可是却又射死了来援袁术的公孙瓒之弟公孙越。袁术联手公孙瓒，袁绍却找上了在荆州的刘表。是时刘表恩威并施，南据江陵，北守襄阳，更把长沙太守苏代等赶走，占据了荆南地区。而因为公孙越之死，公孙瓒一怒南下，和袁绍在冀州大打出手，一时袁绍无暇南顾。孙坚乘机带领全军南下荆州，决定拔掉刘表这根钉子。

袁术、孙坚联军在樊城、邓县之间击败刘表军，然后渡汉水、围襄阳。刘表闭门不战，派黄祖半夜出城调兵，带了援军返回的黄祖却被孙坚当头截住，一战之下，追杀得黄祖逃窜进城南十里的岘山。

孙策出游，因为所骑之马最骏，往往马超众人变成孤身一人。孙坚这次也跑得撇开了部下，一人独前。自十七岁至今历沙场无数，孙坚都是野战当先、攻城先登。发迹之前，富贵险中求，如此也无可厚非，可如今身为一方之主却还这样，只能说是自蹈险地、轻佻果躁了。在孙坚匹马单骑沿山而上之时，黄祖早已布下埋伏，竹木之间，暗箭齐发。以往孙坚遇险，屡次急中生智，或藏匿草中，或丢弃印绶，或和部下易服，躲过一劫。但这次却是连反应都来不及，就中箭而亡，年仅三十七岁。

孙坚死后，余众退走，正因父丧在家守孝的桓阶，却冒险来到襄阳，以孙坚故孝廉的身份，恳求刘表让自己为孙坚送丧。刘表为其义举所感动，将孙坚尸体交于桓阶，这才使孙坚得以归葬故乡。刘表却没想到，桓阶不止于此。建安三年（公元198年），桓阶欲为孙坚报仇，更说动长沙太守张羡率长沙、零陵、桂阳三郡一起叛变刘表。同年，史书记长沙武陵人死后入殓月余而复生。“占曰：至阴为阳，下民为上，将有自微贱而起者也。”主曹操由庶士起。曹操，汉相曹参之后，三公之门，何庶士、微贱之有？孙坚为长沙太守，初平二年（公元191年）死，而同年长沙有人死而复生，正应孙氏再起、帝业终兴。有趣的是，史料记载复活者为长沙桓氏，桓阶同族。

起自陇亩，无尺寸之封，二十年间，位列上将、君湘伯豫，率荆、豫之师而逐凶逆、复神都。虽身死而名留，二子承其名业，终王气归于金陵，帝号建于武昌。陈王曾语“王侯将相宁有种乎”，观孙坚，余信也！

（文/周渝）

江东陆氏好人：陆逊的绝地逆袭

公元245年，东吴重臣陆逊被孙权活活气死。《三国志》中记载："权累遣中使责让逊，逊愤恚致卒。"

陆逊的儿子陆抗给陆逊办完丧事，孙权就迫不及待地拿着别人弹劾陆逊的奏折，一条一条质问陆抗，这真是杀人还要诛心。陆抗一条一条地解释，终于消除了孙权对陆逊的愤怒。几年之后，孙权又召见陆抗，老泪纵横，泣不成声："吾前听用谗言，与汝父大义不笃，以此负汝。前后所问，一焚灭之，莫令人见也。"并下令把所有弹劾陆逊的书信全都烧了。这算是孙权给陆逊平反了，陆家子孙完成了一次漂亮的绝地反击。

东吴陆家，就从来没有"逊"过。

陆孙两家的恩怨

东吴陆家，声名显赫，与吴郡顾氏、吴郡朱氏、吴郡张氏并称"吴中四姓"。早在汉光武帝时，陆氏就已经声名鹊起，其族人陆闳官至颍川太守、尚书令。这位陆闳有一个孙子叫陆续，堪称东汉名士。陆续有一个儿子叫陆褒，陆褒有很多孩子，其中一个叫陆纡，另一个叫陆康。这个陆纡，就是陆逊的爷爷。

汉献帝时，陆康官至庐江太守。跟荀彧一样，陆康是当时少有的仍对大汉王朝忠心耿耿的人，他虽不在京城，却排除万难坚持为天子进贡，为朝廷推荐孝廉，被破格加封忠义将军，薪酬待遇也被直接提到九卿级别。

出身寒族的孙氏第一次和陆家直接接触，是在孙坚担任长沙太守期间。当时，孙坚属于袁术的势力。孙坚违背东汉的律法规定，越界出兵，帮助时任宜春长的陆康之侄平定其境内动乱，这也是孙氏对陆家的恩情。

孙坚的上司袁术跟陆康互相看不顺眼，袁术有一次向陆康索要三万斛军粮，被陆康断然拒绝。这倒不是陆康抠门，而是因为在陆康眼中，袁术属于篡汉自立的乱臣贼子，这种人千刀万剐都不解恨，何况是给他粮食？袁术为了报复陆康，就派孙坚的儿子，人称“小霸王”的孙策攻打庐江。庐江军民在陆康的领导下，固守城池，拼死抵抗，以致这场战争惨烈无比，持续了两年。最后，庐江城内的陆氏宗族百余人在战乱中死亡过半，陆康本人也在城池陷落的一个多月后去世。

孙策渡江，其依靠的军队主要是来自江北的部曲，给人一种入侵者的形象。而且孙氏又出自寒微，被世家大族所蔑视。因此，孙策严厉打击江东地方豪强，消磨他们的抵抗意识。不过，陆康的小儿子陆绩，愿意投身孙策帐下。而陆绩的侄子，也就是陆逊，一直帮着照顾陆绩。这是因为，陆绩虽然是叔叔，但是却比陆逊小六岁。孙策去世后，孙权继位，他一上来，就招纳俊秀，聘求名士。当时江东风雨飘摇，内忧外患，严峻的局势逼迫孙权必须和江东世族达成和解，以得到他们的支持。而对江东世族们而言，继续与孙氏集团对抗下去，终归不是长久之计，新仇旧恨也只能暂时搁置了。所以，在孙权最初当政的几年里，江东世族们纷纷进入幕府，双方由对抗开始转向合作。而以陆逊、顾雍、张温、朱据为代表的江东世家大族们，为孙氏集团的后方安定，也立下了汗马功劳。

陆逊是二十一岁那年被孙权纳入幕府的，陆逊登上政坛后，很快崭露头角，让孙权对他另眼相看，并将孙策的闺女许配给了他。此后，陆逊又写信给关羽，表达自己的仰慕之情，结果让关羽不但“大意失荆州”，而且命丧黄泉。刘备为了给关羽报仇，倾全国之力讨伐东吴，结果被陆逊“火烧连营七百里”。刘备看着满地尸骸，痛苦不已，仰天大喊：“吾乃为逊所折辱，岂非天邪！”而后仅过了一年，刘备就在无尽的后悔中死去了。

陆逊，也正式成东吴的肱股之臣。

孙权逼死陆逊

孙权称帝后，在大将军之上又设置上大将军，地位高于三公。陆逊被拜为上大将军、右都护，在整个东吴，一人之下，万人之上。孙权甚至把自己的印都放在陆逊那里，“时事所宜，权辄令逊语亮，并刻权印，以置逊所。权每与禅、亮书，常过示逊……以印封行之”，可见君臣之间的互相信赖。

然而，孙权到了晚年，开始对自己的统治地位产生了严重的不安全感。当初，为了获得江东世族的全力拥护，孙权绞尽脑汁。为充分弥补孙、陆两家的裂缝，孙权不但大量起用陆家成员，陆逊、陆瑁、陆凯、陆绩等均出仕幕府，还将孙策之女许配给了陆逊，两家结为姻亲。江东豪族也基本垄断了东吴的上层统治秩序。

出身寒门的孙权虽然与江东大族们达成了合作关系，但是内心里依然对他们充满了戒备。例如曹操，他毕生致力于打压世家大族，大搞“唯才是举”，提拔寒门士人；再如诸葛亮，他多用流寓士人担任蜀国要职，其刻意培养的接班人中，蒋琬、费祎由荆入蜀，姜维由雍凉入蜀，而蜀国本土大姓均被排斥在中央轴心之外，所以刘禅虽然是一个平庸的君主，但其终世不受权臣威逼之祸。

孙权曾经压制过江东豪族，但是没有成功。黄武三年（公元224年），选曹尚书暨艳，主要掌管东吴人事，其在孙权的授意下推行了一次改革，目的是改变东吴郎署机构中混浊淆杂、贪污渎职成风的朽败状况。这次改革遭遇到了四姓的强大反抗，因为改革的官员考核思想是清议，即重个人品行胜于重个人能力，考核不合格者降级，特别差的送往军营。要知道，江东豪族的子弟根本不必经由郎署，就可以直接做官。陆逊及其弟陆瑁明确表示反对此次改革，并分别写信劝诫暨艳。在强大的反对压力下，孙权被迫采取妥协态度，取消了这次改革，而暨艳也很识时务，相当自觉，悄悄地选择了自杀。由此可见，江东豪族的势力之强，根本不是羽翼未丰的孙权可以应付的。

如今，孙权已经站稳脚跟，他觉得可以收拾江东豪族了。而豪族的最高代表，无疑就是陆逊。很快，孙权就找到了解决陆逊的机会，那就是“南鲁党争”。孙权称帝那年，东巡建业，将太子孙和、皇子及尚书九官等留在武昌，让陆逊辅佐太子，并掌管荆州、扬州、豫章三郡事务，主持吴军国大事。后来，在吴国接班人的问题上，东吴高层分为两方派系，一方支持太子，另一方支持鲁王。陆逊从太子是一国之本的原则出发，选择支持太子，更何况，太子还是自己一手培养起来的。但是，孙权在鲁王孙霸和长公主孙鲁班的谗言之下，最终决定废掉太子。接着，孙权借陆逊是太子一党的理由，将其贬出中枢，并数次斥责，最终导致陆逊忧愤而死。

我们甚至可以合理推断，当初孙权任命陆逊辅佐太子，都是在为未来除掉陆逊提前布的局。其实，陆逊的悲剧，就是由东吴独特的政治结构所决定的。

陆抗不死，东吴不灭

然而，孙权显然低估了江东豪族的势能。东吴政权的权力基本盘依然是江东豪族，孙权无法摆脱他们而完全独立。

认清这个现实后，孙权便又重新启用了陆逊的儿子陆抗，任命其为奋威将军。事实证明，孙权用对人了。陆抗的才干丝毫不逊其父，两人并称为“逊抗”，甚至有一种说法，“陆抗不死，东吴不灭”。陈寿同样不吝赞美之词：“抗贞亮筹干，咸有父风，奕世载美，具体而微，可谓克构者哉！”

孙皓继位后，任命陆抗为镇军大将军，领益州牧，镇守西陵，负责从关羽濑到白帝城这一段的防务。

西陵“上控巴蜀，下引荆襄”，战略地位十分重要，如果失去它，就相当于撕裂东吴的水军防线。太康元年(公元280年)，西晋灭吴之战即以西陵作为突破口。此时晋朝军队已经灭亡了蜀汉，占据了川蜀之地和长江上游，可以组建水师从巴东地区顺江东进。西陵上游的长江水流速较快，利于战船顺流而下，但是逆流而上却十分困难，因此，镇守西陵，就成了东吴政权生死存亡的关键。

公元272年，东吴的西陵都督步阐背叛东吴，投降了晋朝。晋帝司马炎十分高兴，随即命大将羊祜率军五万攻打东吴，与步阐遥相呼应。而陆抗得知步阐叛逃之后，立即调兵遣将，围困西陵。但他手中只有区区三万兵马，与司马炎前后投入的八万大军相比，兵力相当悬殊。

江陵一带地势平坦，道路通畅，西陵在江陵之西，地势较高，于是陆抗就命军士筑造大坝，拦截江水，准备水淹晋军。当西晋大军准备水师大举东进之时，陆抗掘开堤坝，水淹敌军船只。晋军又派陆军来营救步阐，以步代船，空费军力，延误了主力救援步阐的时间。趁着这个时间差，陆抗率领东吴大军，大败晋军，让羊祜损兵折将。终于在公元272年冬，陆抗攻破西陵，诛杀了叛将步阐，而且为了稳定军心，他释放了所有的叛军。《三国志》中记载：“自此以下，所请赦者数万口。修治城围，东还乐乡，貌无矜色，谦冲如常，故得将士欢心。”

西陵之战，陆抗挽救了东吴政权，公元273年，陆抗进位大司马、荆州牧。

此后晋朝改变策略，对东吴保持怀柔政策，不敢轻易用兵，直到陆抗死后，才敢再次对东吴动武，灭亡了东吴。所以说，“陆抗不死，东吴不灭”，并非夸大之词。

“百代文宗”陆机

东吴陆家虽然是“四姓”中最小的一个，但是在东吴政权内部“二相、五侯、将军十余人”，堪称东吴政权最强大的势力。不过，大家不要以为陆家只出陆逊、陆抗这样的军事统帅，陆家在人文领域也同样人才辈出。最著名的，就是陆抗的儿子陆机。

陆机少有异才，文章冠世。二十岁时，孙吴灭亡，他返回故乡，“乡居十年，闭门勤学”。晋武帝太康十年（公元289年），陆机与弟弟陆云一起北上，来到京师洛阳，他要用文学作品作为敲门砖，在新集团中谋求政治发展的资本。很快，他俩受到太常张华的器重，评价其说：“伐吴之役，利获二俊。”从此，“二陆”的名气在洛阳朋友圈里传开，当时洛中流传“二陆入洛，三张（当时北方名士代表张载、张协和张亢）减价”的民谚。有个叫君苗的铁杆粉丝，竟到了读罢陆机文章，“辄欲烧其笔砚”的狂热程度。

然而，西晋是一个更加重视门第的时代。“上品无寒门，下品无士族”，中原的门阀士族根本瞧不上来洛阳发展的南方士人。在他们看来，这些南方士人都是一群乡巴佬。因此，陆机的仕途一直没有什么起色，一直到发生“八王之乱”。

陆机因曾在赵王司马伦手下任职，司马伦篡位称帝失败后，陆机也差点被处死。后在成都王司马颖援救下，减免死刑。陆机于是转投司马颖，任平原内史，有了“陆平原”的代称。

眼看各地藩王的夺权之战进一步升级，诸多南方士人纷纷抽身保命，返回江南。然而，陆机认为，政治局势混乱不是深渊，而是能让自己往上爬的梯子。他选择留在洛阳，要跟着司马颖大干一场。司马颖委任陆机为后将军、河北大都督，成为联军讨伐长沙王司马乂的前锋。然而，陆机南方士人的身份，难以服众。军队还没有开拔，就有诸多人前往司马颖那里“嚼舌根”“打小报告”，说陆机不可信，有“异志”。众口铄金，司马颖立刻命人拘捕了陆机，并处以死刑。临刑前，陆机只留下一句“华亭鹤唳，岂可复闻乎”。

陆机虽没能在军事上建功立业，但是他在人文领域大放光彩。陆机流传下来的诗歌，有百余首，大多是乐府诗和拟古诗。他的诗歌辞采华丽，注重山水景色的描写，诗风繁缛，被誉为“太康之英”。刘勰在《文心雕龙》中，就将陆机与曹植并称。除诗歌外，陆机还擅长作赋，今存二十七篇。陆机的书法也独步一时，其章草《平复帖》，是目前所知古代存世最早的名人法书真迹，也是第一件流传有序的法帖墨迹，被誉为“法帖之祖”。

东吴陆家，在两汉魏晋时期的政坛上，都是不容忽视的角色。没有陆家的呕心沥血，就不会有东吴的生存与发展，不会有三国鼎立的局面。三国独特的政治生态造就了陆家，而陆家的兴衰也成为理解这个时代的一把钥匙。

（文/柏舟）

三国一家亲：刘备和曹操是什么亲戚关系？

最后，我们以一道三国推理题结束“三国世家”之旅。

已知：曹操和丁夫人结了婚，丁夫人的妹妹丁氏嫁给了夏侯渊，夏侯渊的侄女夏侯氏嫁给了张飞，张飞和夏侯氏育有两女（人称“张氏”），两位张氏嫁给了刘禅，刘禅又是刘备的儿子。同时，刘备是汉献帝刘协认的皇叔，刘协娶了曹操的女儿，曹操的儿子曹丕又娶了刘协的女儿。问：刘备应该管曹操叫什么？

你是不是想说，从未见过有如此“胡搅蛮缠”之题！

不过，沿着题面的逻辑再品三国的诸人诸事，答案还是有迹可循的。

曹操与夏侯渊的关系

夏侯渊是谁？曹操称此人“虎步关右，所向无前”。二人不仅是老乡，还宛若亲兄弟。

夏侯渊是西汉“开国元勋”夏侯婴之后。不过，纵览其后夏侯一家的工作经历，无甚官名。因此，他们虽是当地大族，却不列宦籍，没有什么势力，族人也难凭一己之力成为某位历史中的大人物。家里不富裕，却不影响夏侯渊重义。饥荒时，他为救已故弟弟的膝下孤女，甚至舍弃了自己的亲生儿子。

而反观同城老乡曹氏家族，自曹腾以来，不少人走上仕途，甚至平步青云。曹腾深受汉桓帝信任，历侍四代君王。其养子曹嵩跟着沾了光，于汉桓帝时官拜司隶校尉。据说曹嵩为官不怎么清廉，来去之间捞了不少油水，这直接作用于曹家的经济状况，使得当时的曹家颇有点“富甲一方”的味道。灵帝时，曹嵩官至太尉，仅次于大将军。曹操便是曹嵩的儿子，可以说家里有权有势，又有“富二代”的身份傍身。

夏侯渊与曹操，这两个沛国谯大族的孩子自小便玩在一起。有一天，曹操在县里犯了大事，夏侯渊以一腔义气替曹操扛了下来，自己进了大牢。随后，曹操设法营救，夏侯渊顺利脱身，两家的关系更为亲密了。夏侯渊还与曹操内妹——丁夫人的妹妹丁氏结了婚，两兄弟之间又加了一层连襟关系。

中平六年（公元189年），曹操在陈留起兵，夏侯渊以别部司马、骑都尉之职追随曹操。金戈铁马、战旗猎猎，曹操率军一路败黄巾、袁术、黑山军、南匈奴，攻克徐州十余城。

杀伐征战七年后，曹操迎汉献帝刘协，挟天子以令诸侯。同年，夏侯渊迁为陈留太守，后来又成为颍川太守。在随后的日子里，夏侯渊五处平叛、虎步关右，虽然是个尚无高深谋略的“白地将军”，却是个有勇有义的常胜将军。

所以，曹操与夏侯渊是连襟、好兄弟，从年轻的时候就开始共患难。那么，夏侯一家又是如何与刘备阵营产生关联的呢？

夏侯氏和刘备成了“亲家”

就在曹操迎献帝、事业大好，夏侯渊迁陈留太守、颍川太守的同时，刘备被曹操表为“镇东将军”，却接连为袁术、吕布所败，落魄居于小沛。

此后四年间，刘备一路摸爬滚打，终于在徐州一带屯兵数万，却又被曹操打败了。也正是在这一年，张飞的桃花运悄然而至。

关于张飞究竟在何处遇到了桃花运，有两个版本的故事：一说是在沛国谯周边。话说刘备集团在徐州被曹操打得东奔西走，刘关张兄弟三人也不幸失散了。张飞为了摆脱追兵，一路逃到了豫州地界，来到谯县附近，也就是曹操和夏侯渊的老家。而夏侯渊虽然身为颍川太守，却把部分家眷留在了老家，其中就包括侄女夏侯氏。于是，张飞和夏侯氏便相遇了。又一说是在汝南郡、颍川郡一带。因为在徐州被曹操打得体无完肤，刘备率部投靠袁绍，而袁绍的劲敌正是曹操。可对于袁绍来说，当时刘备众人的实力不过是盘年夜饭桌上的凉菜，有没有都行。于是，袁绍命刘备率军在汝南袭扰曹军，自己则在正面战场与之对决。那么，刘备都袭扰了哪些地方呢?

> 刘备略汝、颍之间，自许以南，吏民不安，曹操患之。
>
> 《资治通鉴》

这里的“颖”即为颍川郡，与陈留郡接界。因此，刘备的军队正是在夏侯渊的辖地奔袭。而夏侯渊素重情义，大概率会把家眷带在身边。所以，随刘备而来的张飞便与夏侯渊的侄女夏侯氏相遇了。

不论是哪种说法，其实都是为了证明，分属两个阵营的人的确梦幻般地相遇了。由于夏侯家向来注重节俭，战乱之时曹军又有巨大的物资消耗，因此即便是大将军的侄女，正处在豆蔻年华的夏侯氏也要亲自去砍柴。

有一天，夏侯氏像往常一样提着镰刀出门，一路行至山野间，听着鸟叫，呼吸着新鲜空气，觉得仿佛置身于战乱之外。突然，一个面黑、眼圆、体壮的大汉走了过来，直逼女孩面前。此人正是张飞。行军途中，不想却在山野间遇到了这样一个伶俐的姑娘。后来，张飞得知这个叫夏侯氏的女子不仅出身名门夏侯氏，还是曹操手下大将夏侯渊之侄，于是娶其为妻。

这意外的姻缘，是刘备和曹操成为亲戚的第一步。婚后，夏侯氏和张飞育有两女，两人感情也还不错。

建安二十二年（公元217年），自赤壁一战后凭借诸葛亮的智谋日益壮大的刘备，在坐拥荆州、益州并雄霸一方时，出兵汉中，攻打曹操。几番交手，刘备部下接连败于曹军。两年后，刘备大军从阳平关南渡沔水，入葭萌关，与夏侯渊相抗。老将黄忠向刘备和诸葛亮请命去取定军山，几番话语交锋后，方才得以率兵出行，并依诸葛亮之命与法正同往。黄忠当时就立下誓言，定要“立斩夏侯渊首级，纳于麾下”。

而曹操听闻刘备派黄忠攻打定军山，又知自己这个兄弟不善谋略，遂写了一封信给夏侯渊：

> 凡为将者，当以刚柔相济，不可徒恃其勇。若但任勇，则是一夫之敌耳。吾今屯大军于南郑，欲观卿之妙才，勿辱二字可也。
>
> 《三国演义》第七十一回

夏侯渊读完信非常开心，一腔热血在内心涌动，于是开始与张郃排兵布阵。可是，“白地将军”无谋，失了对山。打了败仗，夏侯渊心中愤懑，下定决心一定要守住定军山。然而，他再次中了黄忠和法正之计。

> 午时以后，法正见曹兵倦怠，锐气已堕，多下马坐息，乃将红旗招展，鼓角齐鸣，喊声大震，黄忠一马当先，驰下山来，犹如天崩地塌之势。夏侯渊措手不及，被黄忠赶到麾盖之下，大喝一声，犹如雷吼。渊未及相迎，黄忠宝刀已落，连头带肩，砍为两段。
>
> 《三国演义》第七十一回

定军山一役，夏侯渊卒，曹操痛哭。

夏侯氏听闻大伯战死的消息，心中哀痛，于是也顾不得自己身属哪个阵营了，勇敢地站出来，请求刘军安葬自己的大伯。

三年后，刘备在成都称帝，册立其子刘禅为太子。即立太子，则要一并册封太子妃，刘备结义兄弟张飞的大女儿便成为最佳人选。自此，夏侯氏与刘备成了亲家。可是，张家大女儿做了十四年皇后便撒手人寰了，刘禅又娶了张家二女儿，并立其为后。所以，张飞和夏侯氏的两个女儿都嫁给了刘备的儿子。因此，刘备不仅是张飞的哥哥，还是夏侯氏的亲家。而夏侯氏的大伯是夏侯渊，所以刘备可以叫夏侯渊一声“大伯”。夏侯渊和曹操是好兄弟，又是连襟，所以刘备也可以喊曹操一声“大伯”。

可是，结论不应就此得出，因为曹操与刘备之间还夹着另一个重要人物——汉献帝刘协。

曹操、刘备与刘协的关系

让我们再回到曹操迎献帝的那年，回到夏侯渊还在、刘备尚未雄起的那年。

刘协登基后，便成为董卓手中的傀儡。由于受关东联军所困，董卓挟持刘协迁都长安。董卓被吕布杀死后，各方势力在长安暗流涌动，都想控制东汉政权。最后，董卓部将李傕、郭汜等占领长安，可不久后两方势力又开始各自拥兵相攻。数月之下，长安城一片废墟、哀鸿遍野。刘协好不容易摆脱了李、郭二人的控制，逃出长安，辗转东行。

在曹操的推动下，刘协再次于洛阳称帝。当时的局势是这样的：孙策占据江东，刘表占据荆州，刘璋占据益州，韩遂、马腾占据西凉，辽东还有公孙度。如果控制了象征着正统政权的汉天子，对之后的政治斗争都会有裨益。曹操很明白这一点，于是他一面哄着刘协，一面诛杀朝臣，甚至绞杀了刘协的妃子董贵妃。

以献帝后宫无人为由，曹操将自己的女儿曹宪、曹华献给了刘协，他也就成了刘协的岳父。后来，曹操的儿子曹丕娶了刘协的两个女儿，并在继位后封为妃嫔。

所以，曹操和刘协之间的关系其实很复杂，他既是刘协的岳父，又是刘协的亲家，完全不能归于一辈，也就没有明确结论。

那么，刘备和刘协又是什么关系呢？在《三国演义》中，因曹操要向刘协奏表刘备的军功，于是请刘备上朝。刘备穿着整齐的朝服行礼拜天子，并做自我介绍。刘协一听此人姓“刘”，一时来了兴趣，于是问刘备祖上都有些什么人。刘备称自己是中山靖王之后。于是，刘协命大臣找来宗族世谱验证，一看果然不假。他大喜，遂叫刘备入偏殿“行叔侄之礼”。

> 帝暗思：“曹操弄权，国事都不由朕主，今得此英雄之叔，朕有助矣！”遂拜玄德为左将军、宜城亭侯。设宴款待毕，玄德谢恩出朝。自此人皆称为刘皇叔。
>
> 《三国演义》第二十回

如果按小说中的思路，刘协就是与刘备有着一点点血缘关系的刘皇叔之侄。那么曹操若是刘协岳父，则与刘备平辈；若是刘协亲家，则低刘备一辈，应叫刘备一声“叔叔”。这样的结论便与前文的结论冲突了。

但是，《三国演义》毕竟是小说，如果按正史来看，刘备并未被刘协认作皇叔。既然如此，那同为刘邦后代的刘备与刘协，又是否真的存在血缘上的叔侄关系呢？

假设刘备真是中山靖王之后，那么他就的确有皇室血统。中山靖王刘胜是汉景帝刘启之子，汉武帝刘彻之兄。从景帝起，按汉代帝王顺序推算，汉献帝刘协是景帝的第十四代世孙。而若按刘备的自述来算，刘备应该是汉景帝的第十九代世孙。因此，即便刘备真是皇室中人，他的辈分也远低于比他小二十岁的刘协，更别说并没有正经证据能够确定刘备就是中山靖王之后了。而且若论血缘关系，两人经过这么多代错综复杂的传承，早就八竿子打不着了。

所以，如果严谨地看，刘备和刘协之间的亲戚关系可以暂且不算。也就是说，曹操、刘协、刘备之间的这条亲戚关系链不能成立。

结论：曹操算是刘备他“大伯”

经过层层分析，关于“刘备应该把曹操叫什么”一问，我们可以得出三个答案：第一，叫“大伯”；第二，叫“侄子”；第三，叫“哥们儿”。

第二、第三个答案是不够明确的。加入刘协这一人物后，依据虚构的认“皇叔”的情节，看起来可以得出刘备是曹操的叔叔、刘备与曹操平辈这两个结论，但是由于证据本身就没有明确的历史支撑，所以这两个答案可以舍弃。

而第一个答案是比较明确的。虽然曹操和夏侯渊之间并无直接的亲缘关系，刘备和张飞夫妇也只是亲家与结拜兄弟的关系，但是在中国传统的宗法礼俗中，他们就是一家人。所以曹操作为夏侯渊的连襟，是其侄女夏侯氏的大伯，也就是夏侯氏丈夫张飞的大伯。而刘备既是张飞的拜把大哥，又是夏侯氏的亲家，所以也可以叫曹操一声“大伯”。

曾经青梅煮酒论英雄，孟德直言“天下英雄，唯使君与操耳”。可曹孟德没有想到，若干年后，坐在他对面这位在惊雷声中掉落了筷子的“英雄”，不仅日益强大、渐渐成为他的对手，还是他八竿子打得着的亲戚。

不止如此，由于刘备娶了孙权的妹妹孙尚香，他便成了孙权的妹夫。而孙权的弟弟孙匡，又娶了曹操本家兄弟曹仁的女儿。这样一来，在三足鼎立的局面下，曹操、刘备和孙权之间自然形成了一个交错复杂的亲缘链条。

有的人，聊着聊着就成了朋友；有的主公，打着打着就成了亲戚。然而，这不过是开了个头，这些盘根错节的家族关系，为下一个门阀时代的开启奠定了基础。

（文/北辰）

谋略的交锋

赤脚迎许攸，设计挖徐庶：曹操为何没请来诸葛亮？

众所周知，曹操惜才、爱才。

官渡之战前夕，袁绍手下的谋士许攸来投，曹操当时正在洗脚，听闻此事鞋都没来得及穿就跑出去迎接。许攸非常感动，当即就给曹操献上一计，让曹操火烧乌巢，抄袁绍的后路。正是有了许攸的谋略，曹操才能在官渡之战以少胜多。

刘备在驻防新野时，得到了一个叫徐庶的谋士。徐庶，字元直，颍川（今河南省）人，他与诸葛亮是至交，胸中颇有韬略。在没有徐庶之前，刘备根本就没有打过胜仗，有了徐庶之后，刘备大破曹仁三万大军，扬眉吐气了一把。曹操为了打败刘备，设计挖走了徐庶。徐庶在辞别之时，向刘备推荐了诸葛亮，说此人比自己还要厉害许多倍。

既然诸葛亮比徐庶还要厉害，为什么后来曹操没想过去挖诸葛亮？如果挖走了诸葛亮，曹操很有可能统一天下。如此看来，曹操不挖诸葛亮，实在是失策。可事情真的这么简单吗？

曹操的政治考量

曹操不是不知道诸葛亮的名声。

在火烧博望坡之前，曹营里曾开过内部会议。曹操的头号谋士荀彧提起诸葛亮——此人为襄阳名士，复姓诸葛单名为亮，才能胜我数十倍，刘备英雄，今更兼诸葛亮为军师，不可轻敌。紧接着，刚刚被迫过来的徐庶说：今玄德得诸葛亮为辅，如虎生翼矣……有经天纬地之才，出鬼入神之计……庶安敢比亮？庶如萤火之光，亮乃皓月之明也。

诸葛亮早在荆州就小有名气，他与当时荆州名士司马徽、庞德公等结交，成功地塑造了自己的人设——“亮躬耕陇亩，好为《梁父吟》。身长八尺，每自比于管仲、乐毅，时人莫之许也。”这种人设深入人心，当诸葛亮后来去东吴，就有东吴的谋士拿他自比管仲、乐毅来嘲笑他。但这也从侧面说明，诸葛亮的自我营销相当成功。

曹操可能怀疑诸葛亮，但他不可能怀疑荀彧的话。荀彧出身颍川士族，从小就广交四方豪杰，且饱读诗书，据说他十二岁就把《论语》《春秋》等古籍背得滚瓜烂熟。荀彧加入曹操集团时，被曹操比喻为“神机妙算的张良”。而现在这个“张良”口中的诸葛亮，才能超过他十倍，可见这个诸葛亮绝非浪得虚名，而是经天纬地的大才。而且，荀彧推荐过的人都很靠谱，例如荀攸、郭嘉、司马懿、戏志才，都为曹操打江山立下了汗马功劳。因此，曹操是肯定相信诸葛亮的才能的。既然认可，那为什么不去挖人？

曹操是一代枭雄，他对政治本质的洞察相当精准，因此他在用人上有自己的深谋远虑。

三国时期，得士族者得天下。汉武帝创立了察举和征辟制度，其中前者为重。“察举”，就是每年每个郡国向中央举荐孝和廉各一人，到京师之后，要依其科目与被举人的学艺不同，由公府分别加以考试，然后量才录用。被举荐的人，大多为州郡属吏或通晓经书的儒生。寒门子弟读书，接触经典的机会自然少得多，也不被人所识，久而久之，仕途就几乎被地方上的名门望族独占和垄断。东汉末年，经过几代人的积累，名门望族名望更甚，拥有各种资源、更加强大的力量和势力。若要争夺天下，甚至统一天下，士族是不得不依靠的力量。

当时，曹操有河北大族、颍川荀氏、河内司马氏等士族支持；孙权有顾雍、陆逊、朱治、张昭等豪族相挺；袁绍本身就是“四世三公”的出身，自身就是豪族，门生故吏遍天下。

荀彧只是客观地评价诸葛亮的才能，却并没有建议曹操把此人挖来，共襄伟业。曹操是何等聪明之人，他能听不出来此中的玄机？曹操出身不高，他既不是袁绍这样的“四世三公”出身，也没有刘备的皇叔身份。为了提高自己的号召力和影响力，他必须得到士族的撑腰。荀彧代表了颍川荀氏，他的投奔意味着颍川荀氏放弃袁绍而支持曹操。荀彧给曹操推荐的人才，无一不是出身士族，例如钟繇、荀攸、陈群、杜袭、戏志才、郭嘉等。可以说，曹操集团的基本盘就是颍川士族，再加上其他几个士族，例如武将夏侯惇、夏侯渊兄弟，曹仁、曹洪兄弟等，他们都来自各大大小小的士族。

诸葛亮虽有不世之才，但他与荆州士族有千丝万缕的关系。

如果诸葛亮加入，则颍川士族的利益必然要被分一块出去。荀彧自己可以不在乎，但他必须照顾到颍川士族的安定和团结。如果颍川士族内部出现分裂，或者颍川士族选择抛弃曹操，结果必然是曹操与颍川士族两败俱伤。荀彧肯定是不允许这样的结局出现的。所以，荀彧没有向曹操提出挖诸葛亮的请求，曹操也自然心领神会。况且，曹操身边已经谋士如云，且都是一流人才，没有必要为了一个诸葛亮，得罪自己的基本盘。

诸葛亮的性格

曹操是个心高气傲、常常自我陶醉的人，诸葛亮也是。他一边耕田一边自比管仲、乐毅。管仲、乐毅是什么人？一个开国宰相，一个柱国将军。要跟这两个人相提并论，至少你也得先做了官，才有可能取得超越他们的成绩。可是诸葛亮还未做官就如此自夸，可见其自我陶醉之深。

徐庶临行去曹营前，特地拜访了诸葛亮，跟他说刘备是一支潜力股，一定要尽快买入，还希望诸葛亮在刘备来的时候给其一点好脸色，“望公勿推阻，即展平生之大才以辅之”。

不料，诸葛亮却摆出一副臭脸，“君以我为享祭之牺牲乎！”，然后也不顾朋友之情，拂袖而入（内屋），让徐庶尴尬得只好上马启程。

看来，诸葛亮是坚持要当看穿红尘、决意不入仕的“世外高人”。但实际上，他在等一个机会，一个能让自己大展身手的机会。曹操那边谋士如云，而曹操本人也是能力极强者。诸葛亮的性格，使他只能选择刘备。

刘备是汉室宗亲，且一直为了汉室的复兴而奋斗。诸葛亮是尊重法统的人，只有跟着刘备，才能够确保自己的事业是伟大而正义的。

刘备身边将才不少，例如关羽、张飞、赵云等，但一直缺少第一等的谋士。这就使得刘备的奋斗毫无章法可言，成天被曹操赶着跑。诸葛亮一旦加入刘备阵营，必是首席军师，没有任何谋士可以与其相提并论。这样的平台，曹操也好，孙权也好，显然都是无法提供的。

从三顾茅庐开始，刘备就已经洞悉了诸葛亮的心理需求，就算是后来挖到了庞统，刘备也不敢把卧龙、凤雏放在一起。他让诸葛亮留守荆州，自己带着庞统去西川，直到庞统死了，才敢把诸葛亮调过来。

这就是人际关系上的“互补定律”。那些在兴趣、性格、专长、观点等方面存在差异的人，当他们的需要和满足途径正好构成互补关系时，会像磁铁的正负极一样，产生强烈的相互吸引关系。

综上所述，用现在的例子说就是，一个人打算筹办一个企业，那么他一般会选择与拥有自己所缺乏的才干和能力的人合作。如果自己善于经销，那么就会选择精通会计的人合作。两者正好能取长补短，各得其所，有利于事业的发展。刘备就是这样的企业家。他所需要的正是诸葛亮这样运筹帷幄的总经理，自己可以把所有的事情都放心地交给他。而诸葛亮也需要刘备这样的企业家，给予自己最大的尊重和权力，让自己不受限制地发挥才干，实现自己的人生价值。

挖诸葛亮需要筹码

最后，即使曹操想挖诸葛亮，他也没有筹码。

曹操当年怎么挖的关羽？按正史记载：建安五年（公元200年）正月，曹操击破徐州，刘备北奔，关羽归降。关羽跟刘备与张飞等失散了，关羽带着刘备的夫人没有地方去，这个时候只能暂时投靠曹操。对于关羽，这是权宜之计，因为他必须安顿好大嫂，而曹操留住关羽的筹码便是他的大嫂。

曹操又是怎么挖的徐庶？演义中说，曹操扣住徐庶的老母亲，伪造徐母信件，劝徐庶弃暗投明。而在正史中，曹操确实在长坂坡抓了徐庶的母亲，但没有做出伪造信件逼徐庶“跳槽”的事情。徐庶是为了保全母亲的性命，主动选择的曹操。无论演义还是正史，有一点是可以肯定的，那就是曹操手上有招揽徐庶的筹码——他的母亲。

但是，曹操完全找不到可以挖诸葛亮的筹码。

诸葛氏是琅琊望族，先祖诸葛丰曾在西汉元帝时做过司隶校尉(卫戍京师的长官)。诸葛亮父母早逝，诸葛亮与弟弟诸葛均被叔父诸葛玄收养，而诸葛玄当时为豫章太守。东汉朝廷派朱皓取代了诸葛玄职务，诸葛玄就去投奔老朋友荆州牧刘表。建安二年(公元197年)，诸葛玄病逝。诸葛亮和弟弟失去了生活依靠，便移居南阳，隐居乡间耕种，维持生计。这就是“诸葛村夫”的由来。诸葛亮还有一个哥哥诸葛瑾，是孙权麾下的重要谋士，深受孙权器重，后来担任长史和司马。诸葛亮与襄阳名士黄承彦交好，后来黄承彦将自己的女儿黄月英许配给诸葛亮。诸葛亮算是跟荆州士族搭上了关系，他的名声也渐渐在上层圈子里传开。

再者，诸葛亮是被刘备三顾茅庐请出山的，曹操如果要挖诸葛亮，必定要付出比三顾茅庐更大的诚意。曹操可以礼贤下士，可以爱惜人才，但他绝对做不到比三顾茅庐还要有诚意的事情。三顾茅庐之所以成为佳话，就是因为没有几个雄主能做到刘备这样，甚至关羽、张飞都看不下去。

曹操自知挖不来诸葛亮，便有心除掉他。当夏侯惇请战去打刘备时，曹操一口答应，并说汝早报捷书以慰吾心。他没有提一句，你要是见到诸葛亮，就劝他投奔；也没有提，你不要伤害诸葛亮，要把他带来见我。这等于是默认了夏侯惇可以杀掉诸葛亮。

最终，曹操对于诸葛亮，还是选择了忽视。他们将成为一生的敌人，共同谱写出三国这段壮阔的史诗。

（文/柏舟）

“水镜先生”为何给刘备推荐庞统和诸葛亮，却不推荐司马懿？

刘备在荆州时，遇到了一位上通天文、下晓地理，精通奇门遁甲、阴阳五行、兵书战策的高人——“水镜先生”司马徽。

司马徽向刘备推荐了自己的两个弟子——诸葛亮和庞统，说他们是能认清天下大势的俊杰。在《三国演义》中，司马徽更是把这两人吹上了天，“卧龙凤雏，二人得其一，便可得天下”。后来，刘备得到诸葛亮的辅佐，事业果然蒸蒸日上，离兴复汉室只一步之遥。

那么，司马徽为什么只把诸葛亮和庞统介绍给刘备，却不把司马懿一并介绍过去呢？不管怎么样，司马懿也算一时俊杰，在后期也一度压制住了诸葛亮的北伐，有识人辨才之能的司马徽为什么会忽略司马懿？

司马徽不熟悉司马懿

首先，司马懿并不是“水镜先生”司马徽的亲戚。

“司马”是当时北方的大姓，同姓不代表有亲属关系，正史中也从未提及司马懿是司马徽的侄子。

司马徽是颍川阳翟（今河南禹州）人，后来受刘表的邀请客居荆州。根据《重修太史庙记》记载，司马迁有两个儿子司马临、司马观，司马徽是司马临的后人，所以司马徽其实是太史公的后代。

司马懿的高祖父司马钧，为汉安帝时征西将军，曾祖父司马量为豫章太守，祖父司马儁为颍川太守，父亲司马防为京兆尹，世代为官，家族显赫。司马防有八子，因表字中都有一个“达”字，当时号称“司马八达”。司马懿是司马防的次子，出生于汉灵帝光和二年（公元179年）。司马懿的出生地河内（今河北），与司马徽的出生地阳翟相隔百余公里。不过，司马懿的祖父司马儁曾是颍川太守，颍川正是司马徽的家乡，所以，司马徽有可能见过小时候的司马懿，但此后肯定再无交集。

既然司马徽跟司马懿没有什么交集，那么司马徽在举荐人才时，就没有必要提到司马懿。

被司马徽推荐的庞统，十八岁时就听从叔叔庞德公的建议，去颍川拜访司马徽。庞统来到司马徽家，看到司马徽正在摘桑叶。庞统站在树下，抬头就跟司马徽聊了起来，司马徽也一边摘桑叶一边跟庞统侃大山，就这样从白天侃到晚上，两人滔滔不绝，侃得不亦乐乎。摘完桑叶，司马徽从树上跳下来，称赞庞统为“南州士之冠冕”，也就是荆州最顶尖的知识分子，是人中龙凤。

后来，司马徽移居荆州，跟庞统住所只隔着一条水道，“望衡对宇”。两人近在咫尺，想去串个门，连小船都不用乘，卷起裤腿涉水过去就行。此后，庞统和司马徽有事没事就在一起聊天，可谓无话不谈。

再看诸葛亮，他跟司马徽的互动没有庞统那么夸张，而且诸葛亮经常出门旅行，有时一走就是大半年，没有多少时间给司马徽。但是两人的关系也是亦师亦友，司马徽深知诸葛亮有经天纬地之才，将来必成大器。

正是因为司马徽对庞统和诸葛亮熟悉，知道他们二人才干非凡，才会向刘备推荐二人。

推荐人才要考虑匹配度

其次，司马徽推荐人才，也要看双方的匹配度。

刘备当时的情况是，先后依附过公孙瓒、陶谦、曹操、袁绍、刘表等，没有自己的地盘。只是顶着左将军、豫州牧的名头，领着数千兵卒，驻扎在从刘表那里借来的樊城，手下虽有关羽、张飞、赵云等顶级武将，但文臣谋士无法与曹魏相比。由于没有顶级智囊，导致他一败再败，颠沛流离。在那个弱肉强食的世界，刘备的前景看起来非常惨淡。

司马懿是什么人？当初，光武帝刘秀靠着世家大族的支持登上皇位，因此优待门阀士族，经过近两百年的发展，至东汉末年，门阀士族已经垄断了东汉王朝的经济、政治、军事和思想意识形态等领域。门阀士族门生、故吏遍天下，组织起了一个庞大的关系网，他们也凭此可成为割据一方的军阀，其中最为有名的就是“四世三公”的袁绍。尽管河内的司马家族在名望上不算顶级，但也是妥妥的世家大族。以自身家族的声望和人脉，司马懿想要出山，可以说易如反掌。但正因为自身条件优越，所以司马懿选择阵营的眼光很高。曹操早就听说司马懿贤能，强制征召司马懿入仕。曹操由于出身不高，虽有权势，但非高门，一直受到轻视。因此司马懿佯装患病，无法前往，让曹操相当尴尬。连曹操这样的实力派都请不动司马懿，像刘备这样朝不保夕的，司马懿自然更不会考虑。

另外，东汉世家大族为了壮大自身，也要谨慎选择支持的对象。如果实在难以预测各个军阀的未来，那就索性都“投资”一遍。以颍川荀氏为例，荀彧与侄子荀攸辅佐曹操，荀彧族弟辅佐袁绍，另外太原王氏、博陵崔氏等门阀士族在各个军阀势力都有“投资”。所以，即便司马懿想出山，也得服从整个家族的战略安排。

我们再看庞统，他的家族在汉末荆州地区是著名大族。不过，庞统父亲的情况在史料中并没有介绍，只有庞统的叔叔庞德公在荆州很有名气，但他跟司马徽一样喜欢隐居，做世外高人。荆州牧刘表曾多次派人邀请他为官，甚至亲自前往庞德公家中拜访，但却请不动他。由此可见，庞氏家族到了庞统父亲这一代，就已经没有做官的了，所谓的名列荆州六大家族，也不过是前几代积累的名声。

可以说，庞统出身于一个没落大族，以至于他想出名，还得靠司马徽帮助。当年，就是庞德公让庞统去拜会司马徽，在司马徽宣传下，庞统“凤雏”的名声才渐渐传开。之后，刘表任命庞统为南郡功曹，也就是当地县令的佐吏。试问，司马懿需要其他名士的宣传吗？

不过，即使庞统是庞德公的亲侄子、司马徽的好学生，刘表也只是给了他一个很小的官职，并没有将他召入幕府。作为没落大族，很难挤进荆州的政治核心。由此可见，庞统是多么的不得志。

再来看诸葛亮，诸葛氏是琅琊望族，其先祖诸葛丰曾在西汉元帝时做过司隶校尉。诸葛亮的父亲诸葛珪在东汉末年做过泰山郡丞，汉制在郡守下设郡丞及长史，郡丞是太守的佐官。诸葛亮三岁丧母、八岁丧父，少年时代不幸。诸葛亮及其弟弟诸葛均还有两个姐姐，跟随其叔父诸葛玄，由琅琊至豫章（今江西南昌），又由豫章至荆州，也算是颠沛流离。建安二年（公元197年），诸葛玄投奔刘表两年后去世，两个姐姐已经出嫁，十七岁的诸葛亮便带着弟弟诸葛均开始了在隆中的十年耕读生活。

诸葛亮深知，自己只有跟荆州地区的世家大族攀上关系，才有出人头地的机会。于是，他凭借叔父诸葛玄与荆州牧刘表的故旧关系，加上诸葛家族奉儒守家的良好名声，成功地与荆州大族打成一片。此外，诸葛亮娶了黄承彦的女儿为妻。岳母蔡氏家族，也是荆襄一带最为显赫的豪强。刘表初到荆州作刺史时，就是依靠蔡瑁的势力稳定局势。蔡瑁有两个姐姐，一个嫁刘表为后妇，一个嫁黄承彦。也就是说，刘表是诸葛亮内人的姨夫，蔡瑁是诸葛亮内人的舅舅。

不过，诸葛亮虽然融进了荆州大族，但毕竟不是荆州出身，与他们总是有一层无形的隔阂。所以，在司马徽的眼里，庞统和诸葛亮这种没落家族的才子，非常适合刘备。

人才的自身诉求

司马徽为刘备推举人才，还要考虑人才自身的规划。

庞统当时已经在刘表手下，但不过是个芝麻小官。当时荆州的政局被以蔡瑁、蒯越为首的两大家族控制，庞统没有说话的机会。司马徽深知庞统胸怀大志，肯定不会甘心当一个小官吏，所以将庞统推荐给刘备，等于让庞统有一个崭新的舞台。而郁郁不得志的庞统，想必也不会拒绝刘备的邀请。

诸葛亮少年时自比管仲和乐毅。这二位贤人有一个共同点，就是出身低微却被君王信任，因此有机会倾毕生才华建功立业。所以，诸葛亮自比管仲、乐毅，就是在渴望有一个类似齐桓公、燕昭王那样的雄主支持自己。

从《隆中对》中可知，诸葛亮对当时的各派势力已有成熟的看法。刘表、刘璋等碌碌之辈，诸葛亮不屑一顾，他要创造宏图伟业。他可以投靠的英雄，只有曹操、孙权和刘备三人。曹操就不提了，诸葛亮十二三岁时，曹操两次征伐徐州，“所过多所残戮”，给当地老百姓带来惨痛的伤害。年少的诸葛亮也跟随着拖家带口的徐州百姓一起逃难，因此，诸葛亮对战乱的厌恶自不待言。至于孙权，诸葛亮一是担心他“能贤亮而不能尽亮”，二是荆襄集团与长江中下游集团长期存在矛盾与冲突，襄阳士人不太可能得到对方的信任。一个鲜明的例子就是，后来庞统在孙权集团不受重用。

诸葛亮少年时代就听说过刘备的仁义之名。史载，曹操进攻徐州时，徐州牧陶谦向公孙瓒任命的青州刺史田楷求救，而刘备自高唐任上被贼兵击败以后，也投靠了老同学公孙瓒，此时正好和田楷一起在青州，于是跟着一起前往徐州。当时，刘备自有兵千余人以及幽州乌丸杂胡骑，又略得饥民数千人，陶谦又给刘备丹杨兵四千余人。为了感谢刘备，陶谦还提出把徐州牧职位让给刘备。刘备不但婉拒，还帮助陶谦抵抗曹操，留下了仁义、爱民的英名。跟曹操比起来，刘备的仁义深入人心，当时还在徐州逃难的诸葛亮，自然也有所感触。

在诸葛亮心中，刘备虽然势力弱小，但目标坚定——兴复汉室。这非常符合诸葛亮心中忠君爱国的儒家理想。刘备手下也没有一流谋士，诸葛亮一去，就可以获得尽情施展才华的空间。

所以，对庞统和诸葛亮非常了解的司马徽，一方面是在给刘备介绍人才，另一方面也是将刘备推荐给人才们。

（文/柏舟）

诸葛亮为何不进荆州官场？
《隆中对》有哪些“内在缺陷”？

刘备到荆州之后，显然引起了当地不小的震动。“荆州豪杰归先主者日益多”，刘表也就开始对刘备有了疑心，暗暗提防他了。

问题来了，这时归附刘备的荆州豪杰，都是些什么人呢？

看不上刘备的人

东汉末天下动乱的基本特征是，经济发达的地区都迅速卷了进去，换言之，相对落后一点的地方，则暂时能置身事外。

东汉时期，荆州地区和上游的益州、下游的扬州一样发展很快，和北方的差距大大缩小，但还远不足以和北方分庭抗礼。具体说，荆州内部的发展水平，也很不均衡。荆州七郡（东汉末年，分割出了章陵郡，就是八郡）中：南阳郡地理位置最北，人口最多，经济也最发达；稍南则是江夏郡和南郡，属于次发达地区；南方的武陵、长沙、零陵、桂阳四郡，开发还不很充分。

天下一乱，南阳郡立刻就被卷了进去，刘表任荆州刺史的时候，南阳郡的大部分地区，就已经不是他能控制的了。所以刘表的地盘，实际上是以南郡和江夏郡为重心的，因为江夏郡是对抗孙氏集团的前线，所以从经济、文化等角度看，南郡更为重要。

次发达地区的大家族，有次发达地区的心态。第一，他们并不热衷于介入中原的纷争，他们知道在那种残酷的搏杀中，自己掌控的这点资源根本禁不起消耗；第二，他们也并不追求建立自己的国家，因为北方一旦出现一个强大的政权，那会招来泰山压顶般的征伐。他们很多人心态的实质是，期待北方早日恢复稳定统一，之后这个新强权是匡辅汉室也好，改朝换代也罢，并不重要，他们都会很快向这位胜利者俯首称臣。

对于这些家族来说，刘表就是一个完美的荆州刺史。刘表有高贵的血统、美好的声誉、不错的行政才能，甚至还有一副漂亮皮囊，却没有多少雄心壮志。这些特点，令刘表足以维持荆州地区的平静，却没有北上争雄的野心，至少没有那个行动力。所以荆州的实力家族，如蒯、蔡、庞、黄等，都对刘表非常支持。刘表时期，实际上是他们和刘表共同主导着荆州的秩序。

而刘备的特点，则有不少地方和刘表刚好相反，所以这些大家族不会喜欢刘备。

荆州作为相对安静的地区，这段时期有大量人口输入，其中也有许多北方士族。这些士族是被荆州本土的家族高度警惕的。第一，他们可能有杀回北方的野心，这和本土士族的立场有根本矛盾；第二，即使他们不想这么做，但让他们分享政治实权，也意味着本土士族的蛋糕会被切掉一大块。

所以，我们看到史书中有大量刘表不会用人的记录：这些北方士人到了荆州，刘表只是给他们提供物质待遇，愿意和他们谈谈玄妙的学术问题，但不让他们介入实际行政事务。很可能，刘表是在本土家族的压力下，不得不做这样的安排。

那么，这些被排挤的北方士族，就是归附刘备的豪杰吗？

实际上这样的人也不多。

那个年代有大追求的士人，都相信自己的事业终究是在北方。所以早在建安初年，曹操把汉献帝接到许昌、北方的形势稍微有所好转的时候，就出现了一次还乡潮。其中最著名的人物是荀攸和祢衡，他们离开荆州如此之早，以至于很多人会疏忽他们的人生中还有这样一段南方之旅。他们的离开还在刘备到荆州之前，当然和刘备也就不会有任何交集。

留在荆州观望的北方士人中，很多人是在等待北方恢复安定和平的局面后再回家。回去得晚，意味着他们不能像第一批回乡者那样，在那位中原的胜出者身边博取更大的功名；但凭借良好的家世，州郡一级的官员，还是可以指望的。

既然他们是这样一种求稳健的思路，当然也就没有兴趣陪着刘备冒险。

被刘备吸引的人

排除掉上面那些人之后，刘备依附刘表期间，到底吸引了哪些豪杰也就可以有个大致判断了：一些被本土豪门大姓排挤、压制而郁郁不得志，同时又觉得自己去到北方，也一样不会有什么机会的人。

刘备的到来，燃起了他们心中的希望之火。

建安六年（公元201年），刘备依附刘表，刘表让他驻扎在新野，实际上是防守此时荆州的北大门。刘备就这样度过了七年光阴。这七年里战事不多，所以刘备才会有髀肉复生的感叹。重要的军事行动只有一次，刘备的军队北上出击，一直打到叶县。春秋时期，这里就是南方的楚国和中原之间的一处重要关塞。此时曹操派驻在这里的，是一位名将：河南尹、伏波将军夏侯惇。

面对夏侯惇的迎击，刘备先焚烧了自己的营垒后撤，再利用地形反击，结果大破夏侯惇。这一仗发生在刘备投奔刘表后不久，诸葛亮还在隆中高卧，完全是刘备自己指挥的。刘备是进攻方，当然也不存在《三国演义》里军师的那些锦囊妙计。战争中，将军的指挥才能和士兵的素质同等重要，刘备不曾有机会获得第一流的兵源，但调度三流军队发挥出二流战力，他倒还算擅长。因此对刘备来说，这样小规模的胜利并不稀奇。但对荆州人来说，这无疑是振奋人心的一战。这些人里，史书里留下姓名的不多。其中最著名的是徐庶。

徐庶是"单家子"，"单"是人单势孤的意思，就是说，徐庶出身于一个远非显贵的家族。不过徐庶是颍川人，那是个有文化的大家族扎堆的地方。徐家也许只是成色稍逊，就难免被鄙视了。但徐庶身上确实有些非主流的色彩。《魏略》说他年轻时的爱好是"任侠击剑"，曾经为人报仇后，用白垩涂在脸上，披头散发地逃走。被抓捕后，官吏审问不出徐庶的名字，就把徐庶绑在柱子上，做出准备凌迟的样子，并击鼓召集周围市场里的人都来辨认，竟没人敢指认徐庶。后来徐庶被党羽救出，之后才改弦更张，学习做一个读书人。

而刘备还没出道的时候，就“好交接豪侠，年少争附之”，显然，对徐庶这类人，刘备特别具有吸引力。

正史和演义最重要的差别是，徐庶转投曹操的时机，不是刘备在新野局面尚好的时候，而是长坂坡刘备被曹军击破，最困窘的时候。徐庶来找刘备说，母亲落入曹军之手，自己方寸已乱，不能再为刘备效力，所以只能去投曹操了。刘备能慨然同意他离去，更是英雄胸襟了。

诸葛亮一直念着当年和徐庶的友谊。很久以后，诸葛亮北伐的时候，听说徐庶在曹魏仕途平平，曾感叹说，魏国人才如此之多吗，为什么徐庶“不见用乎”？怕是也有遗憾老朋友在关键时刻选错人生道路的意味在里面。

另一个比较著名的人物是伊籍。伊籍是兖州山阳郡人（今山东巨野），刘表的同乡，追随刘表来到荆州。按说，他应该是刘表最坚定的追随者，可是他却是最早选择刘备的人物之一。

从后来的表现看，伊籍的长项，主要在两个方面：一者，作为外交使节，伊籍词锋相当锐利。《三国志》记录了一件轶事：刘备平定益州后，派伊籍出使东吴。刘备取益州这事，本身让孙权很不爽，但又没到撕破脸的时候，所以孙权就拿使者出气。伊籍刚进殿入拜行礼，孙权便对他说：“劳事无道之君乎？”侍奉无道之君，你想必很辛苦吧？这是骂刘备。伊籍回了一句：“一拜一起，未足为劳。”拜一拜就可以起身，也没什么辛苦。这自然是说，见到你，我才见到无道之君了。二者，伊籍是个法律人才。蜀汉的法典，是伊籍与诸葛亮、法正、刘巴、李严共同制定的。这部被魏晋官方称为《蜀科》的法律，具体内容虽然不可考，但可以肯定，其基本特征是严苛却公平的。这是世家大族最不喜欢的法律：他们不喜欢国家对自己太严苛，更不喜欢被和小老百姓一样公平对待。

所以伊籍这样的人在刘表身边，肯定无用武之地。这大约也是他主动加盟刘备集团的原因。

不过无论徐庶还是伊籍，在这一时期归附刘备的“豪杰”里，可能都没有太大的代表性。

有一个极其著名的历史场景，曹操大军压境的时候，刘备想赶往江陵，一路上追随者越来越多，到当阳时，已经“众十余万，辎重数千辆”。根据当时的社会结构推想，这十余万人，应该不是散沙化的个人，而是分别归属于几百个中小型宗族。这些宗族的头面人物，才是归附刘备的“豪杰”的主体。而他们之所以愿意追随刘备，恐怕还不仅是受到刘备个人魅力的感召，而是他们无比痛恨和恐惧曹操。因为这些年来，曹操固然武功赫赫，却也是最凶残暴虐的屠伯。

尤其值得注意的是，荆州这些年的流入人口，一大来源是关中。曹魏方面的荀彧说：“关中膏腴之地，顷遭荒乱，人民流入荆州者十万余家。”当初李傕、郭汜之乱，导致关中人民大量流亡，其中主要分成三路，除到荆州来的之外，还有数万户涌入益州，更多人则向东迁徙投奔徐州刺史陶谦。后来，曹操攻打徐州，“凡杀男女数十万人，鸡犬无余”，其中很大一部分，就是刚在这里勉强安顿下来的关中人。再次侥幸逃过一劫的难民，自然有人选择南下，来到荆州。

所以，对流亡在荆州的关中人或其他地方的人来说，曹操是一个杀人不眨眼的恶魔。这不是哪家宣传机器灌输给他们的结论，他们有切身的记忆：那么多乡亲父老，只是因为逃亡时走了一条与自己不同的路线，就成为堵塞得泗水为之不流的尸骸。

而那个恐怖的杀戮时刻，罕见的、能够多少给人们提供一点保护的，就是刘备。所以他们尽管知道刘备多半不是曹操的敌手，但仍然会选择追随刘备。

此时的荆州，还有一个出生在徐州琅琊国阳都县的年轻人。尽管他很早就追随叔父南下，但家乡想必仍有不少亲人。曹军在徐州以及其他地方的一系列大屠杀，哪怕只是通过传闻，也会给他留下深刻印象。在他的人生选择中，效力曹操从来不在考虑范围之内。

这个年轻人的名字，叫诸葛亮。

《隆中对》

诸葛亮是公认刘备阵营中最有智慧的人，较少被提及但并非不重要的是，诸葛亮还是刘备阵营中出身最高贵的人物之一。

“臣本布衣，躬耕于南阳”，这是古人惯常使用的谦辞，参与耕作劳动并不能反映社会等级。琅琊诸葛氏是当时最重要的家族之一，十四岁的诸葛亮来到荆州，很快就进入了当地顶级的名士圈子。诸葛亮的姐姐嫁给了襄阳名士庞德公的儿子，诸葛亮被黄承彦招为女婿。而黄承彦的岳父叫蔡讽，蔡讽有个儿子叫蔡瑁，蔡讽的另外一个女婿，就是荆州牧刘表。所以，诸葛亮如果想进入荆州官场，大概并不很难。但诸葛亮和他朋友圈里的许多人一样，没有做这个选择。不过诸葛亮和其他人的想法不同，他不是想回到北方，而是“每自比于管仲、乐毅”。这个说法反映出的自我定位非常有趣。管仲、乐毅都为诸侯效力而非服务于天子，作为臣子，他们都总揽大权，以至于充分信任他们的君主几乎无所事事。还有一点是：管、乐都以功业见称，道德评价则并不突出，尤其是管仲，经常被当作一个实用主义的典型。

对于后来会成长为周到、细密得有些絮叨的诸葛丞相，令人景仰的道德完人，高卧隆中的“卧龙先生”，诸葛亮恐怕自己也没有料到。像许多才华横溢的年轻人一样，青年诸葛亮最引人瞩目的地方，是有些轻狂的姿态和强烈的进取心，道德高尚与否，并不是最被关注的事情。

这种态度，也分明体现在著名的《隆中对》里。

诸葛亮和刘备究竟谁先拜访的谁，刘备三顾茅庐究竟是第三次才见到本尊还是见了三次聊了三次这才大为叹服，并不是重要的事情。重点是隆中一对，确实指明了刘备政权之后的走势，诸多风云激荡是非成败，都根植于此。

《隆中对》是一份极度重视可行性、而很少体现出道德责任感的文本，比如“夺同宗基业”是否属于卑鄙行为的这种问题，就不在考虑之列。如果它确实如有的学者推测的那样，是后来加工过的，那么这个特色会显得更加扎眼。

屏退左右之后，刘备做出这样的表白：“汉室倾颓，奸臣窃命，主上蒙尘。孤不度德量力，欲信大义于天下。”这句话里的“奸臣”，自然只能是指曹操，也就是说，刘备向诸葛亮询问的，本来是对付曹操的办法。

这样再看诸葛亮的回应，就非常有意思了：

> 自董卓已来，豪杰并起，跨州连郡者不可胜数。曹操比于袁绍，则名微而众寡，然操遂能克绍，以弱为强者，非惟天时，抑亦人谋也。今操已拥百万之众，挟天子而令诸侯，此诚不可与争锋。
>
> 孙权据有江东，已历三世，国险而民附，贤能为之用，此可以为援而不可图也。荆州北据汉、沔，利尽南海，东连吴会，西通巴、蜀，此用武之国，而其主不能守，此殆天所以资将军，将军岂有意乎？益州险塞，沃野千里，天府之土，高祖因之以成帝业。刘璋暗弱，张鲁在北，民殷国富而不知存恤，智能之士思得明君。
>
> 将军既帝室之胄，信义著于四海，总揽英雄，思贤如渴，若跨有荆、益，保其岩阻，西和诸戎，南抚夷越，外结好孙权，内修政理；天下有变，则命一上将将荆州之军以向宛、洛，将军身率益州之众出于秦川，百姓孰敢不箪食壶浆以迎将军者乎？诚如是，则

霸业可成，汉室可兴矣。

《三国志 · 蜀书 · 诸葛亮》

诸葛亮的第一段的总结就是，曹操“诚不可与争锋”，也就是要刘备暂且放弃进取中原的打算。接下来，诸葛亮又让刘备避免和孙权发生冲突。排除掉这两个眼下不可战胜的对手，留给刘备开拓的空间已经不多了。诸葛亮替刘备拟定了一个“三步走”计划：第一步，夺取荆州；第二步，夺取益州；第三步，跨有荆、益之后，等待时机，两路同时出兵北伐。

刘备此时身在荆州，以夺取荆州为第一步，是理所当然之事；夺荆州之后，北伐曹操，东征孙权两个选项，诸葛亮已经否决，南方过于荒凉，只剩下西进益州一个选项，第二步其实也别无选择。

这个时代，南方毕竟仍与北方差距巨大，即使集中整个长江流域的资源，与北方对抗也有点勉为其难。既然江东的孙权已经强大到“可以为援而不可图”的地步，刘备连这一点也不可能做到。

而长江流域的地理形势又决定了，荆州和扬州之间的关联，远远大于荆州与益州之间，益州和荆州要想做到军事协同，极其困难。早在诸葛亮之前，鲁肃曾向孙权提出过一个以江东为根据地，一统益州、荆州、扬州的计划。诸葛亮为刘备拟定的这个发展方略，实际上意味着鲁肃这个计划的破产。因此据有荆州而结好孙权，也就注定是难以实现的目标。

这是所谓《隆中对》的“内在缺陷”。后世政治家点破这一层确属卓识，诸葛亮也未必意识不到这一点，一个非常直观的表现是，他向刘备描述第三步远景规划时，一改原来的朴实简劲的话风，既加了假设条件，又不得不大量借助“将军既帝室之胄，信义著于四海”，“百姓孰敢不箪食壶浆以迎将军者乎”之类的道德语言。

此时刘备只有一县之地，《隆中对》的前两步，也都已经是凶险万分变数无穷的险棋。将来若是能够有资格面对这个“内在缺陷”，其实已经是取得绝大的成功了。

（文/刘勃）

三国“文化苦旅”：那些被诸葛亮怼过的“王司徒”们

土龙刍狗。

这是诸葛亮在蜀汉夷陵大败、刘备病亡后，面对雪片一样飞来的魏国劝降信时，给蜀汉经学大师杜微的信中骂曹丕的话。

王业不偏安，汉贼不两立。

四十万大军做不到的劝降，凭几张嘴也做不到。蜀汉还将在诸葛亮的带领下，向中原发起持续十二年的冲锋。

诸葛亮的一生是战斗的一生，既擅长带兵以武力进行“批判”，也善于用笔杆子做批判的“武器”。诸葛亮从南骂到北，从吴骂到魏，舌战之人都是士人儒生，可以说“本是同根生，相煎何太急”。

士人都以儒学为宗，内部又分裂为三派：名教、外儒内法以及后来的玄学。

诸葛亮和荀彧等人，都是士人中外儒内法的一派，即以法家的政策手段来实现儒家的价值目标，但在形象和舆论上又呈现出儒家的面貌。他们强调的是有道德的事功，“王霸道杂之”。

名教士人多为经学大家，出身世族高门，就是董仲舒所说的“审查名号，教化万民”，讲究的是“名分、名目、名节、功名”，是以名为教，主要内容就是三纲五常。可以说是一个格外看重名声和说法的道德秩序学派。与诸葛亮骂战的都是这类人。如果像演义里荆南猛将兄邢道荣一样，就不会有骂战，而是直接抡起斧子劈上去了。

而在被诸葛亮骂的名教儒生里，王朗王司徒是最出挑的一个。这不仅是因为在《三国演义》中王朗直接被诸葛亮骂死了，而且就在前几十回，王朗还在会稽提刀大战太史慈。这让读者感慨岁月不饶人的同时，还产生了一种割裂感：这个玻璃心老爷爷，和那个江东猛将实在不沾边啊！

围绕王朗的故事，可读出一幅三国儒生的群像。

儒林外史与三国围城

儒生士人的学术，是经学，政治、经济、哲学、历史、法律、天文、数学、物理、情感、母婴、教育、医疗……天文地理，大象蚂蚁，无所不包。可以说，经学就是一切学术的最高形态和最大综合，是那个时代的尖端学术，也几乎是唯一的学术。至于其他的先秦子学，也多被纳入了经学的诠释框架。

东汉末年，一位大学者异军突起，结束了古文经学持续多年的纷争，一统学术江湖，这个人就是郑玄。

通过郑玄，可以发现的确是存在“天下儒宗”的。东汉民间谚语说："遗子黄金满赢，不如一经。"平常的学者为一部经典作注就已经很了不起了，郑玄大师则是遍注群经。这还不算，郑玄能够超越门户之见，破除各个学术山头的家法，论博、论精，别人都比不上。在那个年代，他硬生生写出了几百万字。

这样的一位顶尖大学者，命运却非常坎坷。郑玄早年受党锢之祸禁锢，闭门在家十几年，解禁后不久又遭董卓之乱，数次迁居，最终落脚徐州，住在山脚下的山洞里，著书立说，传授技艺，学生有上千人。曹操军在兖州狼奔豕突，数次进犯徐州，郭嘉还帮曹操想出了挖开泗水灌城的损招。郑玄在徐州也待不下去了。建安元年（公元196年），郑玄受到孔子的二十世孙、名士孔融的邀请，北上北海。路上遇到的黄巾军对他都非常尊重，甚至都不去郑玄的老家高密闹事。虽然是民间学者，郑玄的名望可见一斑。但北海也非久留之地，孔融"志大才疏"。面对袁谭的进攻，孔融效仿古之名将，"凭几读书，谈笑自若"，直到后半夜敌军进入内城，匆忙翻墙逃跑，可以说只学到了表面功夫。袁绍抓到了郑玄这个野生的大才通儒，当然不会轻易放过，举荐已经七十岁的郑玄老先生为茂才。在官渡大战中，为了添些彩头，袁绍命令郑玄随军出征。这位七十多岁的老学者不堪劳顿，就这样被折腾死了。

昔汉末陵迟，礼乐崩坏，雄战虎争，以战陈为务，遂使儒林之群，幽隐而不显。

《三国志 · 魏书 · 高柔》

乱世之中，城外的人想进来，城里的人想出去。郑玄作为一代大儒，他的命运可以说是一代儒生士人的缩影。而三国的大幕这才刚刚拉开，一场“文化苦旅”正在前方等待着这位儒生士人。

文化人的“苦旅”

历史上王朗的一生，是一个名教经学家的非典型仕途之路，因此被蒙上了一层魔幻气息，让人捉摸不透。

王朗出生在经学世家，在汉灵帝朝被征召为议郎，这是仅次于博士的官方学术官职。不仅如此，王朗还师从太尉杨赐。这个仕途起点，如果在太平年代，几乎满足了青年学者的所有想象。

杨赐病死后，王朗服丧回到徐州老家。随后董卓之乱爆发，出现了一场士人大逃亡，关西、中原的士人多避往荆州，青州士人逃亡辽东，徐州、扬州的士人则南渡江东。王朗也不例外，以一种体面的方式辗转来到了江东。

王朗先是受到徐州刺史陶谦的征辟，在其幕下担任佐官。在被挟持到长安的汉献帝迫切需要理解和安慰的时候，王朗援引春秋大义，建议陶谦与其求诸侯，不如“勤王”。勤王，一方面是让陶谦不要像其他关东诸侯一样打打杀杀，让战争升级；另一方面，也建议陶谦派人到长安向献帝表忠心。当然这种忠心不是没有回报的。汉献帝封陶谦为安东将军，王朗作为动议发起人，也被提拔为会稽太守。好巧不巧，这个空头支票恰恰是可以兑现的，会稽正处于权力真空时期，就这样，经学家王朗走马上任，成为一郡之守。

王太守治理会稽的成绩，史书上提到的有限，最浓墨重彩流传的事迹是有关他的文化立场的。

会稽的庙里，供奉着大禹的木头雕像，因为当年大禹治水，会稽既是他会盟诸侯的地方，也是他死后安葬的地方。但是秦始皇也曾东巡到这里，所以大禹像的边上，就是秦始皇的木像。这触动了王朗的儒生神经，认为“无德之君，不应见祀”，一上任就将秦始皇的木像给拆了。

王朗在太守任上的其他事迹，都浓缩在了“惠爱在民”的四字好评里。虽然和同时期郡守的丰富事迹相比，略显单薄，但总算把“老好人”三个大字，打在了史书的公屏上。

但仁政，在这时显得格格不入。江东已经乱成了一锅粥，在北方受挫的袁术南下发展，他手下的孙策攻城拔寨，雄心勃勃。而刘繇、华歆、王朗这些朝廷任命的大员，都是学者底色，不是汉室宗亲就是经学儒生。面对孙策的“所向皆破，莫敢当其锋”的虎狼之师，显得聒噪而弱小。

《后出师表》中说：“刘繇、王朗各据州郡，论安言计，动引圣人，群疑满腹，众难塞胸，今岁不战，明年不征，使孙策坐大，遂并江东。”鄙夷之情溢于言表。

随着扬州刺史刘繇败走，豫章太守华歆投降，王朗也支撑不了多久了。但王朗在正面作战中，依托地形居然还守了一段时间，最后才败于偷袭，“三江五湖，皆为虏庭”。

被孙策打败后，王朗乘着小船下海逃命。随行的只有一些核心人员，其中就包括会稽的世家子弟虞翻（演义中与诸葛亮舌战的群儒之一）。虞翻也是江东知名学者，和王朗有着相同的研究领域，都是“易学”大家，研究的都是高科技中的高科技。虞翻的设想是安排王朗去徐州广陵，那里在陈登的治理下，社会安定、经济繁荣。但是王朗看了一位叫王方平（已羽化）的仙人的谶书，里面说“疾来邀我，南岳相求”，具体什么意思谁也不知道，但是王朗硬是产生了代入感，要往南跑。跑到了侯官，感觉还是不到位，要去交州。虞翻是三国顶级“算命大师”，这时都被逼急了：“此妄书耳，交州无南岳，安所投乎？”（那本书是瞎掰的，交州哪来的南岳，去投奔谁？）王朗这才在侯官安顿下来。

事后来看，如果北上徐州，那无异于再次进入淮海“绞肉机”，而南下交州，和中原的联系就不那么方便了。选择在侯官被孙策抓到，可能是王朗一辈子最正确的决定。人生的路很长，但关键的往往只有那么几步。

一起从会稽逃亡的难兄难弟，如许靖，运气就没有那么好。

许靖是王朗的同事和老朋友，起点甚至高于王朗，和颍川陈纪等名士是世交。他是月旦评许劭的堂哥，也在汉灵帝朝担任郎中，还负责人事工作。董卓擅权期间，许靖和领导周毖一起提拔了一大堆后来反董卓的地方大员。董卓杀掉了主事者后，许靖也拖家带口，开启了漫长的逃亡之旅，最终到会稽投奔了王朗。

会稽城破后，许靖命运的画风，就变得凄凄惨惨戚戚，三杯两盏淡酒，不敌晚来风急。一路上大山大河无数，疾病和战火如影随形，男女老幼死伤大半。随着曹操和张绣开战，荆州的道路也隔绝了。身陷交州的许靖，夜夜仰望北斗星，盼着朝廷想起自己。

当这一天到来的时候，面对汉献帝派到交州的使者张翔，许靖用激动的心、颤抖的手给曹操写了一封长信，描绘了一路“吃草”的惨状：“行经万里，不见汉地，漂泊风波，绝粮茹草，饥殍荐臻……忧瘁惨惨，忘寝与食。”又表达了对曹操的崇拜：“国家安危，在于足下……为国自重，为民自爱。”核心思想是一个，建议曹操“为官择人”，而这个人就是自己。但是很遗憾，张翔因想要许靖为自己当幕僚却被拒绝，就把他的信扔到水里去了，流传下来的内容应该是许靖自己留的草稿：“翔恨靖之不自纳……尽投之于水。”不仅如此，许靖还托陈县的袁徽给荀彧写信，夸自己品德如何高尚，但是信也石沉大海。

就这样，许靖失去了回到中原的机会，过了好几年，才勉强投奔了益州刘璋。后世的裴松之对此毫无同情心地认为，许靖的磨难纯属自找的，如果就留在江东，无论如何他的地位也和张昭差不多，自己乱跑，那赖谁呢。

而另一边，王朗在孙策那里做了几年俘虏后，居然收到了曹操的邀请。这对许靖来说，真是总有人在另一个地方，过着自己想要的生活。

《三国志》对王朗交的这桩好运，写得是比较艺术的。陈寿记载说，王朗在收到曹操的表征后，“辗转江海，积年乃至”。如果不是碰到了鲸鱼和仙山，即便是海路，又怎么会花这么长的时间呢？

要是换作许靖得到了这样的机会，就是爬也要以最快速度爬到许都去。当时的文化中心只有两处：许都和襄阳。首先襄阳肯定是去不得的，孙策和刘表有杀父之仇，一定不会放王朗去荆州。而许都既有天子，又有中原故旧，最重要的是，还有武德充沛的曹操。

实际上在好几年中，王朗都过着“流移穷困、朝不谋夕”的生活，直到许都方面想起他来，在山的那边、海的那边还有一个王朗。所以王朗的北上，没有看上去那么优雅从容、不急不慌。

“鸽派”语言艺术家

王朗因其灵帝旧臣、知名学者的身份，尤其是他高度合作的态度，被曹操上表封为谏议大夫，“参司空军事”。但实际上曹操对王朗的定位非常清晰，重用的原因就是因为他肯合作。所以曹操私下里难免对王朗有所奚落、轻薄。

一次宴会上，曹操逗王朗说，咱们得努力啊，“不能效君昔在会稽折粳米饭也”（不能像你在会稽那样把铁饭碗打翻了）。而王朗的反应也比较艺术，将自我解嘲与吹捧老板完美地结合在了一起。他仰头叹息说：“宜适难值！”（难呐，世界上的事儿真难理解！）

曹操问他：“云何？”（啥意思？）

王朗回答说：“如朗昔者，未可折而折；如明公今日，可折而不折也。”（我当年，一手好牌结果输了，而您现在，困难重重却蒸蒸日上，真是让人想不通呢。）

估计在场观众的内心中，响起了经久不息的掌声。

化尴尬为优雅，化狼狈为从容，低到尘埃里开出花，这是王朗毕生的强项。

即使是当初以阶下囚的身份面对孙策，王朗反而能够人尽其才——打仗我不行，写降书你不行。面对孙策的诘问，王朗的回答可以说是文采飞扬，闻者伤心，听者落泪：带着的人，一路上都死光光了，只剩下自己，带着老母亲乘一叶小船，箭在身边欻欻地飞，走投无路只好向将军投降。自己“身轻罪重，死有余辜”。之前没有投降，是因为太害怕了，带着兵像没头苍蝇一样，想投降都找不到门路。现在，一切都听凭发落（“东西惟命”）。虞翻本来一直追随，知道他家有老母，我就让他先走了。

孙策听了觉得，这“二十四孝”没王朗我都不看！真不愧是传说中的儒雅、随和之士，于是没有加害他（“策以朗儒雅，诘让而不害”）。

可见“合作”是一门语言的艺术，需要克服一系列的心理障碍，要敢于向一切强大的势力低头；在必要的时候，还需要以今日之我攻昨日之我。比如王朗前脚吹捧完孙策，后脚就对曹操说孙策是“天下大贼”，不是搞小偷小摸的（“非徒狗盗而已”）。华歆也是一样，向孙策表态说，要替他去许都疏通关系，到了之后就翻脸不认人，直接和孙家兵戎相见了。

凭借这方面的天赋，王朗得以在曹魏阵营顺风顺水。他从灵帝的议郎，历任军祭酒、少府、奉常、大理，一直做到曹叡的司徒，一切按部就班，仕途的轨迹上，丝毫没有留下乱世的影子。

《三国志》对王朗的总评是“文博富赡”，就是说典故掌握得扎实、文采好。这评价可以说非常客观。但王朗的文采，不是像王粲那样体现在文学创作上，而是体现在“向上管理”中。王朗在曹魏的任仕，避开了所有的雷区，没有像孔融一样因嘴太碎而见诛，也没有像在魏讽叛乱事件中的很多士人一样受到牵连。曹操进魏公时，还实名上表，在由荀攸领衔的劝进表中王朗的名字赫然在列。其他重臣的传记，侧重于生平和作为，而关于王朗的记载，可以说是一篇《论语言的艺术》。

对外，王朗是“鸽派”，主张和平。对内，王朗看重政治正确，常提一些无伤大雅的原则性建议。比如，同是在夷陵之战后劝曹丕不要对吴国开战，贾诩和王朗虽然结论相同，但出发点和表述方式完全不同。贾诩是从现实战略角度出发的：“诸葛亮善治国，孙权识虚实，陆议见兵势，据险守要，泛舟江湖，皆难卒谋也。用兵之道，先胜后战，量敌论将……虽以天威临之，未见万全之势也。”是说作战困难，没有把握，不要轻举妄动。而王朗的论述就比较文艺了：“天子之军，重于华、岱”，应该“不动如山”，坐收渔翁之利。

再如，孙权对魏称藩后，按照约定，应该送一个儿子来当人质，但实际上没有送来，曹丕要兴兵讨伐。王朗给曹丕的建议脑洞比较大：如果大军行进过程中，万一人家把儿子送过来了，咱们可就被动了。

内政方面也是一样。贯穿曹魏政权始终的一个重要争论是，要不要恢复古代的膑刑、宫刑等肉刑。支持恢复的有荀彧、钟繇等实操派和结果导向派，他们认为肉刑固然不人道，但是在司法上，既能够震慑严重犯罪，也能减少死刑人数；而反对恢复肉刑的代表人物中就有王朗，他一方面认为肉刑不人道，另一方面认为这样影响不好——死刑少了，外面未必能了解情况，但是肉刑多了，大街上缺胳膊少腿的人招摇过市，对我大魏影响不好。

曹叡时期，皇子夭折的多。王朗先是引用周礼，论证“诸经常说”的后宫十二人指标是不科学的，随后劝曹叡提高后宫利用率，为大魏多准备一些备选继承人。曹叡大兴宫殿，王朗十分讲究地劝谏：霍去病区区一个“中才之将”，尚且知道“匈奴未灭，不治宅第”。言下之意是，您这么英明神武，这个道理当然不必我劝。

华歆病逝，王朗终于在曹叡时期成为人们熟知的“王司徒”。

早在建安五年（公元200年），由于感慨“后生者不见仁义礼智之风”，尚书令荀彧建议曹操创立中央官学，不要等到天下平定才修文德，而既要“立德立功”，又要“立言”，以实现“王道两济”。但是曹操出于对汉室权威的忌惮，采取了折中的做法，不是建立中央官学，而是在各郡县建立地方机构。为了用底子干净的学者充实这些机构，曹操起用的主要是不同于关西贾逵、马融之学的郑玄一派。郑玄的很多学生如崔琰、国渊、郗虑都在曹操方面任仕。有趣的是，在推广地方学术发展方面，最起劲儿的反而是杜畿这种善于搞养殖业的大老粗，而王朗等老牌大儒与郑玄的学术背景相左，作为有限。

既无事功，又不发挥经学强项，王朗凭什么位列三公并在死后配祀曹操太庙呢？

《三国志》把钟繇、华歆、王朗列在一篇中。华歆虽然是学者底色、汉室旧臣，但是敢打敢冲，毫不爱惜羽毛。根据吴国人写的《曹瞒传》，董承衣带诏事件后，是华歆冲进宫里把伏皇后揪出来；曹丕的登基仪式上，是华歆主持。钟繇就更不用说了，颍川顶级世族出身，没有钟繇从关内搞到的两千匹战马，官渡之战会如何发展很难说。唯独王朗，只是负责活跃气氛。

是曹魏没人了吗？其实不是。

程昱，论资历论功劳，都可和钟繇并列。但是除出身不行以外，程昱还有巨大的伦理污点：在兖州之变中组织吃人（“昱略其本县，供三日粮，颇杂以人脯，由是失朝望，故位不至公”）。

贾诩呢？他确实也当上了太尉，但是遭到了孙权的嘲笑，说贾诩这样的“毒士”，能力再强也不适合摆在面上（“三公具瞻所归，不可用非其人。昔魏文帝用贾诩为三公，孙权笑之”）。

学者型的汉室旧臣虽然没有灭绝，比如王朗老师的儿子杨彪，但人家碍于脸面只肯当光禄大夫。王朗建议曹丕请杨彪接替自己担任司徒，但是曹丕不允许。

三国的三公本就是虚职高位，把王朗这种资格极老、极其乐于合作的汉室学者型旧臣放在这个位置上，就成了最优解，而且王朗还有点“徐州方面代表”的意味。曹操获得徐州的过程极其血腥，青、徐两州，在曹魏一朝都不安生。即使是忠心耿耿的臧霸，曹操一死就带着兵从洛阳擂着鼓回老家了。王朗的存在，对安定人心，能够起到一定的抚慰效果。

国安民乐，岂不美哉？

还记得那个颠沛流离的许靖吗？

随着刘备的入蜀，许靖的命运也发生了转机。实际上，许靖到了成都之后，过着与王朗一样的镜像人生。

许靖先是放低标准，投奔了刘璋。他在刘备兵临城下时试图翻墙逃跑，刘备在对待儒生方面有高祖之风，对这种墙头草行为更是不以为然。这时许靖的前途似乎格外暗淡，多亏遇到了贵人法正。

以“眩惑之术”名扬天下的法正，成名之作就是操纵许靖。法正劝刘备说：世界上有一种人，有虚名而没本事，说的就是许靖。他的虚名满天下，重用他可以忽悠天下之人。结果就是，在劝进刘备为汉中王的人中，许靖名列前茅；他像王朗兼任魏郡太守一样，兼任了蜀郡太守；更像王朗一样，成了蜀汉的司徒。

从此，岁月静好，再无颠沛流离，许靖就是蜀汉的王朗。

公元222年，刘备在夷陵大败，蜀军一溃千里，国势一蹶不振。镇北将军黄权降魏，转身变成了魏国镇南将军。第二年刘备病亡于白帝城。“带甲百万、良将千员”的魏国朝廷兴奋不已，认为天下可以传檄而定了。

劝降信雪片一样寄往蜀国，其中诸葛亮收到的最多。

司徒华歆、司空王朗、尚书令陈群等人，私信劝诸葛亮以礼来降（“陈天命人事，欲使举国称藩”）。信中还附带曹魏谶纬专家许芝装神弄鬼搞出来的“受命符”。

诸葛亮没有回信，而是公开发表了著名的《正议》一文，这也是《出师表》的先声。诸葛亮不光骂这三个人岁数不小、节操太少（“二三子各以耆艾之齿，承伪指而进书，有若崇、竦称莽之功”），还痛骂了他们的老板，说曹操“感毒而死”，曹丕“子桓淫逸”。

在“诸葛村夫”这里吃了鳖，“王司徒们”自然要寻找其他的门路。

公元223年，王朗和华歆、袁涣等人，给老朋友许靖写了很多封“情意款款”的信，怀念往昔美好的日子，感慨时光飞逝，想让许靖做做诸葛亮的工作，劝他带着“刘将军”的遗孤称藩投降。王朗在信中，将魏国朝廷比作北斗星，把自己和许靖比作各种星座，畅想了“以礼来降”之后的“封侯之位”。然而与王朗相比，许靖的司徒之位更是象征大于实质。他应该是没有能力也没有意愿去改变诸葛亮。

七十多岁的许司徒，在成都的生活是快乐的。他“清谈不倦”，为蜀汉热情洋溢地提携年轻人（“诱纳后进”）。演义中，诸葛亮骂王朗为“皓首匹夫”，而对蜀汉来说，许靖是“我们的匹夫”，因此诸葛丞相不仅不舍得骂，见到还会行礼（“丞相诸葛亮皆为之拜”）。

另外，还有一个王朗不知道的情况——在他发出第一封信之前，许靖就已经去世了。这位蜀汉的清谈家已经停止了清谈。

“面子”与“里子”

《世说新语》中有个段子，比较了背景和履历类似的王朗与华歆的风格差异。一次坐船，他们看到岸边有人求救，王朗主张救人上船，而华歆不同意。人救到后，大批土匪赶到，惹了一堆麻烦，王朗又主张把人赶下去，华歆又不同意。

这个段子似乎是在说，王朗有表达良好意愿的主张，但是对相应的后果既缺乏预见，也没有承担能力。

没有什么话，比《一代宗师》里丁连山的台词，更能概括王司徒的一生了："人活一世，有的人成了'面子'，有的人成了'里子'。'面子'不能沾一点灰尘，流了血，'里子'得收着，不能漏到'面子'上。人呐，此一时彼一时，过什么河，脱什么鞋，有多大屁股就穿多大裤衩。要学会温、良、恭、俭、让，特别这个'让'字。"

王司徒就是三国时代"面子"的代表，而且又幸运得出奇。

除阴差阳错来到曹营外，王朗还把孙女嫁给了司马昭。很难说当时王家能有多少预见性，就算有，谁又能想到司马师的英年早逝呢？其间起作用的，更多的还是朴素的重臣之间门当户对的思想。

如果不是幸运，那就只能归结为王朗对强者气息的灵敏嗅觉了。这种嗅觉，直接带来了一门几代的显赫。王朗的儿子王肃，继承了他对《易经》的研究。作为司马炎的姥爷，王肃编造孔子语录来打击郑玄的学术，"王学"最终成为西晋的官学。王朗的孙子王恺，与商人石崇开展史诗级的斗富，吸引了满朝不无赞赏意味的围观。

后三国时代是属于"面子"的时代。羊祜、杜预一类的名将，能力固然突出，但他们不是司马师的舅子，就是司马昭的妹夫。邓艾、王濬一类立下大功的人，不是卷入阴谋就是动辄被弹劾。旧时的“里子”们冗散里巷，朝堂上再次充斥着上品高门。

诸葛亮死后只留下了十五顷薄田和八百株桑树。正如有论者所说，刘备少时有“楼桑之下必出贵人”的传说，刘备和诸葛亮鱼水君臣的故事，“起于桑下童言，终于桑林清风”。而王司徒黯淡的事功和显赫的地位，成了乱世中另一道扎眼的风景。与映阶碧草、桑林清风相比，这道风景的审美价值有限，更多的是靠演义里的形象戳中了大伙的笑点。

演义对曹魏人士多有贬损，但其塑造的在两军阵前“饶舌”的王司徒的形象，和正史上的真人倒确有颇多神似之处。

（文/杰尼龟）

与曹操赤壁大战前，孙权在犹豫什么？

建安十三年（公元208年），曹操挥斥方遒，剑指江东，给年仅二十出头的孙权写了一封信："近者奉辞伐罪，旄麾南指，刘琮束手。今治水军八十万众，方与将军会猎于吴。"

此前，曹操已经取得官渡之战和北征乌丸的胜利，基本上统一了北方。随后，曹操大举南下，荆州之主刘表得知后急火攻心而亡，刘琮在投降派的怂恿下直接选择投降。曹操不费吹灰之力取得了荆州。他又在长坂坡大败刘备，刘备损兵折将，连儿子都差点丢了。可以说，此时的曹操，风头正盛，势不可当。

孙权最后没有屈服于曹操的威胁，而是选择与刘备组成联军，联盟抗曹。在长江赤壁以黄盖诈降火攻，大破曹军的连环船，曹操落荒北撤。不过，孙权不是一开始就下定决心要与曹操决一死战的，在赤壁开打前，他是有所犹豫的。

那么，孙权到底在犹豫什么？

对敌我军力的认识

现在我们认为，孙权选择与刘备联手抗曹是明智之举，那是因为我们已经知道了赤壁之战的结局。但作为当事人，孙权并没有后人的“上帝视角”，抵抗成败与否，难以预料。他首先犹豫的，就是双方实力悬殊。

曹操说自己拥兵八十万，那是为了恐吓孙权，古今史学界无一认同此数。据考证，曹操南征荆州时，从十五六万北方军人中抽调了步兵八万人、骑兵一万余人，但调集来南征的军队没有全部参战。旱路运输限制了出战的兵力，在一条线上，上限兵力只能是五六万，超过此数，不仅道路拥塞，后勤也无法保障。刘琮投降后，曹操也只控制了荆州城和江陵，还有长沙、桂阳、零陵、武陵、江夏未受他控制，因此，荆州地区能提供给曹操的机动兵力实际只有约三万人。随后，曹操又留徐晃驻扎樊城，命曹仁镇守江陵。如此算来，东征进抵赤壁的曹军总兵力约七万人。

当然，这是后世历史学家的考证，我们还要看当时东吴政权对曹军南征兵力的估算，这才是影响孙权最终决策的因素之一。

据《三国志·吴书·孙权传》及《周瑜传》记载，周瑜在劝说孙权抵抗时，分析了曹军的实际力量，说道，众人只见曹操信上说水军、步骑八十万，各自被震慑而且恐惧，不再考虑其虚实，便发出投降议论，是非常无谓。如今以实际情况校量，曹操他所率领的中原军不过十五六万，而且疲惫已久；所得之刘表军队，最多亦只有七八万，而且还心怀狐疑。用疲惫染病的士卒指挥犹豫不定的大军，人数虽多，未足畏惧。周瑜对曹军的估算，至少是二十二万人，最多不过二十四万人。对此，孙权没有提出质疑，等于是承认了周瑜的估算。

那么，孙权的兵力有多少？

诸葛亮在用激将法劝说孙权时，孙权激动地说："吾不能举全吴之地，十万之众，受制于人。"这十万人应该是孙权估算的江东所能动员的全部兵力，并不是孙权现有的全部兵力。当周瑜对孙权说"有精兵五万，我就足够制止它，希望将军不要忧虑"之时，孙权答道："五万兵难以在一时间凑合，已选好三万人，船只、粮草、军械都已经办齐。卿与子敬、程公就率先出发，孤必当继续派出军队，会多装载物资、粮饷，为卿作后援。卿能够对付曹操就跟他决一死战，倘若交战不利，就撤回到孤此处，孤定当与孟德决一死战。"也就是说，孙权现在能够拨给周瑜的兵力最多只有三万人。孙、刘联盟，刘备能提供多少军队？诸葛亮曾说："豫州（刘备）军虽败于长坂，今战士还者及关羽水军精甲万人，刘琦合江夏战士亦不下万人。"为了抬高己方的身价，诸葛亮肯定夸大了刘备兵力。这样的话，孙刘联军加起来的兵力，应该是五万人。

如果不考虑持久战，在孙权的眼中，长江一线对峙的曹军和孙刘联军，应该是二十二万至二十四万人对阵五万人。这是一个相当悬殊的对比，曹军的兵力至少超过孙、刘联军四倍。而且，曹军久经战阵，兵锋正盛，有摧枯拉朽之势。当时，益州刘璋见曹操来势汹汹，立即给曹操写信，愿意派兵支持曹操完成"统一大业"。因此，孙权对于是否开战犹豫不决，是完全可以理解的，毕竟敌方占有绝对的兵力优势。

考虑政权稳定

此外，孙权还要考虑政权内部的稳定。

东汉末年，群雄割据，瓜分中原，孙权协同父兄孙坚、孙策打下江东基业，因兄长孙策英年早逝，正式接任掌事，成为一方诸侯。

孙家能在江东扎根，关键是得到了门阀士族的鼎力支持。

东汉末年，门阀士族是政治舞台上的主角。任何人要想建立丰功伟业，就必须得到门阀士族的支持。所谓士族，就是世代为官的家族，是一种贵族化的官僚家族。士族的出现得益于汉朝的选官制度——察举制。该制度建立于汉文帝、景帝时期，由地方长官在辖区内考察、选举人才并推荐给上级或中央，经过考试后再任命官职。因为举贤不避亲，所以渐渐地，贵族和富家子弟成为汉代选官制度下的单一人选。当这群人做官后，他们又有资格举荐人才。在这场选官制度的游戏里，他们相互举荐对方的晚辈后生，用政治上的相互交易，促进双方的互利互惠。经过一次又一次的举荐，代代为官的士族阶层像滚雪球一般，势力越滚越大。

东汉开国皇帝刘秀之所以能在众多起义军中杀出重围，除了才能，主要是他得到了南阳和颍川两地豪族的强力支持，这在东汉建立的过程中发挥了重要的作用。但是，士族既然可以支持皇权，就也可以制衡皇权。由于士族在地方上拥有的强大势力严重侵蚀了皇权力量，皇室的衰微让皇权成为无主之物，士族为此展开了竞争，于是天下大乱，群雄逐鹿。东汉末年的乱局，本质上就是各个地方的门阀士族之间的竞争。在这种情况下，哪位英雄豪杰能与门阀士族结成同盟，就能获得后者源源不断的支持，这种支持包括人才、土地、财富等。

当时，由于军阀混战，北方很多豪强士族带领他们的宗族、部曲、宾客南迁。这些人到达南方后，急需一个强有力的政权或人物来保护他们的利益。同样，江东的士族豪强也需要这样的人来维系江东地区的稳定，保护他们世代相传的利益。无疑，孙氏政权就是他们唯一的选择。

在孙策入江东之时，门阀士族起到至关重要的作用，尤其是江东士族的代表张昭。孙策临终前，把已十八岁的弟弟孙权托付给这位江东老臣，希望张昭能够辅佐孙权守住江东基业。当时很多人不服孙权，张昭便陪孙权到各处视察。孙权每到一处，张昭都亲自扶孙权上马，众人看到老臣张昭对孙权服服帖帖，这才服从孙权的命令。所以，孙权是否抵抗曹操，还是要看江东士族的脸色。

张昭劝孙权投降，因为曹军占据了半壁江山，兵精粮足，势不可当；曹操又挟天子以令诸侯，征伐有名，我们即使投降，也等于是投降大汉朝廷，从法理上讲也不丢人。而且曹操又平定了荆州，收降了荆州水军，长江天险对于他们来说，已经不是问题。以上所言都是实话，当时的江东大臣也多支持张昭的“求和”意见。况且，孙权的哥哥孙策也没有真的准备在江东割据一方，他在临死之前曾特意叮嘱张昭“正复不克捷，缓步西归，亦无所虑”。

张昭等人还有没能说出口的原因：他们都是北方南迁的士族，曹操发动赤壁大战时中原已经基本平定，他们自然想要重归故土。刘琮被劝投降曹操之后，荆州士族因为有“服从之功”，被曹操大赏了一笔，被封侯的人就有十五位，后曹操又大力提拔了荆州名士韩嵩、邓义等人。对于他们来说，主公是孙权还是曹操，其实并没有什么区别。

但周瑜、鲁肃等江东本地的豪族就不愿意了，你们投降后可以回到中原，就算不被曹操重用，也可以凭借家族势力安居乐业。可江东人怎么办？鲁肃是地方武力豪族，在当时讲究儒家经学的士族社会，他没有什么出头的机会，如果曹操兼并江东，他不可能封侯当官，只能回老家当土财主。

周瑜尽管出身名门世族，但他是孙策的发小，江东有一半的天下是他带着周家子弟兵打下的。因此，周家的利益跟孙家是牢牢绑定在一起的，他必须跟孙权共进退。投降了曹操，就算曹操不杀他灭口，周瑜也只能做一名被冷落的中层武将。而死守江东，假如孙权称帝，周瑜就是开国元勋；假如孙权不称帝，周瑜也是一人之下、万人之上的权臣。

所以，“投降派”和“抵抗派”都有着自己的私人利益，而“投降派”的势力明显占绝对优势。孙权这时就要考虑，如果抵抗曹军，会不会导致东吴政权内部分裂。如果初期战事不利，张昭等士族集团即使不叛变，也可能消极怠工，不再鼎力支持自己的战争。没有这些士族支持，孙权是无法持久抵抗曹操的。

诸葛亮与周瑜的劝说

孙权最终决定联刘抗曹，一方面是从诸葛亮那里得到了刘备集团会坚持抗曹的承诺，增强了自己的抵抗意志；另一方面是鲁肃把手握军权的周瑜从外地叫了回来，周瑜也保证会与孙权站在一起，绝不妥协。这才让孙权有了与曹操决一雌雄的勇气。

诸葛亮来东吴后，并没有像《三国演义》里那样舌战群儒，因为他只需要说服东吴的最高统治者就行了。诸葛亮故意语激孙权："曹操如今平定宇内，威震四海，将军您应该量力而行：若是能以吴、越之众与其抗衡，不如早早与对方绝交；若是不能抗衡，为什么不解兵卸甲，向北对曹操称臣呢！如今您对外假借服从的名义，而内心却犹豫不决，事情已经危急却不能决断，大祸将至啊！"孙权果然被诸葛亮的话语激怒，他反问道："假如真的如你所言，刘备为什么不投降呢？"诸葛亮回答道："田横是秦末齐国的壮士，尚能守义不辱，何况我家主公刘备，堂堂王室之胄，英才盖世，将士仰慕，如水之归海。如果大事难成，那是天命，岂能去臣服曹操！"孙权听后勃然大怒，终于下定了与曹操决一雌雄的决心：我不能以整个江东之地，十万之众，受制于人。我意已决！

诸葛亮除了激起了孙权的荣誉感，还传递给孙权明确的信息，那就是刘备集团会始终站在抗曹的阵营里，不会像刘琮那样轻而易举地投降，然后反戈一击。

周瑜接到鲁肃的密信火速返回劝说孙权，指出曹操虽然名为汉朝丞相，实则为汉贼，他讨伐江东并没有法理基础。相反，孙权则有神武雄才，兼仗父兄之英烈，割据江东，管治地方有数千里，兵精将广，英雄安居乐业，应当图取天下，为汉朝除残去垢。况且曹操自己跑来送死，我方为何反而去归降他？而且曹操也没有想象中的那么强大，因为他还有以下四个弱点：一是马超、韩遂尚在关西，为曹操后患；二是天气盛寒，曹操的骑兵没有足够的粮草；三是曹军舍弃鞍马，不习水战；四是中原士兵疲惫不堪，水土不服，必生疾病。周瑜主动请缨，要五万精兵进驻夏口，声称定能大破曹军。

有了周瑜的坚定支持，孙权豪气顿生，说：“老贼想废汉自立很久了，忌惮二袁、吕布、刘表与孤。如今数名群雄已被攻灭，只剩下孤尚存，孤与老贼势不两立。”为了彻底断绝江东士族的投降念想，孙权当众拔剑，砍下主帅桌角斩钉截铁地说：“诸将吏敢复有言当迎操者，与此案同！”孙权算是跟江东士族摊牌了，你们干也得干，不干也得干！

当天夜里，孙权与周瑜促膝长谈，孙权抚摸着周瑜的背说：“公瑾，卿说到此，甚合孤心。子布（张昭）、文表（秦松）等人只顾妻子儿女，夹带自己的打算，非常让我失望；只有卿与子敬（鲁肃）跟孤想法一致，此是上天让你二人辅助孤也！”

由于孙权拒不投降，才有了后来名垂千古的赤壁之战。这场战役可以说是中国古代历史中最著名的战役之一，孙权和刘备联军以弱胜强击败了号称百万大军的曹操，从而奠定了三国鼎立的局面。

（文/柏舟）

最熟悉的陌生人：周瑜曾如何设想江东帝业？

建安五年四月四日（公元200年5月5日），二十六岁的江东之主孙策遇刺身亡，陨落于霸业方兴之际。临终前，孙策向弟弟孙权交代“举贤任能，各尽其心，以保江东，我不如卿”，为江东定下守成之国策。小说《三国演义》中，孙策还有一句著名遗言：“内事不决问张昭，外事不决问周瑜。”此话虽不见于正史，却总结到位。未来十年，张昭与周瑜恰好代表了江东政权发展的两条截然不同的政治路线。

世家子弟中的“非主流”

汉末三国群英中，周瑜大概算得上大众最熟悉的陌生人。数百年来，他在演义中始终无法摆脱诸葛孔明的阴影，“三气周瑜”甚至成为家喻户晓的典故。这固然能归结为以蜀汉为主角的小说的艺术处理，但《三国演义》中选取周瑜作为诸葛亮的对手，尤其在赤壁之战后两人就荆州问题上多次较量，倒也不是全凭脑补，故事原型取材于正史中周瑜的江东帝业野望。

从孙策立业到三国归晋，东吴政权长达八十余年。孙氏虎踞三吴，江东群星闪耀，周瑜更像是那颗耀眼流星，虽只一瞬，却惊艳了东汉末年的苍穹。他的传奇可以从出身说起。

周瑜，字公瑾，出身庐江周氏，堂祖父周景、堂叔周忠，都曾在东汉朝廷出仕，官居汉朝太尉之职。周瑜的父亲周异也曾任朝廷的洛阳令。

周瑜过人之处在于他出身官宦世家，却选择学习兵法军事。东汉时期的世家子弟有进入官学的资格，学有所成者，往往师从名士游学。例如，张纮早年进入官学后就师从博士韩宗学习《易经》，后来又游学外黄，跟濮阳闿学习《韩诗》《礼记》等，继而被举茂才；东吴的另一位名臣张昭早年也师从名士白侯子安学习《左氏春秋》，成年后曾被举荐为孝廉。虽然孝廉是汉武帝时设立的察举制考试，但到了东汉末年，这种制度已被世家门阀所垄断，沦为互相吹捧、弄虚作假、以谋官位的进阶手段。

周瑜虽是世家子弟，但履历中既没有“孝廉”“茂才”等记录，也没有跟随某个名士学习的记载，按照当时对士族子弟的标准，周瑜反而会被士族们视为“不务正业的官二代”。然而少年周瑜绝非不学无术之辈，从之后他在战争中的军事才能来看，他应该很早就开始学习兵法，研究如何运筹帷幄、决胜千里，如何排兵布阵、出奇制胜了。当时像周瑜这样不走寻常路、选择学习兵法的世家子弟实乃凤毛麟角。

周瑜是世家子弟中的“非主流”，这应该也是他与孙策能玩到一起、情同手足的主要原因。毕竟在当时的大背景下，他们一个是清高的世家子弟，一个是出身寒微的军阀之子，本就不是一个世界之人。但周瑜不仅与孙策无比投缘，甚至邀请孙策一家住进自己家的大院，两人彼此“升堂拜母”，亲密无间。瑜、策之交并非面子虚情，一定程度上也跨越了身份，打破了世俗陈规。周瑜弱冠之年，正逢孙策渡江立业，他义无反顾率丹杨之兵以援知己。二十四岁那年，周瑜拒绝了袁术的招揽，奔赴江东来到孙策身边，与他一同开疆拓土。

当然，醉心于研究兵法的周瑜并非一介武夫，他也有士族子弟阳春白雪的一面。陈寿在《三国志·吴书》中记载周瑜身材高大，容貌英俊，在年少时就精通音乐，但凡乐音上有错误之处，哪怕是酒过三巡，周瑜亦能准确听出并指正。故时人有云：“曲有误，周郎顾。”有玉树临风之颜，具儒雅飘逸之风；通风林火山之义，怀吞食天地之志，以今日之标准，可谓万千少女心中的绝代男神。千百年来，无数文人墨客亦为之倾倒。唐时诗人李端作五言绝句《听筝》：“欲得周郎顾，时时误拂弦。”素手鸣筝的美人想尽办法时时误拨筝弦，只为换周郎一个回眸。

从桓文霸业到秦皇帝业

孙策一生纵横天下，却在霸业蒸蒸日上之际遇刺身亡。弟弟孙权上位时年少资浅，威信未立。江东集团内部一度出现信任危机。一方面宗室成员阴谋夺位，爆发了孙静（孙坚之弟）的长子孙暠欲图自立事件。另一方面已归附的地方势力复叛，如影响至深的庐江太守李术叛乱事件。这两件事都发生于建安五年（公元200年），也就是孙策新死之际。前者被虞翻说服劝退，后者被以武力征伐，孙权总算平定暗潮，但也暴露出主少国疑、政权的暗流与危机。这种情况下，周瑜、张昭等重臣对安定政权所发挥的作用就十分关键。

建安五年（公元200年）那场暗杀发生时，周瑜并不在吴郡，直到孙策死讯传出，周瑜才率兵匆匆赶回吊丧，此后任中护军之职（东汉时“中护军”乃高级军事长官之职，汉高祖时为“护军都尉”，有“尽护诸将”之责），与长史张昭共同辅佐孙权，执掌江东政事。孙权即位后被东汉朝廷册拜为讨虏将军，兼领会稽太守，所以周瑜这个中护军隶属于将军幕府，而非东汉朝廷中的列职，但就江东集团这个政治实体而言，权力已相当大。从建安五年（公元200年）孙策遇刺到建安十三年（公元208年）赤壁之战这八年时间里，周瑜最大的影响无异于推动江东集团意识形态的转变——从九合诸侯的桓文霸业到一统天下的秦皇帝业，周瑜为江东集团重新绘制了一幅帝业蓝图！

简单梳理一下江东国策的转变，孙策渡江立业之时，曾拜访过名士张纮。当时孙策的小目标仅仅是当个朝廷的外藩，但张纮却告诉孙策：“据长江，奋威德，诛除群秽，匡辅汉室，功业侔于桓、文，岂徒外藩而已哉？”张纮所提出的“诛除群秽，匡辅汉室”正是指成就齐桓公、晋文公那样的春秋霸业，在当时大致对标了曹操的“奉天子以令不臣”。后来孙策渡江打下根基，又及时与“伪帝”袁术进行了关系切割，重建与东汉朝廷之关系。官渡之战前夕，孙策野心勃勃欲“阴袭许昌”。这一系列活动都是奔着“桓文霸业”这一政治蓝图去的。

可孙策的突然死亡打乱了整个江东集团的部署，政权平稳过渡后，孙策生前未竟的“桓文霸业”这一政治纲领被张昭、张纮所继承。然而在这几年中，江东集团的内部出现了新的声音，那就是以周瑜、鲁肃为主流的江东帝业论。从资历上来说，周瑜与孙策虽是年少时的故交，但他真正加入江东集团已是建安三年（公元198年），晚于张昭、张纮。而鲁肃则是周瑜在袁术那里当居巢长时结交的好友，受推荐一同投效孙策帐下。

关于江东帝业的纲领，鲁肃与孙权的《榻上论》算得上代表之作，尤以“汉室不可复兴，曹操不可卒除”一针见血，清晰构建出大方针，既然汉室已不可复兴，自然要在江东开创新的帝业——曹操势力庞大，绝非短时间内可消灭，这注定是漫长而艰难的过程；灭掉宿敌黄祖，打开荆州门户；而后讨伐刘表，占据荆州；再进取益州，占据长江……最后建立一统天下之帝业。

那么江东帝业与周瑜有什么关系呢？事实上，有个重要的历史细节常被忽略。孙策遇刺后，江东政权暗流涌动。刚投效不久的鲁肃也准备一走了之，回北方另投明主。关键时刻是周瑜劝阻了这位老友，并对他说了一段至关重要的话：“今主人亲贤贵士，纳奇录异，且吾闻先哲秘论，承运代刘氏者，必兴于东南，推步事势，当其历数，终构帝基，以协天符，是烈士攀龙附凤驰骛之秋。”周瑜劝阻鲁肃的这段对话已十分清楚，周瑜的最终目标是要以东南取代汉室，成就新的帝业。不久后才有上面提到的鲁肃与孙权那段精彩绝伦的《榻上论》。这可以说明，江东集团内新起的帝业之论，周瑜不仅与鲁肃的观点有高度的共识，甚至可能是帝业最早的提出者。

东汉末年，世家出身的名士虽然倚身各势力，但多少都有“匡辅汉室”的情结。例如，曹操阵营的荀彧，江东阵营的“二张”皆如是。但周瑜丝毫没有这方面的思想包袱，这可能与其少年时多在专研军事兵书，少有受君臣纲常礼教之影响有关。他与鲁肃的这段对话放在建安五年（公元200年），真称得上是胆大包天的虎狼之词了。要知道“冢中枯骨”袁公路殷鉴不远，就算是掌控着汉献帝的曹操也要标榜自己“奉天子以令不臣”。这个周公瑾，竟放言取代汉室者必兴于东南，又说江东集团“终构帝基”。

周瑜要干什么？

第一次路线之争

建安五年（公元200年），周瑜就从“汉室不可复兴”的实际情况出发，大胆地提出“以东南代刘氏”这一极具野心的政治目标。但帝业并非一蹴而就，尤其是孙氏集团在江东立足未稳之时，若贸然称帝，只会慕虚名而处实祸，步袁术后尘。再者，“桓文霸业”与“秦皇帝业”是两套截然不同的政治纲领，而前者又有张昭等托孤大臣的支持，周瑜、鲁肃等人要改变国策绝非易事。江东集团的路线之争问题在建安七年（公元202年）首次暴露。

当时正逢袁绍新死，在决战中获胜的曹操俨然已是新的中原霸主，名义上还依附汉朝廷的江东集团很快收到了曹操的来信，要求孙权向朝廷派送人质。人质的使用早已有之，而这种单方面派人质的做法，意味着效忠与臣服。官渡之战前，曹操曾下书要求江东派送人质，但被孙策所拒绝。今时不同往日，曹操已雄霸北方，孙权是否派人质这一问题直接关系日后与曹操的关系。

曹操下书后，张昭、秦松等人犹豫不决，其一，他们顾虑曹操势力强大，江东难以匹敌；其二，曹操又以汉献帝的代表自居，这也让以“匡辅汉室”、走桓文之业政治路线的张昭等人投鼠忌器，不敢贸然与“朝廷”抗衡；但周瑜却果断建议孙权拒绝曹操。据《三国志》裴松之注引《江表传》记载，众臣为此犹豫不决之际，孙权引周瑜到吴夫人处密议，一番谈话下来，周瑜为孙权逐条分析了江东政权目前处境以及未来的政治定位。

首先，江东这片土地在历史上就有楚国的成功模板，当初楚国受封于荆山之侧，不满百里之地。而后来招贤纳士，开疆拓土，占据了荆、扬二州，国祚长达九百年。其次，今日主公继承父兄留下的基业，兼有六郡之众，兵精粮多，将士用命，同时又物产丰隆，人心安定。最后，江东有强大的水军，泛舟举帆，朝发夕到，士风劲勇，所向无敌，军事上也不用担心。

周瑜认为，江东既然有如此好的基础，没有必要向曹操派遣人质表示臣服（“有何逼迫，而欲送质？”）。更何况人质一入，就等于承认了与曹操的首尾关系。一旦强化这层关系，曹操再发诏命让主公北上，则不得不从，只能处处受制于人。接下来周瑜向孙权说出了至关重要的一段话：“极不过一侯印，仆从十余人，车数乘，马数匹，岂与南面称孤同哉？”

要知道当时孙权在汉王朝正式的职衔不过是讨虏将军，而周瑜完全以君臣的礼节事之，这不仅是对孙权的尊重，更暗含了周瑜的远大政治目标。他对汉王朝的官职爵位并不稀罕，辅佐孙权成为“南面称孤”的雄主才是其心之所向。最后，周瑜给孙权的建议是不要派送人质，静观其变。如果曹操真能平定群雄，一统天下，那没办法，到时再臣服也不晚；如若曹操穷兵黩武，必将引火自焚。“将军韬勇抗威，以待天命，何送质之有！”这番话也能看出周瑜并非妄言诳语，他预料到两种可能性并给出不同的应对方针，而此时的周瑜还只是名二十八岁的青年，但其卓识远见已远在诸多江东老臣之上。

江东进入周瑜时代

对于孙权来说，周瑜、鲁肃的帝业之路显然更具有吸引力，但要实现这一宏图，就必须拿下荆州。中原战乱之际，刘表治下之荆州保持着和平与繁荣，实力不可小觑。江东集团想要进取荆州，第一步就是击破宿敌黄祖，打开荆州门户。自建安十一年（公元206年）起，江东与黄祖的战争再度重启，周瑜先率部讨伐麻、保二屯，阵斩敌军主将，俘虏敌军万余人。而后黄祖派部将邓龙率兵进入柴桑县，周瑜发兵征伐，一战而胜，活捉邓龙并押送至吴郡。

建安十三年（公元208年）春，孙权发兵讨伐江夏郡，周瑜被授为前部大督，率水军进攻黄祖。此役中周瑜再次展现了卓越的军事才能。黄祖在江夏根深蒂固，拥有强大的水军，他派遣部将陈就率两艘艨艟舰坚守沔口，又派大力士与弓箭手在河边的崖顶埋伏，向江东大船投掷石头和火把。为击破黄祖，周瑜命令凌统、董袭组织敢死队，队员皆穿两件盔甲乘大船顶着石头和火把发动冲锋。江东军士气大涨，凌统、董袭成功切断黄祖军两艘艨艟舰，吕蒙则乘势斩杀敌将陈就。黄祖军失去主将后阵脚大乱，江夏迅速被江东军攻陷，黄祖本人也在逃跑中被杀。此役不仅一雪江东孙氏之世仇，同时也帮助孙权打开了荆州门户，为江东政权占据荆州迈出了第一步。

但人算不如天算，恰好在这一年，荆州形势风云激变。先是曹操正式出任丞相。此前，朝廷撤除三公的职位，现在为曹操又重新设置丞相，这意味着曹操的政治地位进一步被提高。紧接着，荆州之主刘表病逝，蔡瑁、张允等拥立刘表幼子刘琮继任荆州牧。长子刘琦大怒，欲兴兵征讨，荆州集团分裂。曹操看准时机，亲率大军南下，刘琮迅速投降。由襄阳至江陵一线皆落入曹操之手，荆州大部土地被划入曹操的势力范围。

此前，江东已两次拒绝向曹操派送人质，当时刘表尚存，江东还能“以待天命”；但现在，这个缓冲地带没有了，来自曹操威胁近在咫尺。很快，孙权接到曹操发来的一封带有威慑意味的书信：“近者奉辞伐罪，旄麾南指，刘琮束手。今治水军八十万众，方与将军会猎于吴。”与此同时，还发生了一件对江东集团影响巨大的事——刘备被曹操大军所败，诸葛亮奉命渡江向孙权求援，表达联盟抗曹之意愿。

曹操表示要“会猎于吴”，江东集团众臣惊慌失色，连老臣张昭等人也说曹操乃虎狼之师，江东政权不足以与其抗衡，从大局出发不如臣服了吧（“愚谓大计不如迎之”）。《三国演义》中，诸葛亮舌战群儒，把张昭等人驳得哑口无言，这倒也是有依据的。在那场“战与降”的辩论中，诸葛亮的确成功说服了孙权，使之倾向于联刘抗曹。不过，演义中诸葛亮以曹操造铜雀台是为夺取周瑜之妻小乔为由来“智激周瑜”的桥段就是子虚乌有了，因为就连诸葛亮用来激怒周瑜的弹药——曹植的作品《铜雀台赋》都是从两年后穿越过来的［《铜雀台赋》作于建安十五年（公元210年）］。

正史上真实的情况是，周瑜本身就是坚定的主战派，但他当时不在柴桑（今江西九江）。虽然孙权已被诸葛亮说动，但江东集团内部主和派声势犹大，力主联刘抗曹的鲁肃建议孙权召回同为主战派的周瑜，整合江东集团之意志，于是周瑜奉命自鄱阳湖赶回柴桑。他对此事发表的第一句话就是：“操虽托名汉相，其实汉贼也。”这是对曹操集团性质的定调。周瑜不仅是表达强烈的主战意志，同时也告诉江东集团的主和派们，不要被曹操“汉相”的头衔唬住，咱们抗曹不是与朝廷为敌，而是对抗“汉贼”。

此时的周瑜绝口不提以江东取代汉室、成就帝业之类的构想，反而以汉室忠臣自居，用匡辅汉室的名义整合江东集团的抗战意志，将抗曹之举说成“为汉家除残去秽”，使之名正言顺。周瑜实在打了一手意识形态的好牌。听闻周瑜对形势的一番分析，孙权拔剑斩断前奏案：“诸将吏敢复言当迎操者，与此案同！”

此举一锤定音，统一了江东集团的意志。这一剑斩下去也意味着以张昭为首的桓文政治路线彻底被边缘化，取而代之的是周瑜、鲁肃的帝业之路。从此刻开始，江东政权进入周瑜时代。

扬眉淡看漫天烽火

周瑜要实现其政治理想，首先要得到孙权的支持以统一集团之意志，其次必须依靠战争手段为江东集团化解危机，这是对他军事能力的考验。若军事行动失败，不仅江东集团万劫不复，所有政治理想也将化为泡影。事实证明，周瑜通过了考验，他以卓越的军事才能向江东政权交了一份满意的答卷——赤壁之战。

大众印象中，赤壁之战如同《三国演义》描写的那样，是一场曹操主攻，孙、刘联军主防的大决战，但正史上的赤壁之战迷雾重重，资料匮乏，很多细节语焉不详。从有限的资料来看，更像是一场遭遇战。但绝非偶然遭遇，而是周瑜主动出击，率江东水军直入荆州境内发动的攻势战役。

问题来了，与曹操相比，孙、刘联军处于弱势一方，为何不以逸待劳，而敢于主动出击决战呢？一切的原因早在周瑜赶回柴桑、为孙权定下主战之议时就已分析得很透彻。

首先，曹操致书孙权时号称“水军八十万众”，这个数字的确很唬人，但周瑜以一个军事统帅的眼光，看穿了曹操的致命弱点：第一，吃得太快，消化不良。曹操取荆州并非一城一池、稳扎稳打推进的，而是因刘琮投降而得以速取，这么大一个州，短时间内很难巩固统治；第二，当时北土未安，马超、韩遂虎踞关西，为曹操之后患；第三，曹军善于陆战，弱于水战，今下江东舍步兵而依仗水军，是以短击长；第四，时值寒冬，马无藁草，曹军劳师远征，必然水土不服，生出疾病。周瑜认为有此四者，曹操实则外强中干，而他贸然进犯，必败无疑。于是周瑜自请"精兵三万人，进住夏口，保为将军破之"。

其实曹操并没有贸然进犯，雄才大略的奸雄怎么可能意识不到这些问题？建安十三年（公元208年），他根本没有挥师南下征服江东的计划。但对周瑜而言，事态紧急，孙、刘联军兵力处于弱势，只能以巧取胜，他必须趁曹操立足未稳主动出击，一举击破曹军。如果只作防守应对，虽然短期内曹操不会南征，但等其逐步把荆州消化，站稳脚跟，那时再挥师南下，对江东可就真是灭顶之灾了。

战机稍纵即逝，必须在建安十三年（公元208年）冬季寻找曹军主力决战！周瑜与程普分别任左都督、右都督，各领一万五千精兵，与刘备军一同逆江而上，深入荆州境内寻找曹军主力。终于，在长江赤壁（今湖北赤壁市西北）一带与曹军相遇，周瑜采纳黄盖提出的火攻之计，放火焚烧曹军战船，大破曹操，成就了一场以少胜多、以弱胜强、名留青史的著名战役。在这场长江流域首次大规模的军事行动中，周瑜发挥了主导作用，赤壁成为他短暂人生中最耀眼的巅峰之作。

曹操兵败退回江陵后并未多作逗留，而是迅速北归。这并非演义中所表现的兵马损失殆尽而狼狈北逃，真正原因如周瑜战前的分析，北方尚未完全稳定，曹操担心赤壁兵败引起后方政权不稳，故而引大军北还。但他仍然留下曹仁、徐晃等将领继续留守南郡（治所江陵），文聘守江夏、乐进守襄阳、满宠代理奋威将军，屯于当阳。此役让曹操失去了短期内一统天下的机会，亦重新划分了荆州的格局。

其实著名的火烧战船只是赤壁之战的一个重要组成部分。赤壁之战的最后一个阶段相当漫长，周瑜率兵渡江围攻江陵，刘备也派兵进攻江陵，关羽自汉水出击，双方相持近一年，最终曹仁担心退路被孙、刘联军切断，于建安十四年（公元209年）底放弃江陵，仓皇北窜，至此战役才算画上句号。曹仁退兵后，孙权以周瑜为南郡太守，驻防江陵；程普为江夏太守，屯于沙羡；吕蒙、吕范分别领寻阳令和彭泽太守。与此同时，盟军刘备也分享了赤壁之战的胜利果实，刘备表刘琦为荆州牧，随后又迅速收服了武陵、长沙、桂阳、零陵四郡，以赵云守桂阳，廖立守长沙。荆州风云再起，新的挑战随之而来。

未完成的野望

赤壁之战后，曹、刘、孙三股势力在荆州汇集，荆州北部襄阳、南阳郡以及南郡部分地区仍在曹军控制之下；孙权控制了长江一线的重要地点；刘备占领四郡，虽地盘较大，但地理位置尴尬，没有出口，发展极度受限，故而刘备也一直试图以外交手段改善自身处境。不久，刘琦病死，刘备领荆州牧，孙权同意让其驻扎油口，因为当时刘备官职为左将军，人称左公，故将此地改名为公安。

从地理位置上来看，刘备屯驻的公安和周瑜驻防的江陵距离很近，仅数十公里。现在周瑜要面对一个巨大挑战。他既领南郡太守，自然想以此为根基，扩大影响力，最终达到让江东跨有荆、扬的目的，但问题是曹操虽已北归，中间却横了一个盟友刘备。无论是周瑜本人还是江东集团，在荆州的影响力都无法与刘备相比。更令周瑜担忧的是，刘备在荆州开始迅速整合资源，招贤纳士，吸纳了黄忠、魏延、马良、霍峻等一大批文臣武将，声望与日俱增。这一切没有人比近在咫尺的周瑜看得更清楚的了。

现实情况对周瑜愈发不利。鉴于曹操在北方的巨大压力，孙、刘联盟重新划分责任，孙权纵然再不情愿，也只能接受刘备在荆州极具影响力的这一事实。故而在其领荆州牧的同时，孙权自领徐州牧。此时徐州尚在曹操控制下，孙、刘联军这一划分意味着日后徐州方向的攻略由孙权主导，荆州方面则大部分交予刘备。这样的安排，地位最尴尬的无疑是周瑜这个南郡太守，一旦荆州落入刘备之手，就意味着他要开拓荆州、继而北进的计划付诸东流。

为挽救荆州之局，周瑜决定兵行险着。他上书孙权："刘备以枭雄之姿，而有关羽、张飞熊虎之将，必非久屈为人用者。"他建议给刘备打糖衣炮弹，给他住大房子、给他美人，消磨其意志，将其软禁起来，来个挟刘备以令关羽、张飞。但这一计划遭到了鲁肃的反对，毕竟一旦软禁刘备，孙、刘联盟就有破裂的风险。赤壁之战后，周瑜与鲁肃这两个江东帝业推动者的路线出现了分歧。鲁肃自始至终认为，只有孙、刘联盟才有可能对抗曹操；周瑜则认为帝业实现的过程中，联刘并非必要条件。孙权则认为曹操的威胁还很大，联盟暂时不能破裂，故而采纳了鲁肃的意见，没有软禁刘备。

荆州几个回合的博弈中，周瑜处境较为被动，但他并未放弃最后一搏。建安十五年（公元210年），周瑜酝酿出了一个更加野心勃勃的计划：

> 今曹操新折衄，方忧在腹心，未能与将军连兵相事也。乞与奋威俱进取蜀，得蜀而并张鲁，因留奋威固守其地，好与马超结援。瑜还与将军据襄阳以蹙操，北方可图也。
>
> 《三国志 · 吴书 · 周瑜》

这个计划首先涉及与奋威将军孙瑜（孙权堂兄）入蜀取益州，这与诸葛亮《隆中对》中“跨有荆、益”的战略不谋而合，是刘备集团不久后的路线。其次关于盟友，周瑜提及了与西凉马超结援。最后是北伐，周瑜计划与孙权一同会攻襄阳，而后进取北方，成就帝业。在常人印象中，总觉得东吴是一个以割据为主的“守成”式政权，只能作为黄金配角。但在周瑜的时代，虎踞龙盘的江东亦曾怀吞食天地之志，敢于问鼎中原，逐鹿天下。只可惜天不假年，当周瑜准备回江陵具体着手实施这一宏大计划时，却在途经巴邱时患病而逝，时年三十六岁。

风云散聚任评说

周瑜之死让江东集团跨有荆、益，挥师北伐、一统山河的宏图霸业猝然而止。后人已无从得知，如果周瑜能活着回到江陵，这个计划会如何实施？我们只能从他留下的短短数语中推断一二。值得注意的是，周瑜提出的计划中有并张鲁、有结援马超、有北伐襄阳，但对于目前已在荆州生根的刘备却只字不提。可是以当时的局势来看，无论西征还是北伐，刘备都是无法绕开的一环。从政治上与刘备的交锋中，周瑜并未占得便宜，所以除非他能在军事上取得胜利，刷新版图，征服甚至消灭刘备，否则要将刘备的影响从荆州抹去绝非易事。

假如周瑜没有英年早逝，日后江东集团乃至整个时局会如何发展呢？有人认为这个蓝图得以实现，江东会跨有荆、益，历史或许会提前进入南北朝；也有人认为刘备不易对付，北方的曹操更是难以抗衡，周瑜若贸然北伐，很可能招来的是一场惨痛的军事失败，晚节不保。当然，最大的可能性就是在荆州的问题上，周瑜势必与刘备发生激烈的争夺战，如若历史那样发展，或许周瑜和诸葛亮真会像《三国演义》中一般展开一场各为其主的生死较量。当然，这些只是假设，事实上，在周瑜病逝后不久，孙权就将南郡让给了刘备，而周瑜临终前推举的继任者鲁肃，亦是孙、刘联盟最坚定的支持者。

璀璨的将星已陨落在东汉末年，周瑜之死对孙权无疑是一大损失，但周瑜对江东政权乃至汉末格局的影响犹在。赤壁之战后，天下三分之势渐成，孙权亦在帝业征途上步步为营。多年后，孙权已占据荆州，与陆逊谈论往事时，犹记周瑜英姿，叹道："公瑾雄烈，胆略兼人，遂破孟德，开拓荆州。"当孙权加冕登基、成为东吴大帝时，忆及周瑜，同样感慨万分："孤非周公瑾，不帝矣。”后人对周瑜的评价，除了赞美其英姿勃发、雄才大略，更多的是壮志未酬的遗恨。如南宋陈亮所言：“使斯人不死，当为操之大患，不幸其志未遂而天夺之矣。”

周瑜去世的872年后，元丰五年(公元1082年)，一位叫苏轼的失意词人泛舟游于黄州城外长江之上。见大江浪滔滔，东风染尽半壁胭脂色，苏轼思绪翻涌，遥想赤壁烽火中的周郎英姿，遂提笔而书，写下千古名篇《念奴娇 · 赤壁怀古》：

大江东去，浪淘尽，千古风流人物。故垒西边，人道是，三国周郎赤壁。乱石穿空，惊涛拍岸，卷起千堆雪。江山如画，一时多少豪杰。

遥想公瑾当年，小乔初嫁了，雄姿英发。羽扇纶巾，谈笑间，樯橹灰飞烟灭。故国神游，多情应笑我，早生华发。人生如梦，一樽还酹江月。

（文/周渝）

贾诩：三国中最有智慧的人

当年，易中天在《百家讲坛》的《品三国》节目中，说贾诩"有可能"是三国史上最聪明的人，因为贾诩非常谨慎、稳重，从不会轻易给曹操献计。他明哲保身，最后七十七岁善终，在那个年代算高寿了！

仁者见仁，智者见智，毕竟那个时代还没有智商测试的概念和仪器，无法通过智商数据来评判到底谁最聪明。不过，《三国志》里阎忠也说："贾诩，庶乎算无遗策，经达权变，其良、平之亚欤！"要知道张良和陈平都是辅佐刘邦夺得天下的重要智囊，是当时人们心中智谋的化身。

那么，在那个英雄辈出、谋士如云的时代，贾诩到底有多聪明？

随机应变

贾诩，字文和，凉州武威（今甘肃武威市）人。最初，他被汉阳郡阎忠赏识，被举孝廉为郎。他的头脑有多灵光，陈寿在《三国志》里记载了这么一则小故事。

话说，贾诩患病返乡，途中遇到一伙氐族马贼。马贼杀人越货，有钱有货的人还有可能破财消灾、逃得一命，而没钱没货的人只要落到马贼手里，基本上就是刀起头落。当时，同行数十人都被抓住了。贾诩身上也没带什么钱，但他临危不乱，反而骗氐族人说："我是'段公'的外孙，你们别杀我，我家会出重金赎回我。""段公"是指太尉段颎，他是贾诩的同乡，久镇边疆、威震西土。当年羌乱炽盛，段颎以四百人的损失扫清羌乱，斩首四万。马贼大都是四肢发达、头脑简单的，根本没有查证信息真假的意识。他们一听贾诩的话就慌了——谁活腻了，敢惹段颎的外孙？！于是，他们不但不敢害贾诩，还和贾诩结拜为兄弟，送他回家，而同行的其他人都被杀死了。

贾诩的随机应变能力，可见一斑。而且他的话术也相当机巧。他不直接威胁氐族人，说不放了我，我外公段颎会把你们碎尸万段，而是说把我关起来作人质吧，你们可以换取金银财宝。他明白，仅仅是"威逼"，有可能会让对方铤而走险、杀人灭口，只有加上"利诱"，给对方提供利益，让对方有更好的路可以选，才能让对方采取妥协、合作的态度。没有对人心深刻的洞察，是说不出来这样的话的。

贾诩回到州里，立即上报官府，官府按照贾诩提供的线索，一路追寻将这伙马贼全部消灭，算是为同行的数十个人报了血海深仇。这也是他的处世哲学，对于敌人绝不会手下留情。

逆势出牌

贾诩在举孝廉为郎后，进入武威郡守张奂帐下，成为军司马董卓部将。后升为讨虏校尉，在董卓女婿牛辅的帐下。

董卓在长安被司徒王允设计杀死后，凉州众将群龙无首，归无所依。此时，王允大权在握，计划清算西凉军，而他第一个杀的人，是一个仅仅对董卓表示同情的大名士——蔡邕，也就是才女蔡文姬的父亲。王允这种听不进任何反对意见、一意孤行、滥杀无辜的作风，跟董卓到底有什么区别?

西凉军将领李傕、郭汜、张济等人见王允要杀人灭口，就想解散队伍，各自返回乡里。

此时，贾诩对他们说，咱们若是解散队伍独自走，一个小小的亭长就能把我们一网打尽。现在趁着人心惶惶，我们不如打着为董公报仇的旗号，一路收服那些散兵游勇，打回长安，诛杀王允，或许我们还有活命的可能。

李傕、郭汜被贾诩的话打动，与其坐以待毙，不如拼死一搏！于是他们一路收服作鸟兽散的凉州兵，一边率军日夜行军、奔袭长安。等到长安城下，已聚起了十万余众。守将吕布寡不敌众，只得率百余骑逃往关东，王允则身死殉国。

李傕、郭汜等人比董卓还残暴，他们纵兵掳掠，造成了吏民万余人的伤亡，尸体堆满街道，朝廷的重要大臣，除了王允，还有司隶校尉、左冯翊、右扶风等也被诛杀，这一场腥风血雨，一下子就把东汉中枢的力量一扫而光。李傕、郭汜后来又起内讧，互相攻杀，殃及百姓，关中地区成为人间地狱。史书上载：董卓初死，三辅民尚数十万户，李傕等放兵劫略，加以饥馑，二年间，民相食略尽。

而这一切，都要拜贾诩所赐。当然，王允也要负很大的责任。

如果抛开道德的谴责，仅从个人利益的角度出发，贾诩给李傕、郭汜等人的建议是对的。他不但保住了凉州军的生存，还让他们再次堂而皇之地把持朝政。他自己也“一战成名”，成为闻名天下的谋士。诸葛亮在舌战群儒中曾说：“盖国家大计，社稷安危，是有主谋，非比夸辩之徒，虚誉欺人，坐议立谈，无人可及，临机应变，百无一能者，此诚为天下笑耳。”（《三国演义》）按照这种临机应变的标准来看，贾诩可谓是第一流的谋士。

可能贾诩心有愧疚，为了平息这场灾难，他使用离间计，将打算投靠李傕的数千名羌胡劝走，削弱李傕的实力，因此，《三国志·魏书·贾诩》中公正地提道：“祐护大臣，诩有力焉。”

随后，贾诩协助汉献帝离开了长安。

算无遗策

协助汉献帝离开长安以后，贾诩便辞去官职，辗转来到同乡张绣军中。张绣对贾诩言听计从，甚至是崇拜，这是为什么？因为张绣就是前面提到过的西凉军将领张济的侄子。张济死后，张绣全盘接收了他的地盘和人马，成为一方军阀。如果没有当初贾诩劝张济打回长安，张济即使不被王允追杀死掉，也会成为一介无权无势的平民，就不会有“遗产”给张绣了。

所以，贾诩是张绣的大恩人。

此时，曹操已经将汉献帝接到许县（许都），挟天子以令诸侯。曹操和张绣都盘踞在河南。卧榻之侧，岂容他人酣睡？张绣成为曹操的眼中钉、肉中刺。

建安二年(公元197年)，张绣在贾诩的建议下，屯兵宛城。同年正月，曹操前来讨伐张绣。张绣也很识时务，知道打不过曹操，便主动投降，还向曹操交出了宛城的指挥权。

但是，根据《三国志》的说法，曹操有占有有夫之妇的癖好，他抢占了张绣叔叔张济的寡嫂。另外，《傅子》中说曹操私下给了张绣的大将胡车儿很多金子，张绣害怕曹操利用胡车儿加害自己。

总之，曹操激怒了张绣。张绣决定跟曹操决一死战。

贾诩给张绣提出智取曹操的计谋。他让曹操把大军屯于大道上，贾诩把自己假意投降的军队驻扎在高坡之上。然后，张绣向曹操建议，说自己的运输车辆太少，应该让他的士兵把车子上的东西尽量带在身上，这样就可以减轻车的重量和数量。曹操没有多想就答应了，可能在他眼里张绣就是一介武夫，没什么好担心的。结果张绣一声令下，全副武装的张绣军，居高临下向曹军阵营冲杀。曹军没有丝毫戒备，被杀得措手不及。曹操也惊慌失措，无法组织起有效的防御，只好夺路而逃。

此一战，曹操虽然逃出生天，但是他损失极为惨重，自己的大儿子曹昂、侄子曹安民以及心腹大将典韦都战死。曹操肯定要报复。

接下来，曹操再打张绣的时候，因为袁绍在背后突袭许都，劫持天子，所以曹操不得已退兵。张绣看到曹操退兵想要追击，被贾诩劝阻，追则必败。张绣不听，果然战败。当张绣引败兵回来的时候，贾诩却告诉他现在可以追击，追击必胜，结果张绣听之果然战胜了曹操。

张绣百思不得其解，请教贾诩："刚才我们以精兵追退军，先生说必败，现在以败兵追胜军，先生又说必胜。这其中的玄机，我实在想不通。"

贾诩说，曹操撤退，必定亲自断后，所以将军必败。然而曹操攻打穰城，既无失策又未尽力，不战而退必是后方出了问题，打退追兵后也必定放心赶路，留在后面的人不是将军的对手，所以必胜。

要知道，贾诩当时并没有上帝视角，他说曹操退兵是因为后院起火，纯粹是通过敌人的行动而逻辑推导出来的结论。

贾诩，果然料事如神，算无遗策。

审时度势

官渡之战爆发前夕，袁绍和曹操都派出人员前去拉拢张绣投向自己这一方。按照常理，袁绍的实力远远超过曹操，胜算更大，张绣理应跟随袁绍。而且，张绣和曹操还有血海深仇。但是，贾诩却反其道而行之，劝张绣拒绝袁绍，选择曹操。为了断绝张绣的后路，贾诩还果断地当着袁绍来使的面撕碎了袁绍的来书。

张绣目瞪口呆，贾诩为他分析：其一，袁绍人多势众，曹操兵微将寡，自己这点人马在袁绍那微不足道，在曹操那就是雪中送炭，必被看重；其二，曹操有王霸之志，不会计较前嫌，反倒会借自己作为榜样，向天下人表示他的宽宏大度、以德服人；其三，曹操奉天子以令不臣，占据政治的合法性，投靠他“名正言顺”。

尽管张绣对投靠曹操心存恐惧，但还是听从了贾诩的话。果然，曹操不计前嫌——至少是表面上不计前嫌。张绣一到，曹操就像接待老朋友一样握手言欢、设宴洗尘，并任命他为扬武将军，封列侯，还让自己的儿子曹均娶张绣的女儿为妻，两人成了儿女亲家。对于曾经的仇恨曹操也只字不提，仿佛从来就没有发生过。

张绣成为曹操麾下一员勇武的战将，贾诩则被封为执金吾使，成为曹操身边的一个重要谋臣。

官渡之战拉开了帷幕，很快曹军军粮将尽，暴露出曹操综合实力不如袁绍的缺点。曹操便问计于贾诩。贾诩说：“公明胜绍，勇胜绍，用人胜绍，决机胜绍，有此四胜而半年不定者，但顾万全故也。必决其机，须臾可定也。”贾诩为曹操打了一剂强心针。

果然，后来袁绍阵营的许攸投曹献计，曹操突袭袁绍乌巢粮仓，致使袁绍溃败。曹操战胜后封贾诩为太中大夫。

赤壁之战前，贾诩认为应安抚百姓而不应劳师动众讨江东，曹操不听，结果受到严重的挫败。

后来，曹丕称帝后，问贾诩他应该是先征服蜀国，还是先征服吴国。贾诩说，你先别太着急，因为吴、蜀两国虽然面积不大，但是依阻山水，易守难攻。

> 刘备有雄才，诸葛亮善治国，孙权识虚实，陆逊见兵势，据险守要，泛舟江湖，皆难卒谋也。用兵之道，先胜后战，量敌论将，故举无遗策。臣窃料群臣，无备、权对，虽以天威临之，未见万全之势也。昔舜舞干戚而有苗服，臣以为当今宜先文后武。
>
> 《三国志 · 魏书 · 贾诩》

贾诩建议曹丕先稳定国内经济，安定人心，然后再对两国动武。曹丕不听劝阻，果然无功而返。

贾诩洞悉天下大事，能够审时度势，总是在关键时刻力挽狂澜，而不听他建议的人，基本都以失败告终。

明哲保身

易中天最欣赏的就是贾诩懂得明哲保身，让自己以七十七岁的高龄善终。

在三国乱世，能做到这一点非常不易。作为谋士，你必须懂得展示自己的聪明，不出手则已，一出手便一击中的；同时还要学会低调行事，尤其是不要让你的上司觉得你在卖弄聪明。

许攸就是一个典型的反面教材，他帮助曹操战胜袁绍后便自恃有功，开始飘飘然。某次宴席之上，许攸直呼曹操小名，说道："阿瞒啊，如果没有我，你是得不到冀州的，还可能被袁绍擒获。"曹操虽然表面上嬉笑，也赞同许攸的话，但是心里却非常不痛快。许攸还在邺城东门，对大街上的行人说曹操如果没有他，便无法从此门进。曹操是可忍孰不可忍，于是将许攸收押并杀死。

《三国演义》里的杨修也是如此，总是喜欢在众人面前秀智商，显示自己比主公更聪明。我们都知道有名的“一合酥”故事。有人为了巴结曹操，就派人从塞外送来了一盒酥，曹操看见了，就在盒子上写了三个字“一合酥”，结果杨修看到后就直接拿餐具分给大臣们，吃完还振振有词地说上面写的是“一人一口酥”。不知杨修这样抖机灵，到底是为了什么？

相比之下，贾诩只在曹操遇到关键问题时发声，提出行之有效的计谋，帮助曹操解决实际问题。例如，曹操在西征韩遂、马超时，写信问计于贾诩。贾诩建议离间韩、马二人，曹操依计施行，果然事半功倍。贾诩从来不在“一合酥”这种事情上显摆自己的聪明，因为这种行为除了会引起主公的厌恶，不会有任何的实际意义。

除了不抖机灵，贾诩还“阖门自守，退无私交，男女嫁娶，不结高门”，让曹操根本没有任何可猜疑的地方。

什么话该说，什么话不该说，贾诩心如明镜；什么事情该做，什么事情不该做，贾诩心知肚明。所以，他才能在残酷的夹缝中生存下来。早年间，他随机应变，多次逢凶化吉；后期，他又能急流勇退，明哲保身。所以陈寿评价说：“天下之论智计者归之。”

（文/徐飞）

曹操的“头号军师”郭奉孝，被谁神化了？

如果要评选文史类媒体最喜欢涉猎的领域，汉末三国必定可以跻身前三甲，以至于评点那个时代风云人物的文章如“雨后春笋、夺之不尽”。其中“中枪次数”最多的，恐怕要数那位英年早逝的曹操谋士——郭嘉。

在阴谋论者眼中，郭嘉是一手策划了刺杀孙策的幕后大佬。在一些年轻男女幻想的世界里，郭奉孝秘书则是曹阿瞒总裁的“挚爱”。更有好事者替古人编了一句“听着就特别有文化”的谶语：“郭嘉不死，卧龙不出。”

那么，正史的郭嘉到底是什么样的人？他又为曹操的霸业具体干了什么呢？

郭嘉的“私生粉”傅玄

客观地说，郭嘉在汉末三国的“话题圈”中能有今时今日的“热度”，离不开一个名为“傅玄”的粉丝。正是傅玄在其著作《傅子》中对郭嘉自始至终的全力“吹捧”，成功地让《三国志》里中规中矩的谋士郭嘉一跃成为兼具豪侠浪子及病娇才子气质于一身的完美天才。

在了解傅玄缘何如此吹捧郭嘉之前，我们不妨看看这位“郭粉”的个人履历。

傅玄，祖籍凉州北地郡泥阳县（今陕西铜川）。先祖据说是与张骞齐名的西汉外交家傅子介。傅玄的爷爷傅燮早年师从太尉刘宽，参与过对黄巾军的战斗，据说还生擒过几名渠帅，被任命为凉州汉阳郡太守。

中平四年（公元187年），凉州刺史耿鄙出兵讨伐盘踞金城郡的韩遂、边章所部叛军，却不料中途遭遇兵士哗变而被杀。身为军司马的马腾乘势纠集哗变兵马大举反扑。不愿与叛军同流合污的傅燮，在将儿子傅干送走之后，最终战死沙场。

年仅十三岁的傅干后来的境遇如何，世人不得而知。但是他再次出场时，竟是与杀父仇人马腾谈笑风生。建安七年（公元202年），兵败官渡的袁绍集团为了打开局面，派出高干、郭援率部进入河东地区，试图与马腾、韩遂结盟。

值此关键时刻，傅干出面“教育”马腾说：

> 曹公奉天子诛暴乱，法明国治，上下用命，有义必赏，无义必罚，可谓顺道矣。袁氏背王命，驱胡虏以陵中国，宽而多忌，仁而无断，兵虽强，实失天下心，可谓逆德矣。
>
> 《三国志·魏书·钟繇》

进而建议马腾“引兵讨（郭）援，内外击之”，以达到“断袁氏之臂，解一方之急”的目的。

虽然傅干的这些话语很有见地，但考虑到马腾匪帮向来不讲什么“江湖道义”，傅干能和马腾坐下来讲这么多大道理，即便不是他早年便“卖身从贼”，也至少和马腾有过多次的私下接触。

马腾最终听从了傅干的建议，派遣长子马超率领万余精兵突袭袁绍所部，并阵斩郭援，进而将自己绑在了曹操的战车上。建安十三年（公元208年），与韩遂“龃龉不断”的马腾离开了西凉，以卫尉的身份入居邺城。四年之后，由于留在西凉的马超与韩遂起兵谋逆，马腾全家被曹操诛杀。在这个过程中，傅干究竟是跟随马腾进入了汉帝国的政治中枢，还是留在了马超军中，史料中同样没有记载。但从结果来看，傅干似乎用自己的方式实现了为父报仇的夙愿。

再次出现在史料中时，傅干已经是曹操丞相府的参军了。或许是为了争取表现的机会，傅干非常喜欢发表各类高见。比如建安十八年（公元213年），刘备与刘璋反目、全面火并的消息传到邺城，曾经托庇于刘表的名士赵戬为了表明立场，故意贬损刘备。傅干当即站出来免费为刘备打了一波广告。

次年，曹操南征孙权，傅干又跳出来阻止，他认为“吴有长江之险，蜀有崇山之阻，难以威服，易以德怀”，所以主张曹操“按甲寝兵，息军养士”，通过怀柔方式“全威养德，以道制胜”。当时的曹操正踌躇满志，对于傅干的建议完全不予理会，而且直接把他调任仓曹属，让他管仓库去了。

或许是因为父亲傅干的郁郁不得志，傅玄的童年过得也不开心。《晋书》中甚至称其“少孤贫”，再加上史书上记载傅玄“性刚劲亮直，不能容人之短”，直到曹操死后，傅干才得以外放，并逐步升迁，当上了扶风郡的太守。凭借着父亲的荫庇，傅玄的仕途倒还算顺畅。成年之后便被征辟为著作郎，奉命参与撰集《魏书》。此后更借着司马氏篡魏的东风，外放为弘农太守并领典农校尉。司马炎正式登基后，傅玄被招到中枢，历任驸马都尉、御史中丞、太仆等职。虽然在咸宁四年（公元278年）傅玄因为倚老卖老，当着百官之面痛骂尚书而丢了官。但作为司马氏的从龙之臣，傅玄死后还是被追封为了清泉侯，其作品集更是广为传播。那么，这样的傅玄成为郭嘉的粉丝后，都为自己的偶像干了什么呢？

傅玄笔下的郭嘉与《三国志》中的郭嘉

由于年代久远，傅玄所著的皇皇几十万字的《傅子》，今天早已散佚，仅存有抄录的部分内容及其诗作的辑本。我们无法知晓裴松之大量引注于《三国志·魏书·郭嘉》的《傅子》段落的原文全貌究竟如何。

更令人玩味的是，作为曾经参与过《魏书》编撰的著作郎，傅玄为郭嘉所写下的文字，似乎并没有被官方史料所接受。那么，傅玄到底写了什么，以至于曾与他“商业互吹”的《魏书》主编王沈都看不下去了呢？

我们仔细对比《三国志·魏书·郭嘉》和《傅子》中有关郭嘉生平的内容便不难发现，傅玄讲述郭嘉生平时实在加入了太多溢美之词，比如《三国志·魏书·郭嘉》中对郭嘉早年的生平仅作“郭嘉字奉孝，颍川阳翟人也”。但是，傅玄却加上了“嘉少有远量。汉末天下将乱。自弱冠匿名迹，密交结英隽，不与俗接，故时人多莫知，惟识达者奇之”。

从傅玄与王沈对于郭嘉的两种描述中，很容易看出这两人对郭嘉截然不同的认知——王沈对郭嘉的描述是一个普通的介绍；而傅玄不但夸奖了郭嘉的能力，又讲述了郭嘉的远见和性格。

从王沈的立场上来看，王沈出身于太原王氏，是当时著名的世家大族，显然对于出身寒门的郭嘉并没有什么好感。相反，傅玄虽然出身官宦之家，却经历过人生的跌宕起伏，因此对于出身市井的郭嘉抱有相当的认同感。

而傅玄所说的“密交结英隽”这个论点，多少有点事后军师的意思了。傅玄显然是根据郭嘉加入曹操阵营之后的表现，想当然地做出了这样的描述。

郭嘉早年投奔袁绍，但因为不受重用而自行离去，建安元年（公元196年）经荀彧推荐才来到曹操帐下。对于这段历史，傅玄虽然没有发表异议，但很快却提出了一个“十胜十败”论。

按照傅玄的说法，郭嘉刚刚抵达曹操麾下，便为曹操分析了其在“道、义、治、度、谋、德、仁、明、文、武”这十个领域对袁绍的全面碾压。从现在人的角度看，跳槽之后狠踩前任领导、吹捧现在老板是职场的“常规操作”。与傅玄所记录的郭嘉版“十胜十败”相比，《三国志·魏书·荀彧》中同一时间也记录了荀彧为曹操描述与袁绍力量对比的“四胜四败”的分析。荀彧为曹操分析其在“度、谋、武、德”四个领域的优势时，特意强调了曹操最大的政治资本是手中的汉献帝。只要紧握这张牌，那么袁绍就不敢轻举妄动，所谓：“夫以四胜辅天子，扶义征伐，谁敢不从？绍之强其何能为！”

关于荀彧的“四胜四败”和郭嘉的“十胜十败”，究竟谁真谁伪，或谁抄袭谁的问题，貌似已经在史学界和三国爱好者中争论许久了。笔者试着从荀彧与郭嘉如何看待曹操的角度，来尝试分析一下这件事。

荀彧与郭嘉的身份有一个共同点，那就是他们都曾为袁绍效力，也都对袁绍的政治表现失望后转投曹操麾下。荀彧与郭嘉两个人的政治目标显然是一致的，都是要支持曹操战胜袁绍。

两人的区别在于，荀彧是坚定的汉室派。起码在建安二年（公元197年）时，他还是站在曹操是一名汉朝官僚的角度上来思考整个战略的。郭嘉则不同，他看待问题可能更加深刻一点。或者说，作为寒门出身的他，已经把曹操看作能争夺天下的独立势力，于是郭嘉提出的论点，更多的是关于曹操本身具备的有利条件。实际上，这时的曹操刚刚兵败宛城；而袁绍却升任了兼督冀、青、幽、并四州的大将军，处于绝对的上升期。此时，曹操不仅没有与袁绍对抗的实力，更没有与之撕破脸的勇气。因此曹操面对袁绍提出的人质要求，显然有着巨大的心理压力。相对于荀彧大而笼统的借势说，郭嘉更加强调的是曹操对于自身能力的信心。这对于曹操这样有雄才大略的人而言，显然更具有针对性。

有趣的是，按照傅玄的说法，曹操听了郭嘉的“十胜十败”论后的确老脸一红讪笑道：“如卿所言，孤何德以堪之也！”很显然，曹操已经从失败的阴霾中走了出来。

坚定了信心的曹操，在接受了荀彧和郭嘉提出的先东征吕布再与袁绍决一雌雄的战略部署后，再度踏上了赶赴徐州的征途。在将吕布围困于下邳之后，曹操因为担心与吕布同盟的袁术、张杨所部援军抵达，而一度想要撤军。关键时刻，荀彧的侄子荀攸与郭嘉一同向曹操进言，最终令曹老板下定决心“将战争进行到底”。

或许是为了突出郭嘉，傅玄在记录此事时并没有提到荀攸。但是《三国志·魏书》中提到，是荀攸和郭嘉共同说：“吕布勇而无谋，今三战皆北，其锐气衰矣。三军以将为主，主衰则军无奋意。夫陈宫有智而迟，今及布气之未复，宫谋之未定，进急攻之，布可拔也。”

而在傅玄的版本中，郭嘉所言：“昔项籍七十余战，未尝败北，一朝失势而身死国亡者，恃勇无谋故也。今布每战辄破，气衰力尽，内外失守。布之威力不及项籍，而困败过之，若乘胜攻之，此成禽也。”

这两番话的意思表面上来看没有什么区别，都是要曹操坚持继续进攻，一鼓作气消灭吕布。但是在傅玄的版本里，郭嘉是把曹操比作汉高祖刘邦的。楚汉之战的最后，是陈平在双方已经议和的情况下，提议刘邦主动叛盟，依靠着偷袭击败了项羽。曹操最后为了曹氏专权，确实也选择了这条路。

随着吕布的败亡，曹操将与之并肩作战的刘备带回了许昌，并试图将其笼络为自己的部下。而在曹操是否该收留刘备的这个问题上，傅玄对郭嘉的描述，又给后世添上了富有争议的一笔。

罗生门：傅玄笔下郭嘉对刘备的迥异态度及深层原因

其实在《三国志·魏书》中并没有提及郭嘉对曹操收留刘备的具体意见，但是由王沈编撰的《魏书》和傅玄的《傅子》中却出现了两段据说都出自郭嘉之口的说辞。虽然听着都很有道理，但出自同一人口中，还是有着自己打自己脸的尴尬。

《魏书》中的版本是，曹操准备向朝廷申请刘备为豫州牧时，曾有人提醒他：“（刘）备有英雄志，今不早图，后必为患。”曹操询问郭嘉的意见，郭嘉回答：“公提剑起义兵，为百姓除暴，推诚仗信以招俊杰，犹惧其未也。今（刘）备有英雄名，以穷归己而害之，是以害贤为名，则智士将自疑，回心择主，公谁与定天下？夫除一人之患，以沮四海之望，安危之机，不可不察！”

而在《傅子》中，提醒曹操“（刘）备有雄才而甚得众心。张飞、关羽者，皆万人之敌也，为之死用。嘉观之，备终不为人下，其谋未可测也”的人变成了郭嘉。反倒是曹操因为要“招怀英雄以明大信”，而最终没有采纳郭嘉“宜早为之所”的建议。

如果说，这样的矛盾只是不同作者对同一历史事件的不同理解倒也还好，可偏偏傅玄曾参与修撰《魏书》，傅玄写完《傅子》还让王沈评价了一番。两人既是同僚又是好友，在许多历史问题上或许都有过交流，为何最后还能出现完全相反的说法呢？

如果排除郭嘉真的是自己前后矛盾，这个问题唯一的解释，恐怕是傅玄有意借郭嘉之口为自己的父亲傅干正名。毕竟傅干在与赵戬争论时，曾经说过：“刘备宽仁有度，能得人死力。诸葛亮达治知变，正而有谋，而为之相；张飞、关羽勇而有义，皆万人之敌，而为之将；此三人者，皆人杰也。以备之略，三杰佐之，何为不济也？”

根据这个论断，警惕刘备反而更加符合郭嘉以往的表现。

有趣的是，对于今天被诸多“郭（嘉）粉”津津乐道的郭嘉预判孙策死亡一事，傅玄并没有在《三国志·魏书》的基础上做什么“锦上添花”的处理。当然，也可能是傅玄的说法过于玄乎而最终没有被出身江南的裴松之采纳。在这件事情上，裴松之较为少见地直接在批注中写道：“（郭）嘉料孙策轻佻，必死于匹夫之手，诚为明于见事。然自非上智，无以知其死在何年也。今正以袭许年死，此盖事之偶合。”

孙策之死这件事上，郭嘉表现出的判断力超出了所有人的想象，以至于后世将郭嘉比喻为“乌鸦嘴”。但是从当时的事态来看，作为曹操阵营首席谋士的郭嘉清楚分析了孙策的性格，能做到这一点，说明郭嘉掌握了孙策的详细情报。这主要是孙策在平定江东地区的过程中，采取高压政策使得并不心服的江东豪门，通过徐州这条线，源源不断地将各种情报传送给了郭嘉。更有可能的事实是，郭嘉通过这些情报，经过精密地分析，根据孙策的性格，联系江东势力，以许贡门客的名义发动了一次暗杀计划，成功地使孙氏集团不得不开始进入内部调整期，停止了北上的计划。

官渡之战后，郭嘉步入人生中的高光时刻。他先是准确分析了袁谭、袁尚两兄弟之间的矛盾，让曹操暂缓进军河北，以待袁氏兄弟反目。接着又力劝曹操远征乌丸，并采取抛弃辎重、轻骑突击的方式从卢龙出塞，打蹋顿单于一个措手不及。傅玄对此仍嫌不够，还刻意强调了曹操征辟青、冀、幽、并知名之士的做法也是出自郭嘉的谋略。这一系列的成功，直到郭嘉病逝，为后世塑造了一个算无遗策的高智商军师形象。

傅玄为什么要这样不遗余力地吹捧郭嘉呢？这一点或许要从《傅子》中郭嘉身后事的记述中寻找答案。

正确的时间，遇到了对的人：郭嘉成功人设的背后推手

建安十二年（公元207年）秋，本就体弱多病的郭嘉病逝于追击袁尚的途中。曹操对此深感痛惜，上表朝廷为其请功。这一点上《三国志·魏书》和《魏书》的记载虽主题相似，但行文大有出入。

《三国志·魏书》对郭嘉功绩的表述是："每有大议，临敌制变。臣策未决，嘉辄成之。平定天下，谋功为高。"《魏书》的记载则是："每有大议，发言盈庭，执中处理，动无遗策。"虽然都是溢美之词，但《魏书》版本显然认为郭嘉并没有达到"平定天下"的作用。

从能力角度而言，郭嘉对于曹操来说并不是不可或缺的。这从郭嘉死后曹操相继任命了董昭、袁涣、杜袭等人接任"军师祭

酒”一职就能看出来。其实真正让曹操感到惋惜的是，郭嘉一直以来将曹操视为将会取代汉朝的领袖。这一点从攻取南皮、斩杀袁谭之后，曹操“作鼓吹，自称万岁，于马上舞”就很能说明了，曹操本人在激烈的政治环境中对于自己定位有变化了。

等曹操再次公开提及郭嘉，已是赤壁大败之后的事情了。有趣的是，傅玄在曹操的那句“郭奉孝在，不使孤至此”的后面，还加上了“哀哉奉孝！痛哉奉孝！惜哉奉孝！”的三叹。傅玄又根据曹操写给荀彧的私人信件，记录了一件事：郭嘉早就知道南方疫病流行，曾建议曹操应该先征服荆州。傅玄以此又体现了郭嘉在曹氏阵营中的重要地位。

那么曹操为什么要这么重视郭嘉呢？这就要回到开头郭嘉投奔曹操说起。最初引荐郭嘉的是荀彧，曹操在最初接待时认为郭嘉与荀彧应该是一路人，但是接下来的发展，超出了曹操的想象。《三国志·魏书》中记载：

> 召见，论天下事。太祖曰：“使孤成大业者，必此人也。”嘉出，亦喜曰：“真吾主也。”

这两人的相互认知，显然达到了如鱼得水的地步。曹操应该不难看出郭嘉性格中存在着恃才放旷、不修边幅的缺陷。但是他依旧这么着急将郭嘉任命为重要的军师祭酒，原因可能有两方面。

首先，大批加入曹操麾下的颍川士人，已经影响到曹操阵营中政治力量的平衡。尽管郭嘉出自颍川，却是寒门人才。曹操很快就意识到自己完全可以扶植起一股完全依附在自己身上的寒门政治力量来平衡日渐强大颍川士人。其次，郭嘉的表现也相当不俗，多次在曹操犹豫的时候给出了最佳答案，并且每一次都是站在曹操的角度和利益上来做判断(“唯奉孝为能知孤意”)。

曹操在重要的辅佐继承人的问题上，都曾给荀彧写信道：“欲以后事属之。”显然，曹操认为郭嘉的才能和忠诚是足以托付自己后事的人。而能做到这一点的，也只有另一位名军师诸葛亮了。

只是，曹操和郭嘉两个人都没有料到的是，郭嘉会中年早逝。这让曹操原本扶植寒门的计划遭遇了重大挫折。

之后，曹操选择了同样年轻、具有才华的杨修。但是杨修显然并没有理解曹操的本意，依旧固执地为自己身后的世家弘农杨氏争取利益，插手曹操的继承人问题。这就触犯了曹操逆鳞，导致了杀身之祸。随着曹操总揽朝政的“霸府”体制的形成，为曹操总领府事的“丞相主簿”的政治影响力不断提升，之后加入的腹黑沉稳的司马朗、司马懿兄弟皆经由这一岗位飞黄腾达。

假如郭嘉不那么早病逝，在以他为首的魏国朝堂的寒门力量下，陈群的九品中正制可能就不会那么顺利地实施；司马兄弟也不会那么顺利地接近权力中心；轻易被世家豪门颠覆的曹魏政权也可能是另外一种结局。

（文／赵恺）

法正不死，便无三国

公元222年，蜀汉大军在夷陵之战中几乎全军覆没，诸葛亮感慨道：

> 法孝直若在，则能制主上，令不东行；就复东行，必不倾危矣。

法正，字孝直。法正是后期加入刘备集团的重要谋士，其深谋远虑，算无遗策，战略清晰，战术精明，堪称“鬼才”。正是在他的谋划下，刘备夺取了刘璋的益州，获得了安身立命的根据地；又是在他的谋划下，刘备夺取了曹操的汉中，获得了进军中原的前哨基地。可惜，法正于刘备占取汉中后的次年就去世了。

诸葛亮上面说的两句话，有两层含义：一是法正是唯一能说服刘备不冲动征讨东吴的人，可见法正与刘备二人的君臣之情；二是法正即使说服不了刘备，也会跟随刘备东征，为刘备随时出谋划策，刘备也不至于会被陆逊火烧连营七百里。由此可见，法正的战术水平非常高超。

有人甚至认为，法正不死，便无三国。那么，法正到底有多厉害？

渴望跳槽

诸葛亮在第一次见到刘备时，就给刘备规划好了夺取天下的战略，其中提到这么一句话：

> 刘璋暗弱，张鲁在北，民殷国富而不知存恤，智能之士思得明君。
>
> 《三国志 · 蜀书 · 诸葛亮》

刘璋，时任益州刺史，作为一方诸侯，他的性格的确“暗弱”。当初，他的父亲刘焉任益州牧，不久因病去世，临死前属意让他的三子刘瑁为继承人。但刘焉死后，益州权臣赵韪认为，刘焉的幼子刘璋，性格温仁软弱容易控制，于是上书推举他继掌益州刺史。朝廷因此同意刘璋成为益州牧。

这个“暗弱”的性格也有积极的一面，那就是刘璋没有逐鹿中原、一统天下的野心。他只想经营好自己的一亩三分田，对打仗毫无兴趣，这就使得益州百姓安居乐业，不必战死沙场，也不必缴纳过重的税。可以说，刘璋治下的益州，是东汉末年乱世中的一处世外桃源。

但是，诸葛亮还说了“智能之士思得明君”，这个“智能之士”，就是指刘璋政权内部自命不凡、渴望建功立业的官吏。刘璋是个守成之主，不是乱世枭雄，没法给这种人提供一展身手的机会。因此，他们更希望投靠到刘备麾下。

诸葛亮这句话也暗示了这种“智能之士”可能会作为刘备的内应，共同夺取刘璋的地盘。

果然，赤壁之战后，“智能之士”出现了，他们就是益州军议校尉法正和益州别驾张松。法正原是关中地区的扶风人，他的祖父法真是东汉末年的名士。巧合的是，法真号“玄德先生”，这似乎在冥冥中预示着法家后代与刘备的缘分。建安初年，天下饥荒，法正与好友孟达一起逃入益州避难，并依附刘璋。

但是，法正作为外来户，一直被当地的世家大族漠视，混了很多年才当上军议校尉这么个小官。只有益州别驾张松，跟他的关系比较好。两人认为，跟着刘璋这么干下去，肯定没有什么前途，应该另寻新主。

很快，他们就看中了规模虽小、但潜力巨大的刘备集团。建安十三年（公元208年），张松出使曹操后归来，劝刘璋与曹操绝交，并结交刘备。刘璋问：谁可以作为使者？张松举荐法正。刘备接见法正时，并没有因为他是一个小官就怠慢，而是“厚以恩意接纳，尽其殷勤之欢”。史书中记载，法正的性格是“一食之德，睚眦之怨，无不报复，擅杀毁伤己者数人”，即别人给他滴水之恩，他会涌泉相报，别人给他一点损害，他也要想方设法地报复。

刘备对他的款待，让法正感动得无以复加，回来后就向张松说刘备如何有雄才大略、如何有识人之明，是值得效命的英主。于是，两人达成共识，期望有朝一日能迎接刘备入主益州。

机会，很快就来了。

协助刘备夺取益州

赤壁之战后，曹操稍加整顿，恢复元气，准备征讨汉中张鲁。刘璋认为，曹操醉翁之意不在酒，进攻汉中，是为下一步夺取益州做准备。刘璋没有意志去抵抗曹操。这时，张松、法正建议他迎接同为汉室宗亲的刘备入益州，让刘备帮助自己抵抗曹操。焦虑之中的刘璋同意了这个方案。

法正衔命出使刘备，他表面宣告来意，暗地里向刘备献策：

> 以明将军之英才，乘刘牧之懦弱；张松，州之股肱，以响应于内；然后资益州之殷富，凭天府之险阻，以此成业，犹反掌也。
>
> 《三国志 · 蜀书 · 法正》

法正的话，正好符合诸葛亮的“隆中对战略”。实在是天赐良机，刘备欣然同意，留下诸葛亮、关羽、张飞和赵云等人防守荆州大本营，自己和庞统率领步卒数万人进入益州。从这件事上也能看出，刘璋确实不能成事，他居然不加思考，轻信部下之辞。

刘备入蜀后，请教法正、张松益州的地理事物、兵器、政府、仓库、人马多寡及各大军事要塞距离远近等，两人均加以详细解说，并绘制地图，提供山川地理资料给刘备。刘备因而掌握了益州的所有情报。

刘璋隐约觉得刘备有些不对劲，这时张松的兄弟、广汉太守张肃知道弟弟已经心向刘备、意图谋反，担心被连累，于是向刘璋检举，张松立即被刘璋斩首。

至此，刘备与刘璋终于刀兵相见。

刘备带领庞统和法正从葭萌一路南下，向成都进兵，势如破竹。刘璋谋士郑度进言，刘备孤军来袭，资源匮乏、民心不服，我们若将巴西、梓潼两郡的百姓西迁，将当地的粮食仓房全部烧了，再筑堡垒、掘壕沟，不跟他们正面对战，肯定能拖死刘备。

这个坚壁清野的战略，可以说切中了刘备军队的软肋。刘备听闻此事后，感到大事不妙，连忙询问法正，到底该怎么办？不料法正云淡风轻，告诉刘备完全不用担心，因为以他对刘璋的了解，刘璋是肯定不会采取这种战术的。

果然，刘璋说："吾闻拒敌以安民，未闻动民以避敌也。"并因此罢黜了郑度。由此可见，刘璋的确是个仁慈之主，他不忍心伤害平民百姓以此来达到自己的目的。就这样，刘璋放弃了反败为胜的希望。

其间，由于庞统在攻打雒城时不幸中箭身亡，法正成为刘备身边唯一智囊。法正写了一篇劝降信给刘璋，指出"雒下虽有万兵，皆坏陈之卒，破军之将，若欲争一旦之战，则兵将势力，实不相当"，为今之计，只有"可图变化，以保尊门"。刘璋虽然没有回信，但是这封信的确动摇了刘璋坚决抵抗的意志。

最后，刘备围攻成都，当时成都尚有精兵三万、可以支撑一年的钱粮，军民都主张死战，不过刘璋已经失去斗志。他说：

“父子在州二十余年，无恩德以加百姓。百姓攻战三年，肌膏草野者，以璋故也，何心能安！”最后，刘璋决定投降。刘备占领成都后，把刘璋迁至公安，并将财物归还于他，再佩振威将军印信，也算是有大将风度。

策动刘备夺取汉中

占有益州之后的刘备，从此奠定了三国鼎立的基础。法正，由于劳苦功高，被任命为蜀郡太守、扬武将军，“外统都畿，内为谋主”，完成了从小官吏到一方大员的逆袭。不仅如此，刘备还与法正建立了深厚的君臣之情，走哪儿都要带着他，例如，建安二十年（公元215年），孙权率军进攻荆州，刘备从益州紧急回援，当时随从的军师就是法正。

建安二十二年（公元217年），法正建议刘备主动出击曹操，夺取汉中。他的理由是，曹操平张鲁、定汉中，却没有乘势攻取巴蜀，只留下夏侯渊和张郃镇守汉中，必定是国内有其他忧患，此刻我军全力进攻，可以一举攻克汉中。大好时机，岂能错过！

> （克之）之日，广农积谷，观衅伺隙，上可以倾覆寇敌，尊奖王室，中可以蚕食雍、凉，广拓境土，下可以固守要害，为持久之计。
>
> 《三国志·蜀书·法正》

刘备一口答应。其实，刘备等蜀汉高层，都能看出夺取汉中对于蜀汉政权的重要性。刘备的另一位谋士黄权提出了类似的看法，而且时间要早于法正。有这种洞察力并不难，难的地方在于，如何说服主公。法正对于人的性格和心理的洞察超乎常人。他懂得如何制定正确的话术，以此来说服他人，达成自己的目的。他能准确预测刘璋不会坚壁清野，所以让刘备继续进军；他还能准确洞悉刘璋的心理弱点，所以写动情的投降信来瓦解刘璋的斗志。对于刘备，法正也是相同的思路。

历来只有曹操主动进攻刘备，想不到法正居然建议刘备主动进攻曹操。曹操估计做梦都想不到。

刘备此次进攻汉中，谋士主要是法正，武将主要是黄忠，二者都是后期加入的成员，老成员诸葛亮等人留在益州。建安二十四年（公元219年），法正让刘备主动放弃阳平关，南渡沔水，占据定军山的有利地形，成功吸引曹军主将夏侯渊前来争夺。法正看准时机，让刘备全军出击，黄忠率军居高而下，一举斩杀夏侯渊，击溃曹军。黄忠也因此一举成名。

此一战，刘备掌握了汉中之战的主动权，曹操已经无力改变被动的局面。同年，刘备占据汉中，自立为汉中王，至此，《隆中对》中“率益州之众出于秦川”的战略，总算有了实现的可能性。

汉中之战，法正与刘备的感情继续升温。裴松之在给《三国志》作的注中说，起初，战事并不顺利，其中一次战役，刘备亲赴战线，只见箭如雨下，诸将都认为该退兵，刘备倔脾气上来了，不肯后退。眼看没有人敢继续上谏，于是法正舍身挡在刘备身前。

刘备急忙说："孝直快去避箭！"

法正说："连主公都甘冒箭雨身先士卒，何况我呢？"

刘备只得说："孝直，我跟你一起撤退。"

法正给刘备当肉盾挡箭，既是他对刘备知遇之恩的真情流露，也是他所采取的一个策略。当刘备不肯听诸将劝退之时，法正知道自己正面劝谏也是毫无作用的，不如就利用刘备对自己爱护的心理帮他挡箭，让刘备为了保护自己而下令撤退。

这是法正又一次巧妙运用心理战术的案例。

遗憾的是，刘备在占领汉中的次年，法正就英年早逝了。刘备为他连日哭泣，定谥号"翼侯"，赞誉法正生前的深谋远虑。法正的去世，导致刘备失去了伴在身边出谋划策的高级智囊。诸葛亮虽然也足智多谋，但是他的能力主要体现在外交和内政之上，而且他也需要镇守后方，保持稳定，不宜随军出征。就这样，在关羽被吴军杀害之后，刘备狂怒之下倾举国之兵讨伐东吴。诸葛亮劝不住他，也没法陪同刘备出征。如果那时法正还在，他可能劝不住刘备的军事行动，但可以陪同刘备出征，在前线出谋划策，制定正确的战术。

诸葛亮曾说：

> 主公之在公安也，北畏曹公之强，东惮孙权之逼，近则惧孙夫人生变于肘腋之下；当斯之时，进退狼跋，法孝直为之辅翼，令翻然翱翔，不可复制。
>
> 《三国志 · 蜀书 · 法正》

可以看出，善于洞察人性、判断局势变动的法正，就是刘备翱翔的翅膀，而后来法正去世，刘备就仿佛翅膀折断，以至屡战屡败。

法正、刘备死后，蜀汉政权就只剩下一个诸葛亮，既管内政，又管北伐，苦苦支撑着蜀汉政权。然而，人才凋零、国力贫弱的蜀汉，毕竟独木难支。它的灭亡，只是时间的问题。

（文/徐飞）

武将的崛起

从黄巾起义到蜀汉落幕：谁能荣获“三国全勤奖”？

“苍天已死，黄天当立”，随着黄巾众人喊着口号跨州联郡、高举大旗，腐败日久的大汉王朝逐渐走向末路。

东汉末年，天下纷乱不已，但这乱世中，却是英雄豪杰辈出：人中翘楚的战神吕布、雄才大略的枭雄曹操、流芳百世的武圣关羽、鞠躬尽瘁的丞相孔明……这些人物如漫天星斗般装点在历史的长空之中，给我们带来了许多钦佩、唏嘘和感悟。不过，你可曾想过，三国时期的哪位著名人物见证了最多的历史事件，可以荣获“三国全勤奖”？

张郃：曾以巧变著称，直到膝盖中箭

如果说起亲眼见证整个三国兴衰史的著名人物，张郃必定榜上有名。按照《三国志》等相关文献的记载，张郃亲自参与的著名三国历史事件包括：揭开三国序幕的黄巾之乱、袁绍与公孙瓒争霸北方的易京之战、曹操击败袁绍的官渡之战、曹操亲征江东的赤壁之战、曹刘争夺汉中的汉中之战，以及瓦解了蜀汉第一次北伐的街亭之战……纵观张郃一生，直到他在太和五年（公元

231年）因“膝盖中箭”战死，可以说他几乎亲身参与了三国历史上绝大多数的大事件，可谓“三国全勤奖”的不二人选。

虽然在《三国演义》中，张郃自出场后就屡屡成为刘备麾下各大将领的“经验包”，如：战马超不到二十合便走，第一次战赵云只打了三十合便败退，甚至还在第二次与赵云在长坂坡交手时怯战而走，似乎缺乏武将之勇猛。然而，在正史《三国志》中的张郃并不是弱将，陈寿称赞张郃“郃识变数，善处营陈，料战势地形，无不如计，自诸葛亮皆惮之”，说明连诸葛亮都忌惮张郃三分，也从侧面说明了张郃作为统帅的领军能力。

与《三国演义》中张郃初次登场于官渡之战不同，在《三国志》中，张郃在黄巾之乱时就已崭露头角。据相关记载，张郃为河间郡鄚县（今河北任丘）人，在东汉末年，这里正是黄巾军作乱的重要地带。黄巾起事时，张郃官至军司马，统领河间州郡之兵，镇压黄巾叛乱。黄巾叛乱瓦解之后，张郃先投奔韩馥，在韩馥出让冀州后，又归于袁绍，参加了袁绍与公孙瓒在冀幽之间的争霸。在与公孙瓒的争霸战中，张郃表现居功至伟，在成功战胜公孙瓒后，被袁绍封为宁国中郎将（“张郃字儁乂，河间鄚人也。汉末应募讨黄巾，为军司马，属韩馥。馥败，以兵归袁绍。绍以郃为校尉，使拒公孙瓒。瓒破，郃功多，迁宁国中郎将”）。在河北平定黄巾与争霸冀、幽的过程中，张郃戎马倥偬，积累了不凡的作战经验，这为他日后投奔曹操，跟随曹魏历代君主南征北战，并最终使诸葛亮第一次北伐大计破产打下了坚实的基础。

根据《三国志》记载，官渡之战中，作为袁绍手下，当曹操采纳许攸之计夜袭乌巢时，张郃曾劝谏袁绍率大军回援乌巢，以解燃眉之急。然而，张郃的计策遭到郭图的反对，郭图力劝袁绍出重兵劫曹操大营。谁知曹操早有准备，派曹洪和荀攸在营中等待，导致袁绍大军无法攻破曹军大营，还失去了乌巢的粮草。乌巢之战作为官渡之战的转折点，扭转了曹操与袁绍之间的军力差距，也直接导致奉命攻打曹操大营的张郃归降曹操。

在张郃归降曹操之后，曹操对此大喜，认为这是“微子去殷、韩信归汉”(“太祖得郃甚喜，谓曰：‘昔子胥不早寤，自使身危，岂若微子去殷、韩信归汉邪？’”)。能被自己的敌人如此看重，张郃的能力可想而知。当然，在张郃归降之后，他的战绩也配得上曹操的赞誉：破袁谭、斩蹋顿、平乌桓、败马超、取汉中……直至在巴西败给张飞，张郃在曹魏的统军生涯算是一帆风顺，其战绩也算是辉煌。

要论张郃军旅生涯的高光时刻，还属街亭之战。太和二年(公元228年)，张郃辅佐的曹魏二世(曹操、曹丕)均已离世，曹叡主幼，诸葛亮在经历了先帝发丧、平定南蛮等一系列事件后，抓住机会积极北伐。这次北伐中，诸葛亮充分借鉴了刘邦袭定三秦时“明修栈道、暗度陈仓”的经验，首先命赵云、邓芝率军沿褒斜道北上佯攻祁县，成功迷惑了魏将曹真，使曹真率魏军主力迎战作为疑兵的赵云。就在曹真被赵云的疑兵牵制住时，诸葛亮亲率大军出祁山攻陇右，使得南安、天水、安定三郡望风而降，关中响震。曹叡在此情况下，给张郃加位特进，转为右将军，命令他在街亭阻挡诸葛亮部将马谡。

作为控制陇山道西侧一段的控制权的重要地带，街亭的战略地位毋庸置疑，若蜀汉胜，则可以完成诸葛亮北伐“纵跨凉益”的战略部署，从边境一点点蚕食曹魏；若曹魏胜，则刚降蜀汉的南安、天水、安定三郡便失去屏障，随时面对曹魏的猛攻。街亭之战中，张郃趁马谡扎营山上，断其水源，最终导致马谡大败，丢失街亭，曹魏收回南安、天水、安定三郡，诸葛亮退回汉中。毫无疑问，在诸葛亮北伐的历史上，第一次北伐极其重要，因为它首先体现了诸葛亮“纵跨凉益”的战略意图。在此背景下，张郃作为统帅，在街亭的获取大胜便显得至关重要，这也使他自己名垂青史，位列历代名将之中。

街亭之战后，张郃一直打到蜀汉第四次北伐，其间不仅三挫诸葛亮，还抽空到了荆州，一度准备南击孙权，可见张郃在曹魏军中的地位。然而，从黄巾之乱一直打到蜀汉四次北伐，“三国劳模”张郃也有休息的一天。太和五年（公元231年），司马懿命张郃追击北伐撤军的诸葛亮，谁知诸葛亮在途中设伏，于土门谷万箭齐发，导致张郃膝盖中箭，不幸阵亡。

若干年后，一款名为《上古卷轴：天际》的游戏中，出现了一名兢兢业业的门卫，当玩家与之对话，他会饶有趣味地说：“曾经我也是个冒险家，直到我的膝盖中了一箭。”这使得“膝盖中箭”一度成为网络流行语。虽然只是巧合，但三国名将张郃的军旅生涯也算是兢兢业业，这个“三国全勤奖”似乎非他莫属了。

廖化：曾以果烈著称，奈何大厦将倾

如果说在《三国志》中，曹魏名将张郃能够荣获“三国全勤奖”；那在《三国演义》中，用一生见证三国历史的人，则非蜀汉大将廖化莫属。虽然一句“蜀中无大将，廖化做先锋”的感叹在老百姓心里根深蒂固，但廖化的能力并不平庸。

《三国志》中，廖化出场于刘备借荆州之后，担任关羽军中主簿（“廖化字元俭，本名淳，襄阳人也。为前将军关羽主簿”）。既为主簿，加上《襄阳耆旧记》曾指明廖化出身沔南的豪门世族（“廖化，本名淳，中卢人也。世为沔南冠族”），可见廖化绝非草莽出身，而算是个“文化人”。

在《三国演义》中，廖化却被罗贯中描绘为黄巾出身，在黄巾之乱被平定后落草为寇。按照罗贯中的描述，在关羽“过五关、斩六将”的过程中，不慎将刘备的二位妻子丢失，导致二位嫂嫂被廖化的“同事”山贼杜远所获。当廖化得知杜远俘虏了刘备的二位妻子之后，建议杜远投奔刘备，但杜远不从，廖化索性杀了杜远，携二位嫂嫂来投关羽，但关羽却嫌弃廖化的黄巾出身，不愿收留他。直到刘备占据益州之后，廖化才成功加入了蜀汉阵营，开始了他在蜀汉的军旅生涯。

在蜀汉军中，廖化最为传奇的经历是从东吴诈死回国。在刘备成功取得益州后的建安二十四年（公元219年），关羽为配合刘备在汉中对曹操的作战，率荆州兵从南郡出发，直捣曹魏的战略要地襄阳和樊城，发动了襄樊之战，以期能够进一步配合刘备从汉中出兵，最终实现“隆中对”(“命一上将将荆州之军以向宛、洛，将军身率益州之众出于秦川”）的战略构想。

虽然在襄樊之战前期，关羽大败于禁于樊城，威震华夏，却因东吴吕蒙偷袭荆州而败走麦城，最终导致自己功败被杀。廖化也被俘，归入东吴。不过，在归于东吴之后，廖化却“身在东吴心在汉”，积极策划逃回蜀汉，以效忠汉室。最后，廖化在东吴成功诈死，带着自己的母亲，昼夜星驰回到了蜀汉（“羽败，属吴。思归先主，乃诈死，时人谓为信然，因携持老母昼夜西行”)。

从廖化诈死携老母出逃一事可以看出，廖化不仅性格忠毅，也秉承孝道。虽然《三国演义》对廖化的出身有所微词，却依然突出了廖化的忠义。在《三国演义》中，关羽被围后曾派廖化向刘封搬救兵，但刘封不救，廖化面对刘封“叩首出血，大恸告求”，令人读之落泪。总而言之，作为关羽的前军主簿，廖化不仅有君子之义，还能文能武，是蜀汉不可多得的将才。

也正因廖化的能力非同一般，在关羽战败襄樊、蜀汉人才逐步凋零后，他便扛起大任，不仅官拜丞相参军、广武都督、阴平太守，也多次随诸葛亮出征北伐，屡立战功。甚至在诸葛亮死后，廖化还跟从姜维北伐，又数次任先锋，以七十岁的迟暮之年抵挡曹魏的千军万马。

可惜的是，景耀六年(公元263年)，司马昭兴兵伐蜀，邓艾偷渡阴平，直捣成都，导致后主刘禅投降，蜀汉国除。在蜀汉灭国之后，心怀亡国之愤的廖化以八十多岁高龄病死于迁徙洛阳的途中，终结了自己“三国全勤”的一生（“咸熙元年春，化、预俱内徙洛阳，道病卒”）。

纵观三国人物，无论是《三国志》中的张郃，还是《三国演义》中的廖化，都不仅为自己的属国贡献了卓越才华，还见证了许多为后人津津乐道的历史事件。

“滚滚长江东逝水，浪花淘尽英雄”，张郃和廖化的履历，就像是大浪之中的那一抹白，为我们点亮了三国时代的独特魅力。

（文／王笑寒）

吕布：没杀过一个名将，为何还被称为三国“第一猛将”？

中国古代民间，流传着一段三国猛将谱：

一吕二赵三典韦，四关五马六张飞，黄许孙太两夏侯，二张徐庞甘周魏，神枪张绣与文颜，虽勇无奈命太悲。三国二十四名将，打末邓艾与姜维。

一吕，即吕布。可见在老百姓心中，吕布是三国时代独占鳌头的猛将，无人可以匹敌。而老百姓的这一认知，可能是受到《三国演义》的影响，毕竟在这部小说中，吕布曾以一人之力，大战刘备、关羽、张飞三人。关羽和张飞的武力值是何等“恐怖”，这三人加起来居然只能跟吕布打个平手，可见吕布的骁勇善战，不愧为“人中吕布，马中赤兔”。

然而，在正史中，吕布从未杀过一个有名的大将。他一生的战绩，只是在虎牢关之战中，“战无五合”斩杀河内名将方悦，“手起一戟”将穆顺挑于马下，再“十数合”重伤锤将武安国；后来在徐州之战中，“战不三合”刺伤了袁术麾下大将李丰的手。总共斩二伤二，无生擒。

既然如此，他为何被称为第一猛将？

天下第一的武力值

吕布虽战绩平平，但是他的武力值堪称变态级别。

“三英战吕布”是演义小说中的情节，但吕布确实同时大战过关羽和张飞。关、张二人联手，“战到三十合，战不倒吕布”。

在濮阳城下，吕布又一次同时对战曹操麾下最强悍的两员猛将——许褚和典韦，此二人联手也不是吕布对手，最后迫使曹军六将围攻，吕布方才退走。

关羽、张飞、许褚、典韦这四人都是三国时代的顶级武将，威名赫赫。然而，他们在吕布面前，一个人单打独斗根本就没有胜算。

我们再拿一个参照人物——袁术麾下猛将纪灵，来衡量吕布的武力。盱眙之战，关羽与纪灵阵前厮杀，“一连三十合，不分胜负”，纪灵气力不继，大叫稍歇；徐州之战，张飞与纪灵交手，“斗无十合”，张飞大喝一声，挺矛将纪灵刺于马下；而在辕门射戟宴席上，吕布揪住欲走的纪灵的脖领，凌空拎回帐中，“如提童稚”。也就是说，能跟关羽、张飞厮杀数十回合的猛将，在吕布面前就像是一个毫无反抗之力的小孩子。

除了近身厮杀，吕布还擅长射箭。《三国志·魏书·吕布》称其“便弓马，膂（lǚ）力过人，号为飞将”。那么，他的“膂力”到底如何过人？

《三国志·魏书·张邈》里记载了这样一件事：

> 布令门候于营门中举一只戟，布言：“诸君观布射戟小支，一发中者诸君当解去，不中可留决斗。”布举弓射戟，正中小支。诸将皆惊，言“将军天威也”！明日复欢会，然后各罢。

这就是大家耳熟能详的“辕门射戟”，这种百步穿杨的能力，在整个三国世代，屈指可数。

一人能同时对峙关羽、张飞，说明近战能力恐怖；射箭百步穿杨，说明远距离攻击能力也首屈一指。由此可见，吕布的武力之强，还真不是《三国演义》吹出来的。

《三国演义》里唯一对吕布的吹嘘，可能就是他的颜值。书中描写他身高一丈、腰大十围、眉清目秀，持方天画戟、骑赤兔马，头戴三叉束发紫金冠、体挂西川红锦百花袍、身披兽面吞头连环铠、腰系勒甲玲珑狮蛮带，弓箭随身，帅得一塌糊涂。然而在《三国志》中，陈寿却没有提到吕布的长相，这说明吕布可能就是普通人相貌，没必要刻意提及。

恰到好处的政治心机

论武力值，吕布毫无疑问首屈一指，但若想成为一个真正的猛将，还要会排兵布阵、统帅三军，否则就仅是武夫而已。

《三国演义》里虽夸耀吕布的武力值和颜值，但却把他描写成一个智商明显偏低的粗人，干什么事都不过脑子。然而，这不是历史事实。

裴松之注《英雄记》中说，吕布出身普通家庭，“本出自寒家，为人粗略，有武勇，善骑射”，只是以勇武被推荐当官的。“以骁武给并州。刺史丁原为骑都尉，屯河内，以布为主簿，大见亲待。”(《三国志·魏书·吕布》)吕布在并州给刺史丁原当主簿，能当文官说明吕布并非只会打打杀杀。而且吕布还跟长官丁原关系处得不错，说明其待人接物、察言观色的情商也不低。所以，吕布并非粗陋、没文化的武人。

汉灵帝死后，吕布随丁原到京都洛阳，参与了诛杀宦官的行动。当时，并州牧董卓率凉州兵进驻洛阳欲篡权，而丁原是其最忌怕的力量。董卓于是暗中派人以高官厚禄收买吕布，刺杀丁原。吕布立即“斩原首诣卓”，丁原所部被董卓吞并。吕布以老上司的性命，换来了骑都尉的官职，又拜董卓为义父。

董卓对吕布十分信任，很快将他提为中郎将，封为都亭侯。然而好景不长，董卓为人“性刚而褊，忿不思难”。一次，吕布不知怎么惹恼了董卓，董竟操起铁戟向吕布刺去，若不是吕布躲得快，差点死于非命。吕布由此对董怀恨在心。

吕布利用值事中阁之便，和董卓宠爱的一个侍婢勾搭成奸。恰好此时司徒王允正密谋刺杀董卓，便利用吕布“忧死不暇”的心理，拉他为同党。随后，吕布乘董卓上朝之时将其杀死。王允以吕布为奋威将军，封温侯。这段历史，后来被演义成了吕布和貂蝉的爱情故事。

跳出“背叛”的观察角度，我们会发现，吕布的反水时机都恰到好处，为自己获得了巨大的名利。他从执金吾被提升到中郎将封都亭侯，杀了董卓又升到奋威将军，还能“假节，仪比三司，进封温侯，共秉朝政”，成为冉冉升起的政治明星。而且，杀了董卓，他还拥有匡辅汉室的功劳，个人声望达到顶峰，隐然有后来曹操“挟天子以令诸侯”的气象。

由此可见，吕布是有政治心机的，懂得如何为自己谋取最大的利益。当然，在谋略和判断上，他无法与诸葛亮、郭嘉等人相提并论，但是他的心智水平，也绝不会像《三国演义》里的那样任人利用。

强悍的统兵作战能力

吕布杀掉董卓后，害怕并厌恶凉州人，凉州人也都怨恨他。因此董卓的部下李傕等人纠合一处，回军进攻长安。吕布抵挡不住，使得李傕等攻入长安。吕布不得不率领数百名骑兵逃出武关，准备投奔袁术。他带着数百人，在逃跑路上：

> 绍与布击张燕于常山。燕精兵万余，骑数千。布常御良马……与其健将成廉、魏越等数十骑驰突燕阵……连战十余日，遂破燕军。
>
> 《后汉书 · 吕布》

吕布就这么点人马，把几万人的黑山贼给剿灭了，可见“飞将”的名号，不是浪得虚名，其统兵作战能力算得上上乘水平。

再来看吕布与曹操的濮阳之战。曹操进入濮阳城，吕布很快找到了突破点——号称“精锐”的“青州兵”。所谓“精锐”是相对于黄巾军而言，本质上还是黄巾军出身，缺乏战斗力，也缺乏战斗意志。吕布用骑兵冲击曹操阵中的“青州兵”，果然扰乱了曹操的军阵。这次濮阳之战，以曹操失败告终。

正因如此，即使吕布后来被曹操所擒，也豪言“明公之所患不过于布，今已服矣。令布将骑，明公将步，天下不足定也”。

当时，曹操都心动了，不忍心杀他。曹操是何等精明之人，吕布如果是夸大其词，曹操不可能不知道。而吕布的骑兵统帅能力的确是高水平，所以连曹操这样麾下猛将如云的人都对他爱惜不止。最后还是刘备提醒曹操说：“不可，明公不见吕布事丁建阳、董太师乎？”曹操点头称是，这才狠下心将吕布缢死，永绝后患。

除了统领骑兵作战的能力，吕布也会使用计谋。

仍以濮阳之战为例，曹操进攻濮阳，吕布出兵迎战。曹操出师不利被击败，而且此后几次交锋均遭挫败。濮阳城中，有大户田氏向曹操诈降，曹操不知是计，进入濮阳城，结果被吕布军队包围。在北门，吕布引兵冲杀过来，迎面碰见曹操，却不认得他，问道：“曹操何在？”曹操连忙回答：“骑黄马者是也。”以此免于被俘，被大将典韦从东门救走。

还有一例，吕布投奔刘备后，有一次，刘备向东攻打袁术，吕布乘机袭取了刘备的驻地下邳。刘备回军后只得憋气归附吕布，吕布命刘备驻扎小沛，自称徐州刺史。袁术派遣将领纪灵等人率领步骑兵三万人进攻刘备，刘备向吕布求救。吕布手下众将对他说：“将军您总想杀掉刘备，现在可以借袁术之手来实现。”吕布说：“不对。袁术如果击败刘备，就会北向联合泰山郡的诸将，那我们就处于袁术的包围圈中，不能不救刘备。”便集结步兵一千、骑兵二百人，火速赶往小沛去救刘备。由此可知，吕布深知唇亡齿寒的道理，在战略上有一定的远见。

纪灵等人听说吕布率军来到，尽皆收兵不敢再攻。吕布在小沛西南一里的地方安营扎寨，派传令兵去请纪灵等人见面，纪灵也回请吕布一起饮宴。吕布对纪灵等人说：“刘玄德，是我的弟弟。我弟弟被各位围困，所以我赶来救他。我生性不喜欢撺掇别人斗争，只喜欢排解争斗。”于是，便有了吕布“辕门射戟”，然后各自罢兵返回。

吕布用“辕门射戟”，成功化解了纪灵与刘备之间的战事。他兵不血刃地达到了自己的目的，又成功威慑了纪灵与刘备双方，提高了自己的威武形象，可谓一箭双雕。蔡东藩曾评价：“一箭能销两造兵，温侯也善解纷争；辕门射戟传佳话，如听当年嚆矢声。”

可见，吕布既有统领骑兵作战的能力，也有一定的战术技巧。《三国演义》为了突出前期的大主角曹操与刘备，对吕布在武力上极尽吹捧、谋略上却有所贬低，并不完全符合历史事实。

“无头苍蝇”的悲剧

不过，吕布的能力也就这个水平了。他虽有战术谋略，却没有战略规划，只能凭借自己的勇武和作战经验，投身于一场场具体的战斗中。归根结底，源于他根本没有一个清晰的奋斗目标。

我们来看刘备，他从编草鞋时期，就已有匡辅汉室的志向。《三国志·蜀书·诸葛亮》中记载：

> 汉室倾颓，奸臣窃命，主上蒙尘。孤不度德量力，欲信大义于天下，而智术浅短，遂用猖（獗），至于今日。然志犹未已，君谓计将安出？

尽管刘备一直流浪，但他的目标非常清晰，知道自己要什么，不要什么。刘备曾投靠曹操，后来则跳出来攻打于他有恩的曹操，却没有人骂刘备反复无常，因为大家都知道他的路线从未改变。

反观吕布，他一直没找到自己的长远目标，更多地执着个人成绩的得失。他的每次反叛，看的都是眼前利益，而非长远布局。董卓垮台后，吕布创业的七年，就像只无头苍蝇，不知道在忙些什么。当曹操的老朋友张邈反叛曹操时，张邈找吕布联手，吕布二话不说就答应了；这波突如其来的攻势，让曹操猝不及防，吕布占据濮阳，各个郡县群起响应，对曹操造成了很大的伤害。曹操重整兵马，击退吕布，吕布暂时投靠徐州刘备。但没多久，吕布又发挥了“背刺”技能，发兵偷袭刘备的下邳城。他先投奔刘备，却两度把刘备打败：第一次，刘备向吕布求和；第二次，刘备带军投奔曹操。于是，曹操带上更强大的阵容来打吕布，最终包围下邳城，活捉吕布，将吕布缢死枭首。

吕布对外征战缺乏明确的方向，对内又没有真正的头领风范，他虽然想得到大家的尊敬，但所作所为却不是那么一回事。吕布疑心重。他有一个很厉害的谋士陈宫，徐州一战，陈宫帮助吕布从刘备手里夺取徐州，并指挥军队大破张飞，俘虏刘备的妻妾儿女及其部曲的家眷。不料有一天，吕布部将、河内人郝萌在袁术的怂恿下发动叛乱。据其部将曹性所言，其同盟还有陈宫，吕布自此不再相信陈宫。

建安三年（公元198年），曹操大军攻打吕布于下邳城。此时吕布欲投降，陈宫劝阻，认为曹操远道而来，其局势不能持久，吕布如果用步兵和骑兵驻守城外，自己率领其余人马关城门把守。曹操如果向吕布进攻，自己就带领部队从后面进攻曹军；要是曹操只是攻城，吕布就从外面救援。用不了一个月，曹军粮食全部用尽，发起进攻就可以打败曹操。

尽管陈宫的计策可行性很高，但吕布对陈宫不信任，转而求救于袁术。此战期间吕布虽勇猛，却心胸狭隘多猜忌，不听陈宫建议，导致每战多败。吕布军中也因此军心不稳，最终部下反叛，缚了陈宫投降，吕布失去谋士，最终投降被缢杀。

没有争夺天下的野心，又不甘心寻明主忠心扶持，“第一猛将”吕布终究迷失在英雄辈出的三国时代，成为真正英雄崛起的一块光鲜的“垫脚石”。

（文/柏舟）

关羽："武圣"神话背后的历史

提及三国时代的武将群体，蜀汉的"关张赵马黄"五虎将组合，可能是最先被大家想到的。

一般认为，"五虎将"最早出现在宋元的讲史评话中，《三国志平话》卷下有一个小标题就是"皇叔封五虎将"。此后，宋元杂剧中也频频出现"五虎将"。到了明代，小说《三国演义》正式提出"五虎将"的组合，并将这个概念深入人心。

"五虎将"的变迁

当然，"五虎将"也不是无中生有。魏晋史学家陈寿在编撰《三国志》时，便将关羽、张飞、马超、黄忠、赵云合列一传《三国志卷三十六·蜀书六·关张马黄赵传》，次于《诸葛亮传》。将五人相提并论的同时，陈寿又做了进一步的评论："关羽、张飞皆称万人之敌，为世虎臣……马超阻戎负勇……黄忠、赵云强挚壮猛，并作爪牙。"在陈寿这个曾担任蜀汉卫将军主簿、观阁令史的人看来，这五个人在能力和军功上，属于蜀汉方面的最强阵容。

正是陈寿的定位与认可，给予了后世文艺创作者灵感，将这五位蜀汉大将，打造成了一个流传千古的文化大IP。当然，这和“五虎将”鲜明的个人形象与武略传奇是分不开的。关羽于万军中刺颜良，斩首而还，军围襄樊，擒于禁杀庞德，威震华夏；张飞当阳桥断后，入川义释严颜，巴西大败张郃，与关羽并称“万人敌”；马超大战潼关，险些击杀曹操；黄忠老当益壮，阵斩夏侯渊；赵云长坂救主，汉水空营寡胜众……这些身为武将的高光时刻与英雄壮举，经过相关文艺作品的传播，为国人所熟知。要知道，蜀汉因为国小力弱，不太重视治史，加之相对位置偏僻，文献资料难以搜集。陈寿对其就有过吐槽：“国不置史，注记无官，是以行事多遗，灾异靡书。”我们所能知道的“五虎将”的高光时刻，只是他们武勇人生的一些片段。他们可能还有很多事迹，但都已经被淹没于历史的尘埃中，永远无法为人知了。

旌旗猎猎，战鼓震天，两军对峙于白马，曹操与袁绍的决战拉开了序幕。

袁绍麾下上将颜良横刀立马，曹营将领宋宪绰枪上阵，战不三合便被颜良斩于马下。此时又一将领魏续拍马出阵迎战，没想到仅一回合便被颜良阵斩，曹操大惊，问诸将：“今谁敢当之？”大将徐晃应声而出，与颜良大战二十回合，最终不敌，败归本阵。

回营后，曹操为此忧心忡忡，在谋士程昱的劝说下，决定起用新到曹营不久的关羽。关羽得令后，手提青龙刀，登上赤兔马，引数人飞驰白马前线出阵。

> 是日，颜良绣袍金甲坐于麾盖之下，士气高涨，旗帜鲜明，刀枪森布。关云长倒提青龙偃月刀，凤目圆睁，直入敌阵，未及等颜良反应，关羽已飞至身前，手起一刀便将颜良刺于马下；忽地下马，割了颜良首级；飞身上马，如入无人之境。袁绍军惊慌失措，死伤无数；而关羽则以万军之中取上将首级之勇，一举挽回了曹军颓势。

这是《三国演义》中广为人知的又一经典情节，它是根据史书《三国志·蜀书·关张马黄赵传》的记载改编的。那么在历史上这一幕是否经得起推敲呢？

首先，颜良与曹军诸将单挑的情景不太可能出现。汉末三国是骑兵战争兴起的时代，并非像《三国演义》中描写的那样——阵前两名大将单挑，士兵都成了观众，而将领决斗的胜负往往标志着战争的结局。其次，历史上的关羽也不可能装备青龙偃月刀。正史中没有记载关羽使用何种武器，但记载了他杀颜良之时先将其刺于马下，又斩其首还。综合东汉时的兵器，马上多用矛与戟，能刺死敌将的可能是矛，也可能是卜字戟，至于“斩其首还”，环首刀或是汉剑都能做到。再次，东汉末年的颜良也不可能是“绣袍金甲”之形象，这种绣袍加甲胄穿搭法明显是宋明之风。最后，宋宪、魏续本是吕布的降将，吕布死后，正史中再无关于两人的记载，而演义中则安排他们给颜良的大刀打牙祭。

实际上，“关公斩颜良”已经是《三国演义》中比较符合史实的一节，但细究之下仍然能看出小说与历史存在的差异之大。关公文化兴盛的另一面，是关羽的历史形象越来越模糊，唯有拨开演义与神话之迷雾，方能还原那个驰骋于汉末沙场上的勇将关云长。

三大历史谜团

关羽的历史形象充满了谜团与争议，主要由于史书中对关羽的记载太少，就以陈寿的《三国志》为例，关羽没有独立传记，而是与张飞、马超、黄忠、赵云合传，全文不过千字左右，甚至不如法正等“演义配角”的记载详细。人物名气与史料不对等必然生出众多谜团，比如关羽的出身。

陈寿的《三国志》中对于关羽出身与早年经历只用一句话带过，“关羽字云长，本字长生，河东解人也。亡命奔涿郡”。这里得到两个确切信息：首先，关羽原来的表字是长生，后改字云长。其次，关羽是河东郡解县（今山西运城）人。同时也留下了三个历史谜团。

第一，关羽因何亡命到涿郡没有被提及，这给日后的艺术创作留下了充分的空间。元代讲史话本《三国志平话》中，关羽疾恶如仇，见县官贪财好贿、酷害百姓，怒而杀之。元人杂剧《刘关张桃园三结义》中，则说关羽家乡有个叫臧一贵的州官要起兵造反，忠于汉室的关羽听说后拔剑杀之。这样一来，关羽亡命的原因就从为民除害提高到了忠君报国。但到了罗贯中《三国志通俗演义》中，这个故事又有了变化。只是借关羽之口含糊地说

"因本处豪霸仗势欺人，关某杀之，逃难江湖五六年矣"。

第二，关羽的出身，这同样是一个无史可查的悬案。后世的关公文化形成后，无数文人墨客乐此不疲地去考证关羽的家世，最后竟然还真"考证"出一个脉络。首先，关公的始祖就很牛，是夏代的忠直大臣关龙逢；其次，关羽祖父关审，字问之；关羽父亲关毅，字道远。别的不说，就看这"问之"（出自《中庸》"博学之，审问之"）和"道远"（出自《论语》"士不可不弘毅，任重而道远"），都带有浓浓的儒家色彩。人们极力地将关羽打造成书香儒学世家的出身，但也正因用力过猛，反而有明显的明清儒学的痕迹，完全不像汉代人物，其可信度不言而喻。

第三，关羽的年龄。《三国志》只记载了关羽卒年，而无生年。可是伟大的"武圣"怎么能生年不详呢？在崇拜情结与好奇心的双重影响下，元、明、清三代都不乏对关羽生年进行考证的学者。其中影响最大的当属生活于明末清初的文人宋荦。据其笔记《筠廊偶笔》中的记载，他说清康熙十七年（公元1678年），有人在关羽家乡解州的塔庙附近发现关羽祖先的墓砖，关羽祖父关问之和父亲关道远之说就是由此而来。此外，他还说墓砖上记载了关毅于东汉桓帝延熹三年（公元160年）生关羽，关羽又娶妻胡氏，生关平。如果按照这个说法，关羽比刘备还大一岁。现在山西省运城市常平村关帝家庙内立有一块《前将军关壮穆侯祖墓碑铭》，记其生于"桓帝延熹三年（公元160年）六月二十四日"，这块碑立于康熙十九年（公元1680年），很可能与宋荦笔记中所谓墓砖有关。但最大的问题是没有人真正见过这块墓砖究竟长啥样，是真，是伪，甚至是否存在，都无定论。

除了这块神秘墓砖，还有明崇祯二年（公元1629年）在石磐沟关羽坟茔所立的《建关圣常平村祖茔祀田碑记》和清乾隆二十一年（公元1756年）编修的《解梁关帝志》中，均把关羽出身日期定为桓帝延熹三年（公元160年）六月二十二日。而在时间更早一些的元代，巴郡隐士胡琦在《关王事迹》中把关羽生年定为延熹二年（公元159年），这就比刘备大了两岁。但这些对于关羽生年及家世之考证的东西都有两大特征：第一，资料多出自民间传说，并无真正的存世文物可印证；第二，虽然有大量学者参与其中，但这些论述基本集中在关公文化兴盛之后的元、明、清三代，距离关羽生活的时代已非常遥远。

抛开千年后的种种说法，关羽早年经历有一点是可信的——他的确因故背井离乡，亡命江湖。这从侧面透露出一个极为重要的信息——在门阀政治兴盛、士族政治笼罩的东汉时期，关羽的出身没有任何优势可言，而这个底色对其一生的轨迹都产生了深远的影响。

“降汉不降曹”之悖论

关羽从老家河东流亡到涿郡（今河北涿州）后，遇到了正在招兵买马的刘备，遂加入了这个新生团体。这是其一生最大的转折点。与关羽一同加入的还有张飞。他们三人形成了最早的“涿郡小集团”。

虽然刘、关、张“桃园三结义”的故事纯属虚构，但《三国志》中的确记载刘备与关羽、张飞二人“寝则同床，恩若兄弟”。不过《三国志》中也说关、张“而稠人广坐，侍立终日”，公开场合还是很讲君臣礼仪的。前者表现刘、关、张情谊深厚，宛如兄弟；后者则强调他们的君臣关系，而非单纯的兄弟情义。这才是核心。

演义中刘、关、张桃园三结义后即迎来初阵，黄巾大将程远志成为关羽战场上的第一个刀下鬼，随后他又在讨伐董卓的战争中留下“温酒斩华雄”“三英战吕布”等著名典故。这些人尽皆知的故事只是小说家言，史书上并无程远志其人，而董卓帐下的都督华雄也是被孙坚所杀。不过关羽跟随刘备参与破黄巾、讨董卓诸役，不避艰险确是史实。讨董联军失利后，刘备投效公孙瓒麾下，很快因功被任平原相。关羽、张飞也一同被任命为别部司马，开始统领郡属军队。可以说直到此时，“涿郡小集团”才真正拥有了一支名正言顺的武装力量，但集团核心仍是草创时期的刘、关、张三人。

此后的徐州风云、下邳争夺、广陵讨袁、曹吕战争等诸役，跟随刘备的关羽无战不与。对于关羽而言，他没有显赫的家世出身，既非豪门望族，甚至连寒门士族都算不上，遇见刘备之前，只是一名浪迹江湖的游侠（或者说逃犯），加入涿郡集团给了他改变命运的机会。关羽对于刘备，的确也有“士为知己者死”之情怀。这应该是关羽日后对刘备所表现出常人所不能及之忠义的基础。

正史中的关羽忠不忠？的确忠，但这个忠是忠于主公刘备。

后世演义中，关羽的忠上升到了对汉室的忠，而当时汉室的代表是汉献帝。

在演义里“许田围猎”一节中，关羽见曹操欺凌汉献帝，怒从心起，欲杀曹操，被刘备劝阻。这个故事在正史中的确存在。一次曹操与刘、关、张三人打猎，众人散去后，关羽劝刘备乘机杀掉曹操，刘备没有同意。后来刘备在荆州惨败，被曹操追赶逃至夏口狼狈不堪之时，关羽还因此事抱怨刘备，说当初若杀曹操，定不会有今日之败。但是，历史上的“许田射猎”全程没有汉献帝的参与，故而关公见汉献帝被欺而怒也就无从说起。

那么，关羽劝刘备杀掉曹操的原因是什么呢？主要有两种观点。一种观点是，出于私怨。在曹操与吕布决战时，关羽向曹操提出过一个请求，说吕布的部将秦宜禄的前妻杜氏居住在下邳城中，待破吕布之后，希望可以迎娶杜夫人，曹操也爽快答应了。可后来关羽不放心，破城之时又三番五次去和曹操强调此事，这就引起曹操的注意，怀疑这个杜夫人是个大美人。城破后，曹操派人去打探，发现杜夫人果然美貌，正中好夺人妻的曹操之口味，于是“乃自纳之”。不久后关羽听闻此事，又羞又愤，对曹操怨恨不问自明。当然，没有直接证据表明关羽劝刘备杀曹操是因为这一段旧怨。而更具可能性的另一种观点是，因为刘、关、张关系原本较为亲密，关羽对刘备不甘久居曹操之下的心理必然甚为了解，同时也清楚日后叛曹，曹操必然是个非常难以应付的敌人，故而献计，请主公早除后患。

建安五年（公元200年），刘备以讨伐袁术为借口率部脱离曹操的控制，并袭杀徐州刺史车胄，公开反曹。没想到正要与袁绍展开决战的曹操不惜亲自率兵东征，一举攻破刘备。守卫下邳并代行徐州太守一职的关羽深陷重围，最终兵败投降。在《三国志》中关于关羽下邳兵败的细节，多处均为被曹操所擒，只有《后汉书·武帝纪》中直接写出了关羽投降。

关公文化兴盛后，各种平话、演义为了体现关羽对汉室的忠贞，设定了“土城三约”这一桥段，其中最有名的便是“降汉不降曹”。然而仔细推敲，这五个字却有极大的漏洞。“降汉”所指的是汉献帝，如果说关羽本身就忠于献帝，但又何以用“降”字？更进一步说，难道“降汉”之前刘备集团与汉献帝是敌对关系吗？因此，这是后世小说家们在极力表现关羽的忠贞，为其“降曹”这段经历做了一个强行的“洗白”，甚至在“许田围猎”等情节中添加了关羽为汉献帝抱不平的情节作为铺垫。但毕竟历史上的关羽之“忠”只是忠于刘备而非汉献帝，故而无论如何附会都很难自圆其说。所谓“降汉不降曹”本身就是个悖论。

义士的“神勇”与“忠义”

关羽在许都的确受到曹操青睐。但后世在演义过程中，把曹操对关羽的器重极大地夸张了。为了招纳这位勇将，从“土城三约”开始，曹操就一味迁就关羽，此后又是赠予重金、美人，又是送赤兔马。事实上关羽刚到曹营时，只是被拜为偏将军，属于将军中较低的职位。尽管曹操对关羽“礼之甚厚”，但他也敏锐地发现了关羽终日忧心忡忡，心知其无久留之意，便派遣张辽去做关羽的思想工作。关羽对张辽说出了自己的肺腑之言："吾极知曹公待我厚，然吾受刘将军厚恩，誓以共死，不可背之。吾终不留，吾要当立效以报曹公乃去。"

刘备的旧恩难以放下，曹操的新恩也要报答。恰好关羽到曹营时，正值曹操与袁绍展开决战前夕，袁绍派遣大将颜良攻打东郡太守刘延，曹操则派遣张辽和关羽为先锋迎战，两军会战于白马。白马之战是官渡之战的前哨战，也是正史中关羽的第一个高光时刻。当时袁绍大军气势汹汹而来，主帅颜良于麾盖之下调度指挥。此役虽然不是决定性的战役，但对于兵力处于弱势的曹操一方而言，如若战败，完全有可能影响官渡决战的走向。也正是在这一场运动战展开后，关羽表现出了他极为神勇的一面，抛开前文所列的武器、着装、战斗模式等细节，《三国演义》中对这一战的描写基本与《三国志》一致。关羽策马奔腾，直入敌阵，杀至颜良跟前，"刺良于万众之中，斩其首还，绍诸将莫能当者"。短短数语，记载得精彩绝伦。万军之中取上将首级者，在各种演义小说中是"家常便饭"，但正史上能被记录的将领寥寥无几。仅此一点，关羽之神勇应是无疑的。

关羽阵斩颜良后，曹操乘胜追击，袁绍的另一员大将文丑在乱军中被杀死。白马之战以袁绍损兵折将，曹操解围而告终。演义中为了进一步表现关羽之勇，干脆买一送一，把文丑也变成了关公的刀下鬼。实际上仅是斩颜良一功就非常了不起了，曹操表封关羽为汉寿亭侯，对其更为器重。但曹操也深知关羽立了功必然离去，于是加重赏赐，以做最后挽留。可惜关羽去意已决，将曹操赏赐尽数封存，拜书告辞，到袁绍阵营中去寻故主刘备。当时曹营将领欲追击，曹操表现得很道义，吩咐左右说："彼各为其主，勿追也。"

曹操与关羽，一个求贤若渴，一个不忘旧恩，最终分道扬镳，却也不失为历史上的一段佳话。实际上，无论曹操如何"礼之甚厚"，对于关羽而言终究无法与刘备的恩泽相比。首先，曹操唯才是举和器重关羽都是事实，但曹操不可能只器重关羽一人。当时曹操阵营规模庞大、人才济济，一个成熟大集团的大佬再器重你也是纯粹的君臣关系，不可能做到像刘备那样同榻而眠、情同手足。其次，前文说过关羽的出身并无优势，而彼时曹操阵营中身家显赫者比比皆是——就说同为降将的张辽，祖上也是西汉"马邑之战"的发动者聂翁壹，后来避祸改姓——即使曹操唯才是举，但这种大环境的影响不可能完全被忽视。最后，关羽与刘备的关系虽不是演义中那样的结义兄弟，但从刘备草创以来，关羽一直跟随，深受信任，后来诸葛亮加入刘备集团，因为刘备与诸葛亮走得近，关羽和张飞还大发醋劲，关系之深、地位之重可见一斑。试想在曹操阵营，曹操与荀彧、郭嘉等人走得近时，关羽有吃醋的资格吗？总的来说，关羽在曹操阵营，充其量就是高级武将之一，不可能有刘备集团中那种一人之下万人之上的地位。

当然还要看到另一面。当时曹操集团已经成熟稳定，虽然袁绍的威胁尚在，但比起仍在东奔西投、朝不保夕的刘备来说，就是上市公司和初创团队的区别，谁也不知道刘备这个小集团还能存在多久。关羽放弃了许都大集团的荣华富贵，一心寻找故主，这无论在当时还是在后世都十分可贵。再者，关羽受曹操之恩，虽念故主，仍不忘立功后再辞别，亦颇有侠义之风。相比生活同时代先杀丁原、又刺董卓、唯利是图的吕布，关云长真可谓义薄云天。

后世对关公的崇拜围绕两个关键词：“神勇”与“忠义”。历史上的关羽能够担当得起吗？从万军中阵斩颜良见其“神勇”，立功后辞别曹操追寻刘备表其“忠义”。对于这两个关键词，晋代傅玄在《傅子》中记载了一段曹操对关羽非常高的评价：“事君不忘其本，天下义士也。”

荆州攻略

回归刘备集团后，关羽跟随穰山一役失利的刘备南下投奔刘表，抵达了他一生最重要的地方——荆州。荆州乃西汉所置刺史之一，最初为监察区，到汉末时已演变为行政区。东汉时的荆州下辖七郡，分别为南阳郡、南郡、江夏郡、长沙郡、桂阳郡、武陵郡、零陵郡，其范围大致相当于今天河南南部、湖北全省及湖南大部分地区。东汉末年，此地为中原政权南下、东西贯通之要道；但是在刘表治理荆州时期，这里却出奇的富足安宁。这一方面取决于刘表的“自守”政策，但更重要的原因是北方尚未统一，虽然各路军阀觊觎已久，却未敢轻动。

曹操在官渡之战击败袁绍后，荆州这个四战之地的太平日子就进入了倒计时。建安七年（公元202年），曹、刘在荆州的第一场战火点燃，为了打击刘备的袭扰，曹操遣大将夏侯惇、于禁率部进犯，屯兵新野的刘备率兵迎战，两军会战于博望坡，刘备以火攻击败曹军，也为自己在荆州的寄居奠定了一定的基础。然而荆州的安宁是短暂的，随后曹操在北方的统一战争如秋风扫落叶，终于在建安十二年（公元207年）彻底歼灭了袁氏集团，一统北方。而刘备集团也在这一年吸收了日后对蜀汉政权至关重要的人物——诸葛亮，他随后提出了著名的《隆中对》。在诸葛亮为刘备规划的政治路线中，荆州之地是重中之重，此地“北据汉、沔，利尽南海，东连吴会，西通巴、蜀，此用武之国”，又道出“其主不能守”，希望刘备取之，而后出荆州取益州，跨有荆、益则“霸业可成，汉室可兴矣”。

这个政治方针基本在日后的历史中被一一应验，但最终未能达成“汉室可兴”之目的，最大的问题出在江东。江东政权的鲁肃、周瑜等人早已预见“汉室不可复兴，曹操不可卒除”，他们同样为孙权规划了一套帝业蓝图，在实现过程中，周瑜以数百年前楚国历史为鉴，明确提出，孙权若要做到南面称孤，其基础就是据有荆、扬之地，继之“俱进取蜀”，而后“瑜还与将军据襄阳以蹙操，北方可图”。周瑜的方略毕竟更加具体，让孙权先占荆州，后取益州，再取襄阳，最后进军北方，可以说是一套南方政权北伐统一的战略路线。

不过无论是诸葛亮的《隆中对》，还是江东周瑜、鲁肃等人的政治构想，要成就帝业，荆州都是必取之地。当然，此时最大的威胁来自北方。建安十三年（公元208年）刘表病逝后，曹操率军南下，于九月抵达新野。刘表之子刘琮望风而降，刘备集团到了最危险的时刻。在荆州追击战中，刘备带着军队、百姓等多达十余万人南逃。荆州北部已为曹操所定，而南部尚有江南四郡和刘琦的江夏郡。刘备希望能保住江陵作为根据地，于是派遣关羽率领水军从水路先行，相约在江陵会合。

关羽的水路虽然不是曹操追击的主要路线，但在此过程中他却多次与曹军的乐进、文聘等大将展开正面交锋，行至汉津时又与徐晃、满宠鏖战。关羽这场在撤退中的抵抗也引起了曹军的重视，文聘甚至因为在寻口与关羽作战有功而被封为延寿亭侯。在这场追击与逃亡的角逐中，关羽的抵抗一定程度上缓解了刘备所承受的压力，并且最终顺利共至夏口。

逃出生天的刘备与东吴结成统一战线，双方联合抗曹。联军终于在赤壁一役中大破曹操，此役亦使荆州格局再度发生变化。赤壁之战胜利后，刘备封关羽为襄阳太守、荡寇将军，命其镇守江北。前文说过，襄阳是南方北伐的要地，刘备给予关羽太守之职，可见对其之信任与器重。但关羽这个襄阳太守只是有名无实的空职，因为襄阳仍在曹操手中。当时荆州的势力一分为三：北部的南阳、襄阳仍为曹操控制，而襄阳更是其重点防守之地；刘备先后夺取了南郡、长沙、桂阳、零陵等郡，驻守于公安；孙权则占领江夏。

孙刘联盟尚未破裂，刘备以赤壁之战乌林一役之功为由向孙权讨要都督荆州，鲁肃顾及联盟关系，主张应允，周瑜则坚决反对。但不久后周瑜病逝，鲁肃的主张占了上风，刘备遂得以进一步扩大地盘。建安十六年（公元211年），刘备在张松的帮助下引兵入益州帮助刘璋讨伐张鲁，留下诸葛亮、关羽、张飞等据守荆州。但随着建安十七年（公元212年）冬刘备与刘璋关系恶化，益州风云突变，刘备急召诸葛亮、张飞、赵云等人入川驰援，同时拜关羽为都督荆州事。至此，关羽独镇荆州，开启了他人生最辉煌的绚烂尾章。

“美髯公”的政治危机

关羽镇守荆州，傲视群雄。固然威风，但职位越重责任也越大。

一方面，关羽不仅需要应对来自北方曹操集团的威胁，对于名义上的盟友江东集团同样要时时防范。据《三国志·吴书》记载，当时江东的后起之秀吕蒙与陆逊谈到关羽时，都颇为忌惮，认为其不易对付。而关羽对待江东的态度也非常傲慢。孙权曾派人向关羽提亲，想让自己儿子迎娶关羽的女儿，结果关羽不仅拒绝，还把使者辱骂一通，导致孙权恼羞成怒。

另一方面，在刘备夺取益州的诸役中，其集团内部的架构也发生着变化，这对于远在荆州的关羽产生了重大的影响。

前文说过，关羽在刘备集团的地位是一人之下万人之上，这种特殊地位甚至是曹操集团的高官厚禄都无法相比的。赤壁之战后，虽然有魏延、黄忠等武将陆续加入，但当时他们的战功很难与关羽相比。可是在平定西川的战役中，情况发生了变化。

首先是马超的加入。论地位，马超此前曾是一方诸侯，率领诸部与曹操大战，虽然战败却名满天下。论出身，马超祖上是东汉名将马援，父亲马腾也是汉末一方诸侯，这是游侠出身的关羽望尘莫及的。所以当听到马超加入刘备集团时，关羽难免会生出危机感，写信给诸葛亮询问马超的情况。诸葛亮对关羽十分了解，于是信中说："马超此人可谓文武双全，雄烈过人，一世之杰，是黥布、彭越之类的人物，当与张飞并驱争先，但相比美髯公的绝伦逸群，还是差了一些。"关羽看到诸葛亮的回信，十分高兴，并把信传递给大家看，大有宣示地位之意。然而不久后，西线战场又发生了一件大事。

建安二十四年（公元219年）黄忠在定军山阵斩曹军大将夏侯渊，为刘备集团立下奇功。同年，刘备晋位汉中王，大封群臣，关羽为前将军，张飞为右将军，马超为左将军，黄忠为后将军。论功行赏，天经地义，但诸葛亮很快就意识到关羽会有情绪。诸葛亮给刘备说："黄忠的名望远远比不过关羽和马超，而现在让他们并列。马超和张飞对黄忠的实力亲眼所见，尚可理解；唯独关羽离得远，恐怕会不高兴，这安排恐怕不太妥！"刘备说："我自有解决办法。"仍坚持原案。实际上在排位上，关羽位于四将军之首，并有生杀予夺之权（假节钺）。

从马超事件到黄忠事件不难看出，关羽表面傲慢、清高，实则暗藏焦虑。考察其一生轨迹，关羽对刘备的忠诚毫无疑问，同时他一直极力维护着集团创立以来那种"一人之下"的特殊地位。当蜀汉政权的格局出现新的变化时，关羽必然担心自己的地位受到挑战。要如何巩固自己的地位呢？只有再立战功！但是镇守荆州的他又不比在西线参与汉中之战的张飞、黄忠、马超等人，立战功只能从荆州入手。

此时荆州是什么情况呢？曹操入侵汉中时，刘备担心益州有失，为了缓和与江东集团的关系，遣人与孙权和谈，约定双方以湘水为界，东部长沙、江夏、桂阳三郡归属孙权；西部南郡、零陵、武陵三郡归属刘备。脆弱的联盟看似暂时得以维系，主要矛盾仍在北方的曹操集团。这就回到之前所说的北伐路线，襄阳乃重中之重且一直是曹军防守的重点，关羽也希望自己这个襄阳太守能变得名副其实。同时，刘备已占据益州和荆州的一部分，若能占据襄阳，同样可以实现周瑜所言的“北方可图”，这无疑是比定军斩夏侯更大的功绩。《隆中对》里说“天下有变，则命一上将将荆州之军以向宛、洛”，这个“上将”舍关羽其谁？关羽将目标锁定在曹军占据的樊城与襄阳，于建安二十四年（公元219年）自荆州南郡出兵，发动襄樊之战。

荆州从此不姓刘

襄樊之战以关羽率兵进攻曹仁据守的樊城拉开序幕。曹操闻关羽来攻，立即派遣大将庞德、于禁前往驰援。在《三国演义》中，关羽对战庞德，水淹七军，是役天地变色、草木含悲，可谓关公最后的辉煌。正史中战役的激烈程度似乎不亚于小说，庞德甚至比小说中更为生猛，他亲自乘坐一匹白马迎战，一箭射中关羽前额，庞德白马所过之处，关羽的军队都非常忌惮，此役同样惊天泣鬼。就在关羽负伤鏖战，两军战事胶着之际，老天爷帮了关羽大忙。当时正逢秋季，忽然天降霖雨，汉水泛滥，于禁所督七军皆没，就连他本人也成了关羽的俘虏。至于猛将庞德则在被擒获后不愿投降而被关羽所杀。经此一役，关羽名望大增，周围的中小地方武装尽皆归附。《三国志》中用了四个分量极重的字形容关羽此役之影响——“威震华夏”！

樊城之战的确出乎曹操预料。曹魏政权听闻于禁、庞德战败后，召开紧急会议商讨应对方针，甚至提出迁都的方案。刚崭露头角的司马懿坚决反对迁都，并与蒋济一起献计，他们认为于禁之败是因为天灾，不影响大局。而关羽得志，江东孙权必然忌惮，只要此时对孙权许以权益，必然可以让其出兵，樊城之围不战自解。这条计策被曹操采纳，果然很快收到奇效。在江东集团的构想中，荆州本就是必取之地，背盟不过时间问题，而关羽就是孙权图谋荆州的头号敌人。此外，两年前的建安二十二年（公元217年），一直主张安抚关羽、维系联盟的鲁肃去世，继任者吕蒙则是主战派，从那时起就对武力夺取荆州展开密谋。如今关羽北伐，如若坐视不理，任其成功，那么江东的荆州攻略乃至帝业将变得遥遥无期。

襄樊之役发动之初，关羽的确担心后院失火，留下了一部分兵力防范。但吕蒙看穿关羽的顾虑后，故意制造生病假象迷惑关羽，使关羽相信江东无力进行偷袭，逐渐将兵力转移到襄樊战场。孙权一方面派人成功诱降被关羽怠慢过、对关羽又恼又忌惮的南郡太守麋芳和驻守公安的将军傅士仁，另一方面则去信给曹操，表示愿意联手歼灭关羽。襄樊前线的关羽虽然仍占主动权，但曹仁的抵抗也异常激烈，曹操又派遣徐晃等将领率兵解围。此前水淹七军很大原因是老天帮忙，但在之后的战斗中，曹军作战顽强，关羽也越发吃力，而更致命的是，此时的他将要面对的是曹操和孙权两大强敌的夹击。

建安二十四年（公元219年）十一月，吕蒙“白衣渡江”发动偷袭荆州之役，麋芳、傅士仁如约投降，南郡与公安的丢失对关羽无疑是致命打击。襄樊前线相持不下，偏偏此时后院起火，关羽不得不撤围回救。但与此同时，陆逊也率兵攻占枝江、夷道等地，切断关羽撤往益州的退路。关羽从樊城撤军后本想重新攻占荆州，但此时不仅要地尽失，连退路都被切断，江陵要地被孙权攻占，“尽虏羽士众妻子，羽军遂散”。退守麦城的关羽兵败如山倒，士兵多数溃散，仅剩十几骑跟随。十二月，关羽与其子关平败走至临沮县漳乡（今湖北远安县）时，被江东大将潘璋擒获，不久后便被孙权处斩，一代名将就此陨落。在《三国志》中对于关羽被杀的细节并无详述，只有在裴松之注引的《吴书》中有孙权将关羽头颅寄给曹操，曹操以诸侯之礼下葬的记载。

关羽之死的直接连锁反应是章武元年（公元221年）七月，已称帝的刘备倾巢而出，发兵攻打东吴，但这场夷陵之战却以蜀汉惨败告终，是继荆州之战后又一次元气大伤的惨败。后主刘禅在位时期，对一批蜀汉功臣进行追谥，追谥关羽为壮缪侯。这一谥号历来存在争议，有观点认为应为“缪”应为“穆”，乃是美谥。另一种观点则认为这是个不折不扣的恶谥，所谓武而不遂曰壮，名与实爽曰缪，前一个字肯定了关羽在领军方面的能力，但没有发挥出来，后一个字则是说他名不符实，大有批评关羽导致荆州丢失之意。

在地理上作为几大势力角逐枢纽的荆州，曹魏对其虎视眈眈，东吴对其蓄谋已久，风云剧变是必然结果。将丢失荆州之责完全算在关羽头上有失公允，尽管关羽个人的确负有较大责任。而对整个刘备集团乃至蜀汉政权而言，失荆州是致命之伤，蜀汉从此失去“跨有荆、益”之基础，离“汉室可兴”的最终目标也将越来越远。

（文/周渝）

张飞：最后七年，为何一直在阆中？

章武元年（公元221年），在刘备即将攻伐东吴前夕，已经屯驻巴西郡七年之久的张飞奉命向江州（今重庆）进发。与此同时，张飞麾下的将领张达、范强发动叛乱，杀死张飞后投奔东吴。由于《三国演义》影响深远，在很多人眼里，张飞之死是性格暴戾所致，而且勇猛有余智略不足。

那么，在正史里，张飞是不是粗狂武夫？刘备调任张飞镇戍阆中，是不是意味着遭到“闲置”？要了解这个问题，我们首先要知道正史里的张飞是什么样的。

正史、演义的两张面孔

关于张飞在历史上的形象，除《三国志》以外，其他可参考资料尚付阙如，但只要将《三国志》中关于张飞的记录归纳一下，已知的几点有：

——断桥退曹兵，瞪眼加怒吼，靠少数兵力控制地形击退曹军；

——呵斥严颜，被严颜骂后发怒，但后来因为严颜说得慷慨激昂被感动了，还是选择了义释严颜；

——治军、律下严格，还一度引发叛乱；

——雄壮威猛，但比二哥关羽还是差了一些，年龄也比关羽小上几岁。

在张飞模糊的形象中，正史与演义中的描述大相径庭。演义中，张飞粗狂易怒、仗义疏财；正史中，除了军纪律下严格一点，张飞并没有多少粗鄙的味道。

军事素质方面，张飞有一项尤为突出，就是利用地形优势作战。这种素质张飞从断桥与曹军作战时就有所体现，而后来在巴西郡击败张郃，更是依托地理优势在己方处于不利位置下以少胜多的典型。

巴西郡一战之前，曹操已经开始迁移汉中民众，曹操麾下将领张郃溯东河江南下进入巴西郡，计划迁徙这里的百姓，进军宕渠、蒙头、荡石，攻势颇为凌厉。而此时的刘备刚与孙权停战划界湘水，匆忙返回江州（重庆），短时间无法支援张飞。

刘备的选择足以表现出当时形势的严峻，之所以不选择直接回成都而是屯驻江州，也是给自己留下斡旋的余地。假使张飞在阆中抵挡不住占有兵力优势的曹军，让曹军自米仓道攻入蜀中，刘备仍然可以选择退据荆州或在江州重新集结兵马反击，再做图谋。

外有强敌，内无援军。张飞充分运用自己长期镇守巴西郡的优势，一面与张郃军正面交战，一面亲率精锐迂回，从促狭的山道邀击张郃，打得向来以擅长地形战著称的张郃前后失据，狼狈向北逃回南郑。

经此一战，曹军再无力染指米仓道以南。也因此，刘备意识到曹军在西部地区的军队已然不足，进入了战略防御阶段，这才下定决心，从重庆回成都积蓄力量，在次年发动了汉中之战，夺取了汉中。

张飞善于统兵作战这一点，在《三国志》以及其他人的传记中都隐约有体现。张飞随同刘备入川过程中，分领一军独当一面，“飞与诸葛亮等溯流而上，分定郡县”(《三国志 · 蜀书 · 张飞传》)；而这种记录同样出现于《三国志 · 蜀书 · 先主传》：“诸葛亮、张飞、赵云等将兵溯流定白帝、江州、江阳，惟关羽留镇荆州。”张飞并非罗贯中笔下只知冲锋陷阵的勇将，至少在东汉末三国时期，算得上一位智略双全的优秀将领。

历史上真实的张飞或许的确有些粗狂，但绝非全无智略。面对益州名士刘巴，张飞恭谨尊重、谦虚有礼，这么看来，张飞还颇有一些儒将风范。

戍守阆中，张飞被“闲置”?

既然张飞并非有勇无谋之人，刘备入川前后与张飞也没有嫌隙，那么刘备派张飞镇戍阆中，则需要重新考虑——阆中一地对蜀汉究竟意味着什么?

阆中的位置对蜀汉政权相当重要，而且，这里的地形能让张飞充分发挥他的优势，更好地拱卫蜀汉政权。

我们先把目光放在蜀汉立国前诸葛亮在《隆中对》里提出的战略布局。在诸葛亮的布局里，刘备集团平定四川盆地之后，待天下有变，一路军出秦川，一路则趋南阳而向宛洛北上；进可图谋中原，退可保住四川盆地的蜀汉基本盘。

而巴西郡阆中地区，就是完成这一战略的关键点。从汉中入蜀的道路上来看，除开崎岖难行的阴平道，自汉中入蜀有两条通道，分别是金牛道和米仓道。

金牛道是典型的盆地通道，前险后易，从汉中西向经由广元、剑阁，穿过剑门关以后，便可以直插成都平原，自古至今的重要性不言而喻。

米仓道比金牛道稍逊一筹，因为道路崎岖难行，长期以来，米仓道是作为金牛道的备份存在，而阆中则是卡住了米仓道的咽喉。自汉中南下经米仓山穿越大巴山脉，经南江、巴中抵达阆中时虽然这条道路难行，但在进入阆中后却可以利用汇流的嘉陵江、白水江、西水河等诸多水系，加上平原地形迅速向重庆或者成都推进。

对于早期刘备立足四川盆地的重要性来说，最大的威胁是占据汉中地区随时可能南下的曹操军，也因此，守卫阆中的重要性丝毫不下于守卫剑阁。让张飞镇守阆中，在让张飞发挥自己的军事素质守卫米仓道的同时，阆中的位置又可以监控北、东两个方向，继而影响刘备军团的整体战略。

夺取汉中后，刘备仍让张飞驻守阆中，那么这是否是排挤张飞之举？纵观蜀汉集团所发生的大事件，这是蜀汉战略方向发生改变的结果。

建安十八年到二十四年（公元213—219年），蜀汉集团重心在北，图谋汉中，彼时张飞在此处起到防御作用，如果前线战事失利，蜀汉退可以保四川盆地。

建安二十四年到二十五年（公元219—220年），由于东吴偷袭关羽，荆州丢失，刘备谋求与东吴开战，张飞镇守阆中，这是兼顾各方的最好位置，既可以溯嘉陵江南下进入江州（刘备伐吴的首令就是让张飞向此地进发），又可以威胁荆州腹地，北面也可随时支援兵力单薄的魏延。在这个情况下，阆中地区对于蜀汉就显得尤为重要。

阆中地区既扼住米仓道的通路，兼顾四方，同时也引导着蜀汉的战略转移，重要性可见一斑。张飞被刘备安排长期驻扎该要地，他不可能处于被"闲置"的境况。

千年阆中

从春秋战国时充国、巴国相继建都于此，到三国并立时张飞戍守蜀汉东大门，再到明清交际时的屡次大战，凭借得天独厚的地理优势，阆中在军事史上留下了浓墨重彩的一笔。

在后世战争中，阆中连接着陕西和四川，作为交界，向来是易守难攻的兵家必争之地。以阆中地区的城防建设来看，如果两军对峙于此，占据阆中的城池对于攻守双方来说都相当重要。

阆中县的城池就是后世保宁府的府治所在，早在战国时期，巴国就曾在此地建都。保宁府城三面环水，一面靠山，易守难攻。如果从南面向保宁府城（阆中县）进攻，即便有数倍于敌的兵力优势，也难以发挥。并且江对面的阡陌之间遍是良田，即便想采取长期的围困也难以成功。

阆中地区在沧海桑田的历史变迁中并没有没落，而是作为一位见证者遍观了历朝历代的兴衰沉浮。而今日阆中，早已成为闻名各地的历史文化古城，随着时间的积淀，历史留下的斑驳印迹也在这座古城身上迸发出独属于自己的活力且历久弥新。

（文/湘桥蓬蒿人）

赵云：保镖队长？失意英雄？

综前文所述，为蜀汉集团立下汗马功劳的“五虎将”，关羽（云长）、张飞（益德，《华阳国志》作“翼德”）、马超（孟起）、黄忠（汉升）、赵云（子龙）五位大将在正史中并没有获得“五虎将”之称，而曹魏却有着“五子良将”的正式提法：“太祖（曹操）建兹武功，而时之良将，五子为先。”但我们所熟知的“五虎将”并不等同于历史上的《关张马黄赵传》。学者易中天曾说过，任何历史人物和历史事件都有三种面目：历史上的本来面目，被称为“历史形象”；小说、戏剧和文学艺术中的面目，被称为“文学形象”；民间信仰、民众风俗和一般人心目中的面目，被称为“民间形象”。我们一般人接触到的大多是“五虎将”的民间形象，不同于其文学形象，跟其历史形象更有很大的差距。其中，“常山赵子龙”赵云从历史形象，到文学形象，再到民间形象的演变，可以视作“五虎将”中最为鲜明和突出的案例，非常值得深入研究与探讨。

鹤立鸡群的赵子龙

公平地说，赵云赵子龙从历史形象上就获得了陈寿、裴松之的肯定与推崇。因为受困于蜀汉无史官，加之陈寿取材精审、文笔简略，并以曹魏为正统，所以对于蜀汉人物相当吝惜笔墨。《三国志》曹魏有三十卷，蜀汉只有十五卷，赵云本传其实仅不到三百字。我们所熟悉的那些煊赫战功，除长坂坡救主之外，基本没出现在本传中。而从五人本传来看，刘备进位汉中王之后，大封群臣，关羽为前将军，假节钺；张飞为右将军，假节；马超为左将军，假节；黄忠为后将军。前后左右将军在东汉为重号将军，属于高阶武将序列，而当时赵云仅为翊军将军，属于次一等的杂号将军，更别提像关羽假节钺，张飞、马超假节这样的政治地位和荣誉了（这个说法的前提是，刘备集团严格执行了东汉末年的武官制度，但实际上，根据现有资料判断，在刘禅登基前，刘备集团的武官制度是比较混乱的）。

因此，陈寿将赵云与关羽、张飞、马超、黄忠并传，列为蜀汉武将第一梯队，本身就是对赵云的肯定与推崇。这很可能是陈寿在编写《三国志》时，接触了大量有关赵云功业的原始史料，但因为篇幅所限和突出曹魏的正统性的原则，不得不进行大规模的删减，只能通过将赵云与其他四人并传，来肯定其功绩与地位，并在传后评论中给予进一步的肯定。可以说，是陈寿确定了赵云作为“五虎将”之一的历史形象，并将其排名第五。

等到了文艺作品中，赵云的文学形象开始逐渐提升。在各类评话元杂剧中，赵云的排名或超越马超，或超越黄忠，开始在“五虎将”中位列第四。等到了小说《三国演义》中，赵云正式被确立为“五虎将”第三，“关张赵马黄”成为国人念起来最顺口的排名。

至于赵云赵子龙的民间形象，除被历代封建统治者设定为宗教神祇的关羽外，其身份与影响力早已超越张、马、黄。甚至在武力评价上，民间有“一吕二赵三典韦，四关五马六张飞，七黄八许九姜维”的说法，类似的还有“一吕二赵三典韦，四关五马六张飞，黄许孙太两夏侯，二张徐庞甘周魏”……不管哪种排序，赵云都是一人之下、众人之上，位列“五虎将”最高。考虑到吕布糟糕的人品和令人着急的智商，在民间评价中，赵云是三国武将第一人也不为过。

赵云忠勇无双，两救幼主；白马长枪，武艺超群，骁勇善战，“那枪浑身上下，若舞梨花；遍体纷纷，如飘瑞雪……所到之处，但见‘常山赵云’四字旗号，曾在当阳长坂知其勇者，互相传说，尽皆逃窜”；足智多谋，一身是胆，在汉水旁摆下空营计，以寡击众大败曹军；有理想有抱负，道德高尚，不贪财、不好色，“从仁政所在，解民众倒悬之厄”，劝谏刘备成都封赏，拒绝赵范奉上国色寡嫂的诱惑；治军严谨，街亭之败，“惟子龙不折一人一骑”；有战略眼光，有国士之风，顶着刘备的怒火，劝谏不要东征孙吴。

可以说，在民间形象中，赵云已经成了三国时代最完美的武将，在整个中国古代历史中，也是鹤立鸡群的存在。到了当代，赵云的形象可谓到达了顶峰。无论是文学作品、影视剧作、游戏动漫中，常山赵子龙可谓是顶级的“流量明星”，是最有人气的三国武将（对于女性读者或粉丝来说，甚至没有之一）。

“最完美武将”的质疑

拥有这“最完美武将”的身份，自然也容易招来一些或出于逆反心理，或出于“语不惊人死不休”的质疑和责难。比如，有人说历史上的赵云只是刘备的保镖，撑死是个卫队长，也不是“五虎将”之一，更不是蜀汉的重要武将，其事迹也都是《三国演义》吹出来的，甚至霸占了别人的事迹；也有痛惜赵云的，认为其能力强，功劳大，却一直没有被蜀汉政权认可，是个悲剧性的失意英雄。

那么，这些质疑、责难以及痛惜到底是言之有物，还是无中生有呢？很显然，仅靠《三国志》的赵云本传是无法解决这些问题的，但所幸的是，在《三国志》成书一百年后，由于有感于陈寿的言简意赅造成了很多历史细节的缺失，南朝宋文帝刘义隆特命史家裴松之为《三国志》作注。裴松之为《三国志》作注有四个原则，“补阙、备异、惩妄、论辩”，就是查缺补漏、辨伪存真。由于是官方行为，裴松之能接触到的各类一手资料，要比私人立传的陈寿多得多。他作注依据的史料，可考者多达一百四十余种，较《三国志》原书多出了三倍。加之没有以曹魏为正统的政治限制，所以通过裴松之的注，蜀汉人物的传记得到了极大的丰满。

赵云的历史事迹就得益于此次裴松之的注，借此得到了很好的发掘和整理。裴松之为赵云作传的时候，采用了一本名为《云别传》的史料。根据学者研究，《云别传》是一部以赵云为主角而著作的史书，原文名称不详，因为区别于陈寿所作《三国志》当中的“赵云本传”，所以称《云别传》。其原书已经失传，现在能看到的《云别传》，只剩余裴松之注于《三国志》里的部分。《云别传》中关于赵云品行、性格的刻画，可以通过杨戏的《季汉辅臣赞》得到验证。后世其他史书诸如《资治通鉴》等，都对《云别传》里的内容直接引用。这都说明《云别传》的史料价值和真实度，得到了历代史学家的认可。

通过“赵云本传”和《云别传》的整合，赵云的历史形象得到了极大的丰满与完善。之前所提及的赵云的那些优秀特质与辉煌战绩，都因此能找到历史原型和依据。这说明赵云的文学形象被升华、民间形象被认可追捧与崇拜，绝不是因为《三国演义》的“吹嘘”，而是源于千百年来创作者和民众对于真实赵云的认可与喜爱。

特别要提出的是，如果配合其他史料和相关历史研究与考古发掘，再对“赵云本传”和《云别传》进行研读，你就发现一个更可爱、可敬和更真实的赵云。

终不背德

赵云字子龙，常山真定人。初平二年（公元191年），赵云投军于公孙瓒。《云别传》曰：“云身长八尺，姿颜雄伟，为本郡所举，将义从吏兵诣公孙瓒。”

汉代一尺大概在二十三厘米到二十四厘米，也就是赵云身高一米九上下。而且，赵云不是高瘦，而是魁梧雄壮。这个身材与体型，别说在东汉末年，就是在现代也是相当的威猛帅气。这可能是赵云的历史形象与民间形象的最大不同。毕竟很多粉丝心目中的白袍小将，甚至影视作品里的奶油小生、小鲜肉，怎么可能在汉末三国乱世的烽烟中存活？那是一个需要身穿铁制札甲，手持长枪大戟、强弓硬弩，沙场搏命的时代。类比一下的话，赵云的民间形象与历史形象的差距，大概有电影《指环王》里精灵王子奥兰多·布鲁姆与前职业摔跤手、好莱坞动作明星“巨石强森”的差距那么大。

“将义从吏兵”则说明了赵云的出身，即来自常山的世族豪强。在东汉末年，“义从”指的是官员和宗族的私人武装；“吏兵”所指乃是地方官兵，只能由本郡官员统领；而赵云“为本郡所举”，说明其应出任了本郡武职官吏。当然，东汉末年的官员选任体系早已被赀选所腐蚀，所谓“为本郡所举”未必与赀选无关，但其官吏身份受到认可应是毋庸置疑的。综上所述，赵云属于弓马娴熟的世家子弟，担任武职官吏，同时又在当地的燕赵游侠骑士中拥有威望，成为其首领，因此才能带着私兵义从与官兵吏兵投效于公孙瓒。

当赵云投效于公孙瓒之时，公孙瓒便反问道：“闻贵州人皆愿袁氏，君何独回心，迷而能反乎？”公孙瓒所言“贵州”是赵云原籍所在冀州。常州真定位于今日河北正定县，在汉代属冀州管辖，而其时冀州牧乃是公孙瓒的对头袁绍。所以公孙瓒才有此问。赵云回答说：“天下讻讻，未知孰是，民有倒悬之厄，鄙州论议，从仁政所在，不为忽袁公私明将军也。”能做出这样的回答，说明赵云接受过良好的教育，秉承着济世救民的儒家思想，是个充满着理想主义、一心报国的年轻人。

在公孙瓒处，赵云与刘备相识，“时先主亦依托瓒，每接纳云，云得深自结托”。

之后，公孙瓒收降七万余黄巾余党，信心大增，向袁绍正式宣战。为了控制黄河流域各州，公孙瓒以严纲为冀州刺史、单经为兖州刺史、田楷为青州刺史，并发动了界桥之战。为了控制青州地区，公孙瓒命田楷出行，同时命别部司马刘备同行，赵云也一起随行。自此，开始了刘备与赵云主从关系的第一章——“云遂随从，为先主主骑”。

不过这段记载也成为“赵云是刘备保镖、保安队长”这一奇谈怪论的源头。其实“主”是督的意思，“骑”即骑兵，“主骑”就是管理骑兵，比如汉代有“主骑郎”这个官职，加之刘备有“幽州乌丸杂胡骑”。很显然，这都说明赵云是以骑兵指挥官的身份进入刘备阵营的。因此，《资治通鉴》写“为备主骑兵”。再者，刘备拥有关羽、张飞这样的当世虎臣、万人敌，而让赵云去管理桀骜不驯的乌丸杂胡骑兵，这也说明赵云的骑兵指挥官能力是获得了认可的。

不久之后，刘备出任平原相，当时郡民刘平派遣刺客刺杀刘备，但刘备礼贤下士，每有宾客“必与同席而坐，同簋而食，无所简择”。刺客被刘备的真诚所打动，不忍下手，而刘备也任其离去没有追究。刘备因仁德，自然也获得了赵云的进一步认可。

初平四年（公元193年）六月，赵云的兄长逝世。“云以兄丧，辞瓒暂归，先主知其不反，捉手而别，云辞曰：‘终不背德也。’”

长坂英雄

建安五年（公元200年），刘备被曹操击败，辗转投奔于袁绍，在邺城再次遇到赵云。赵云作为冀州的杰出人士，受到袁绍的招揽并不令人意外。此番相见以后，刘备决定脱离袁绍集团，并令赵云暗中招募数百人马。七月，袁绍与曹操相持于官渡。袁绍派遣刘备骚扰许都。之后，袁绍派刘备率部前往汝南收编黄巾残党龚都。刘备终于寻找到一个良机，乘势脱离了袁绍的队伍。十月，袁绍官渡战败，曹操继续追击刘备，刘备南下投奔荆州的刘表。

建安十三年（公元208年）正月，曹操开始着手南征荆州。七月，曹操大军南下，刘表的继任者、次子刘琮向曹操投降。刘备不愿臣服，因此率军南下。曹军一路追击，在当阳长坂坡追上刘备。长坂坡位于荆山余脉，为荆山山脉与江汉平原的过渡地带。刘备的队伍在长坂坡被曹军冲散，不得已“弃妻子南走”。当时赵云也被大军冲散，军中有人传言“云已北去”，但刘备怒道：“子龙不弃我走也。”过了没多久，赵云果然出现，并怀抱幼主刘禅，还护送回了刘禅之母甘夫人。刘备感激于赵云，拜他为牙门将军。

这就是著名的长坂坡之战，赵云的道德品行和军事能力在此得到了最好的体现。长坂坡之战中，曹军的主要突击力量是虎豹骑（有观点认为这是两支部队，因为有虎骑单独出战的记载，也有豹骑司马的官印出土）。这是曹操麾下最为精锐的骑兵部队，“皆天下骁锐，或从百人将补之”，曾阵斩乌桓蹋顿单于。在这些最精锐骑兵的冲突之下，赵云还能救出刘备妻儿，其战斗能力自然很杰出。

之后曹操赤壁战败，“北军多死，曹公引归”。刘备占据了荆州的武陵、零陵、长沙与桂阳四郡。其中，桂阳是由赵云独自领兵攻下的，“从平江南，以为偏将军，领桂阳太守，代赵范”。此间，赵云还拒绝了赵范送上寡嫂的美色诱惑。

建安十六年（公元211年），刘备率庞统、黄忠、魏延等人入蜀，伺机夺取益州；诸葛亮、关羽、张飞、赵云等则留守荆州。赵云因“（为人）严重，必能整齐，特任掌内事”，担任“留营司马”。赵云不负刘备的信赖，与张飞一起勒兵截江，救回了险些被孙夫人带到东吴去的刘禅，成为“截江夺阿斗”的故事原型。

建安十七年（公元212年），刘备与刘璋彻底决裂，围攻雒城遇阻，向荆州求援。诸葛亮领赵云、张飞溯江而上。在江州，诸葛亮兵分三路，赵云走南路，攻江阳、犍为，击败并降服了为人正直、刚烈的江阳太守程畿。建安十九年（公元214年），刘璋开成都城投降，赵云因功升翊军将军。当时进据益州的刘备，本欲“以成都中屋舍及城外园地桑田分赐诸将”，但赵云展现了相当高的政治觉悟，反对大肆封赏，且爱惜民力：霍去病以匈奴未灭，无用家为，今国贼非但匈奴，未可求安也。须天下都定，各反桑梓，归耕本土，乃其宜耳。益州人民，初罹兵革，田宅皆可归还，令安居复业，然后可役调，得其欢心。

从这些历史记载来看，赵云是一位不可多得的军、政能力双优的人才。赤壁之战前，赵云鲜有高光时刻，也没有独立领兵的经历，主要是因为那段时期的刘备本钱太少。在多次挫折中，刘备自有的“幽州乌丸杂胡骑”必然被严重消耗，而其活动区域逐渐南移，自然更难补充骑兵，作为骑兵指挥官的赵云当然也就苦于无用武之地了。而当刘备有了一定基业之后，赵云的能力就开始凸显了出来。

汉水上的“铁猛兽”

建安二十二年（公元217年），刘备进军汉中，与曹操对决。黄忠前去劫粮，“过期不还”。赵云“将数十骑轻行出围”接应，遭遇曹军主力，赵云“前突其阵”，击败曹军前锋。曹军大队重整，包围了赵云，结果又被赵云溃围而出。此时赵云又获知蜀将张著受创被围，“复驰马还营迎著”，再次击破曹军阵列，救出张著。之后曹军追赶至赵云营垒。沔阳长张翼想闭门据守。赵云却下令打开营门，偃旗息鼓，故作疑兵，摆下“空营计”。曹军果然担心赵云设有伏兵，不敢攻营，打算回撤。赵云乘机擂鼓，以强弩射击曹军后队。曹军大惊，自相践踏，被射死、踩死、跌入汉水淹死者，不计其数。

此战，可以说是赵云在军事上最为光辉的时刻，以寡击众，大破曹军，“空营计”也成为小说《三国演义》的故事原型。而配合考古发掘和历史研究，我们能发现此战更多的细节。东汉末年到三国，是中国古代一种新兵种——甲骑具装出现雏形的时代。后世成熟的甲骑具装将人马俱甲。依托着硬质马镫，骑士身穿重型铁札甲，手持四米多长的长骑矛——马槊，骑着披着铠甲的战马，如铁猛兽一样，发动雷霆一击般的冲锋，往往能快速击溃数量远超己方的敌人。比如，之后的公元537年的东西魏沙苑之战，西魏大将李弼率领六十名甲骑具装冲击东魏高欢的中军，将其八万大军截为两截，造成东魏军队的军阵混乱。使得兵力只有一万、处于劣势的西魏乘机总攻取得全胜。

赵云作为燕赵游侠骑士出身的骑兵指挥官，在汉水之战中，可能使用了甲骑具装的雏形。如果复原一下此战，赵云率领着几十名骑士，应该是先击溃曹军前锋轻骑兵，然后突破曹军步兵的阵列。之后为了救援张著，赵云特意重新发动冲锋，解救出张著。曹军看到赵云营门大开、偃旗息鼓就不敢攻击，也是害怕在攻击营垒的过程中，遭遇赵云的突然袭击。而最后的奔溃，也是曹军在撤退过程中，误以为赵云发动追击，而想快速逃离其攻击范围导致的。因此，刘备才会盛赞："子龙一身都是胆。"军中也都尊称赵云为"虎威将军"。因为运用这种精锐骑兵突击战术，既需要极高的武艺，也需要超群的胆量和战场指挥能力。

赵云的胜利，意味着曹操军队的补给线将一直处于赵云骑兵突击战术的威胁之下。这相当程度地增大了曹操的后勤压力。最终，曹操放弃汉中，退守长安。

凭着汉中之战的胜利，建安二十四年（公元219年）七月，刘备成为汉中王，封赏诸将。因为赵云榜上无名，仅为翊军将军，所以衍生出赵云不被重用的观点。而且，赵云去世三十二年后，才被追谥为顺平侯，而在此两年后，蜀汉就灭亡了，所以有人认为赵云是个悲剧英雄。

但如果结合刘禅即位以后，赵云被任命为“中护军、征南将军，封永昌亭侯，迁镇东将军”的情况来看，事情就没那么简单了。中护军为蜀汉最重要的中央机动军团——中军的统帅，是最核心的武装力量。让赵云成为核心武装力量的统帅，难道不是重用吗？古代官职分为官秩和职务。官秩代表俸禄和级别，职务才涉及具体的职权。重不重用，要看后者。比如“五虎将”之一的马超，官秩贵为左将军，还拥有假节的荣誉，但实际上，他一直得不到刘备的信任，在汉中之战后就担任虚职。至于翊军将军，是刘备专为赵云设置的将军号。而刘备时代，军制比较混乱，不能生搬硬套东汉的情况。

蜀汉政权对于追谥，吝啬得令人发指。蜀汉立国四十三年，得到追谥的仅仅有法正、诸葛亮、蒋琬、费祎、陈祗、夏侯霸、关羽、张飞、马超、庞统、黄忠及赵云十二人而已！诸葛亮自不必说，法正是刘备取得益州最关键的人物，庞统是早期重要谋士还临阵战死，蒋琬、费祎为诸葛亮之后的蜀汉相国，陈祗是刘禅的宠臣，夏侯霸作为曹魏叛逃过来的政治人物得到了特殊对待。蜀汉武将中得追谥的，仅有关羽、张飞、马超、黄忠、赵云五人而已！当时人都认为这是一种殊荣，“时论以为荣”。

诚然，赵云与刘备相识甚早，早年的情谊也颇为深厚，赵云又文武双全。刘备、诸葛亮、刘禅对于赵云的封赏看上去确实有些不足，但需要注意的是，赵云跟随刘备的唯一理由是“不背德”，而非“不背玄德”。也就是说，他追随刘备，为的不是钱财、美色和功名，而是因为刘备是一位仁德之主。因此，在刘备进据益州以后，赵云才会不惜得罪同僚，劝阻刘备封赏田宅一事。而在孙权偷袭荆州后，赵云不惜触刘备的逆鳞，从战略角度对刘备东征进行劝谏：“国贼是曹操，非孙权也，且先灭魏，则吴自服。”可以说，当年那个对着公孙瓒说自己想“解民之倒悬，从仁政所在”的理想主义青年，一直都在！

至于刘备作为能识人、用人的英雄，对这个军事能力超群、意志坚定、拥有很高道德标准、不贪财、不好色的赵云赵子龙，是选择信赖重用，还是选择用功名利禄这种身外俗物来赎买呢？“赵云本传”和《云别传》都已经给出了答案。

（文/原廓）

马超：在蜀汉混得好吗？

《三国演义》中，建安二十四年（公元219年）七月，刘备自立为汉中王，之后开始封赏文武大臣。关羽、张飞、赵云、马超、黄忠被封为“五虎将”。

五人中，关羽、张飞、赵云是刘备早期创业的核心团队成员；黄忠也从建安十四年（公元209年）就开始为刘备效力，为蜀汉开疆拓土；独有马超，建安二十年（公元215年）才投靠刘备，短短四年时间，他到底做了什么，能迅速成为与关、张、赵、黄并列级别的将领，甚至还排在黄忠之前？

超强战力

马超，字孟起，扶风茂陵（今陕西兴平市）人氏，出身于当地著名马氏家族。其祖上乃东汉名将马援，跟着光武帝刘秀东征西讨，官拜伏波将军。其父马腾则被封为征西将军，在西凉一带算得上一方诸侯。家族光环使得马超从起点上就要高出关羽、张飞等人许多。

作为将门之后，马超在小说中的第一次亮相，就十分惊艳。《三国演义》第十回，马腾、韩遂等率军讨伐李傕、郭汜，两军对阵之际，“只见一少年将军，面如冠玉，眼若流星，虎体猿臂，彪腹狼腰；手执长枪，坐骑骏马，从阵中飞出”。此人正是马腾之子、时年才十七岁的马超。结果马超不出数个回合，将对手王方刺于马下，接着又生擒另一战将李蒙。

之后，根据小说情节，马腾反曹被杀，株连三族，马超为父报仇，起兵反曹。尽管真实的历史是马超因曹操攻打汉中而疑心其对自己不利，率先举兵反曹，导致在京师的马腾父子被杀。但不管怎样，马超举起的反曹大旗再无放下的可能，他与曹操之间死结已经形成，无法解开。在这个过程中，马超的战斗力给曹操留下了深刻的印象。

《三国演义》第五十八回，曹操与马超战于潼关城下。曹操第一次见到马超是这样的：“面如傅粉，唇若抹朱，腰细膀宽，声雄力猛，白袍银铠，手执长枪，立马阵前”，而曹操的反应是“暗暗称奇”。结果，曹操手下的于禁、张郃双双败走，另一将领李通被刺于马下。这一回里，曹军被杀得丢盔弃甲，曹操靠割须弃袍，才勉强逃脱，十分狼狈。

第五十九回，马超再战曹操，与其手下大将许褚打得难分难解。书中写道：

许褚拍马舞刀而出。马超挺枪接战。斗了一百余合，胜负不分。马匹困乏，各回军中，换了马匹，又出阵前。又斗一百余合，不分胜负。许褚性起，飞回

> 阵中，卸了盔甲，浑身筋突，赤体提刀，翻身上马，来与马超决战。两军大骇。两个又斗到三十余合，褚奋威举刀便砍马超。超闪过，一枪望褚心窝刺来。褚弃刀将枪挟住。两个在马上夺枪。许褚力大，一声响，拗断枪杆，各拿半节在马上乱打。

最后，两军厮杀，许褚臂中两箭，曹军再次大败。

看得出，曹操在与马超的正面交锋中，基本都没占到便宜。但曹操的战争潜力要比马超深厚得多。几次失败，都没有动摇曹操的根基，他听取手下谋士的建议，用计让马超自乱阵脚，最后兵败而投奔另一军阀张鲁。尽管爱才的曹丞相有将马超收入麾下的想法，但杀父之仇不共戴天，以马超西北汉子的血性，不可能向他低头，如此便便宜了刘皇叔。

第六十五回，马超受张鲁派遣，率军前来援救处于刘备包围中的刘璋，与刘备军战于葭萌关。书中写道："门旗影里，马超纵骑持枪而出；狮盔兽带，银甲白袍；一来结束非凡，二者人才出众。"刘备当场赞叹道："人言锦马超，名不虚传！"他主张"避其锐气"，制止了想马上出战的张飞，待"马超阵上人马皆倦"时，刘备才派张飞率人出城迎战。即便如此，两人先后打了两百多回合，天黑之后又挑灯夜战，依旧不分胜负。当天，马超从天明即在城下叫阵，几乎一整天都处于战斗状态，即便如此，蜀中出名猛将张飞依然占不到便宜，足见马超战斗力之强悍。

按小说中的情节，此时，诸葛亮急急赶来，向刘备献计收降马超。刘皇叔同样爱惜马超之英勇。在诸葛亮的一番操作之下，张鲁对马超起了疑心，马超进退两难之际，刘备派李恢来当说客。刘备的皇家背景，加上共同的敌人曹操，马超转而投奔西蜀，对着刘备顿首谢曰："今遇明主，如拨云雾而见青天！"

马超加入刘备阵营的第一功，就是助其拿下了益州。

攻取益州

马超在欢迎自己的宴会上，当面向刘备表态："不须主公军马厮杀，超自唤出刘璋来降。如不肯降，超自与弟马岱取成都，双手奉献。"随后，他带着马岱到益州城下来见刘璋。

刘璋本以为救兵来了，没想到接下来马超的一番话让他如坠冰窖：

> 吾本领张鲁兵来救益州，谁想张鲁听信杨松谗言，反欲害我。今已归降刘皇叔。公可纳士拜降，免致生灵受苦。如或执迷，吾先攻城矣！

刘璋听完"惊得面如土色，气倒于城上"，当即开城归降。《三国志》对此事这样记载："超将兵径到城下。城中震怖，璋即稽首"。无论如何，益州是在马超的加入之后才被迅速拿下的。

在此之前，刘备在西蜀的进攻打得很艰苦。从建安十六年（公元211年）十月率兵入蜀，直到建安十八年（公元213年）五月，他在西蜀境内进展仍很缓慢。光攻打刘璋之子刘循镇守的雒城就花了一年多的时间，手下大将庞统也在此地中箭身亡。无奈之下，他抽调荆州的诸葛亮、张飞、赵云等率兵入蜀增援。益州作为刘璋集团最后的根据地，有三万精兵和一年存粮，如果刘璋坚持固守，刘备不可能如此迅速将其拿下，即使拿下可能也要付出比攻打雒城还高的代价。在曹操、孙权等势力虎视眈眈的情况下，长久屯兵坚城之下所造成的严重后果，是刘备集团无法承受的。

而益州之于刘备的重要性不言而喻，是诸葛亮《隆中对》中两支臂膀的其中一支，在刘备的战略规划中举足轻重。无论《三国演义》还是《三国志》，在马超加入刘备集团后迅速拿下益州这件事上的叙述基本一致，不同的只是时间上的一点差别。前者是一两天，后者则是一旬。据正史中记载，刘备在得知马超来降时，喜不自禁地说："我得到益州了！"仅此一点，即可看出马超的功劳有多大。

刘备何以如此自信？为什么马超的加入能让刘璋心理崩溃，从而让刘备兵不血刃地迅速拿下益州？马超的世家名声以及自身强大的战斗力是其中原因，但其背后强悍的西凉兵团才是刘璋"震怖"的主要原因。马家祖孙都在凉州当兵，与边境的羌族、氐族杂居，受地理气候与生活方式影响，不光其军队带有强烈的"胡化"色彩，其中本就夹杂大批羌、氐族士兵，民风剽悍，悍不畏死，具有强悍的攻击力。连内心强大的曹操都感慨地说："马儿不死，吾无葬地也。"更何况本就懦弱胆小的刘璋。

所以，马超之所以能被封为"五虎大将"，除夺取益州的成绩和关羽所说的"孟起世代名家"这两点外，马超所代表的马家人在西凉一带的影响力也是刘备在封赏时重要的考量。

黯淡结局

刘备夺取益州后，在他的集团内部，形成了三大派系：以关羽、张飞、赵云为核心的北方故旧阵营；以诸葛亮、黄忠等为代表的中期加入的荆襄集团；以法正、李恢等为代表的巴蜀元老派。马超的加入与前者不同，他一个人基本代表着一个集团。马超所代表的集团不光是西凉兵团，也包括该地区广大的氐、羌族人在内。马超的祖父曾做过凉州与关中交界之地天水的基层军官，后留在陇西，与羌人杂居，娶的也是羌女，有了这层关系，马家在羌、氐族人中具有较大的影响力。马超当年起兵反曹时，氐族人就响应马超之举发动叛乱；马超准备投蜀时，为防止张鲁部下追杀，又是绕道氐族人居住地区。建安二十二年（公元217年），刘备准备进攻汉中，派张飞、马超等屯兵下辩，封锁进入汉中的沮道，因马超缘故，当地氐族雷定七个部落万余人响应支持蜀军。从这个意义上来说，封马超为“五虎将”，并不为过。

所以，刘备自立为汉中王后，就让马超领凉州牧，镇守阳平关。阳平关为汉中咽喉，北拒秦陇，南控巴蜀，是蜀、魏汉中之争的核心所在，处于蜀魏相争的第一线。刘备此举，一来利用马超当年对阵曹军时屡战屡胜的“战神”形象，对对手构成强大威慑力；二来也是借助马超与氐、羌等少数民族的良好关系，保证巴蜀政权的边疆稳定；三来有了马超这一“派”，刘备也可在平衡其他几大派系的权力时拥有更多的选择。

另一方面，一个鲜明的对比是，与其他“五虎将”继续在战场上建功立业相比，降蜀之后的马超，不复往日威风，在战场上鲜有之前的亮眼表现。进攻汉中的战役中，他与张飞一起，虽然有氐族万余人响应、支持的成绩，但他们这一路最后竟被曹魏方面的曹洪、曹休这样名气不是很大的将领击退。蜀军最后取得汉中，完全是靠时间，把后勤补给困难的曹魏军队给生生耗走了，与马超基本没有关系。

看得出来，刘备对马超属于政治上利用、军事上戒备，并没有完全信任。他让马超守阳平关，却派级别低于马超的魏延守地理位置更为重要的汉中。在蜀国之后的多次战争中，昔日“战神”马超被放在后方，做些防御性工作。这样的安排，对于马超来说——伤害性不大，但侮辱性极强。

公元222年，马超在阳平关郁郁而终，年仅四十六岁。

马超进入西蜀后，高开低走，这里有刘备的刻意安排。从马超自身来讲，他半生蹉跎，加入蜀汉阵营后，年近不惑，大仇长期难报所造成的心理压力让他在蜀汉内谨小慎微，很难再有昔日意气风发之举。不过，马超在当打之年去世，对人力资源本就不充沛的蜀汉来说，是个意外打击，也是个重大损失。

马超死后，西蜀政权继续厚待其弟马岱及其后人，后又重用西凉人士姜维，目的就是为保证边疆少数民族聚居地区的稳定。此举也颇为奏效。整个三国期间，羌、氐族总体上以与蜀汉合作为主，反倒是经常袭扰曹魏，并在之后数百年的时间里，持续不断地影响着中原政权西北地区的稳定。

（文/番茄汁）

黄忠：身为“五虎将”，为何老了才出名？

在大众的认知里，黄忠应是“五虎将”中年纪最大的，不像马超、赵云都是少年将军。这令我们不由得好奇，黄忠年轻时在哪儿？为什么老了才出名？

正史中的“老黄忠”并不老

正史中没有关于黄忠出生年份、年龄等的记载，据《三国志·蜀书·费诗》中记载：

> 先主为汉中王，遣（费）诗拜关羽为前将军，羽闻黄忠为后将军，羽怒曰：“大丈夫终不与老兵同列！”

黄忠确实年轻时籍籍无名，据《三国志·蜀书·黄忠》中记载：“荆州牧刘表以为中郎将，与表从子磐共守长沙攸县。及曹公克荆州，假行裨将军。”可以看到，黄忠早年在刘表麾下为将，不过并未受到重视，被刘表打发到侄子刘磐那里后，守卫一个小小的攸县。曹操占领荆州后，也只是让黄忠暂代裨将军一职。众所周知，曹操是个爱才之人，如果那时黄忠但凡有一点骁勇善战的名声，曹操也不至于给他一个这么小的官职。

后来刘备占据大半荆州之时，默默无闻的黄忠还是作为人质跟随刘备入蜀的。

黄忠在入蜀后才展现出自己的才能，勇冠三军，无人可敌，帮助刘备平定了益州。刘备封他为讨虏将军，从此，黄忠才开始有了威名。

黄忠的勇猛是真真切切的，他在死前一年（公元219年）斩杀了曹操大将夏侯渊、赵昂，可见当时战斗力爆表。陈寿赞扬他："忠常先登陷阵，勇毅冠三军。""黄忠、赵云强挚壮猛，并作爪牙，其灌、滕之徒欤？"

所以，我们这里要说的黄忠，是《三国演义》里的黄忠。他在出场前，诸葛亮对关羽说：

> 子龙取桂阳，翼德取武陵，都是三千军去。今长沙太守韩玄，固不足道，只是他有一员大将，乃南阳人，姓黄，名忠，字汉升，是刘表帐下中郎将，与刘表之侄刘磐共守长沙，后事韩玄。虽今年近六旬，却有万夫不当之勇，不可轻敌。云长去，必须多带军马。

这说明：首先那时黄忠已经快六十岁了，在那个平均寿命非常短的古代，这已经是非常大的年纪了；其次，黄忠在加入刘备集团前，就已经有了骁勇善战的声名，不然诸葛亮不会要求关羽"不可轻敌"，而这些与正史的记载完全不同。

低调的性格

黄忠既然能征善战，武力超群，那年轻时为何籍籍无名？

黄忠所生活的时代，战乱不断、民不聊生。尤其是他所生长的荆州地区，南部多为蛮夷所占据，汉化不彻底，这就导致民族矛盾常常升级。加上官府贪污腐败严重，导致各种叛乱层出不穷。

延熹五年（公元162年），艾县盗贼一万多人攻打长沙郡，荆州刺史刘度仓皇出逃。零陵郡、武陵郡蛮夷相继反叛，战火燃烧到江陵；

光和三年（公元180年），苍梧郡、桂阳郡再生叛乱；

光和七年（公元184年），十万黄巾军占领宛城；

中平三年（公元186年），江夏人赵慈发动叛乱，杀死南阳太守秦颉，连下六城；

中平四年（公元187年），长沙郡区星自立为将军，聚众一万多人围攻长沙。随后，零陵郡周朝、桂阳郡郭石相继起兵叛乱……

这些叛乱都被荆州地方政府一一费力平定，黄忠也在这些战火中得到洗礼。没有人知道黄忠曾经在哪学的武艺，但是能在历年的战火中存活下来的军官，想必也能磨炼出超群的战斗力。

官渡之战中，刘表将侄子刘磐派往长沙郡攸县，任命其为长沙太守，黄忠与他共同坐镇长沙郡。此时，“小霸王”孙策刚攻取豫章郡不久，人心未附。他趁着曹操与袁绍正在官渡对垒，忙着准备北上偷袭曹操。不料，螳螂捕蝉，黄雀在后，眼看孙策调兵北上，刘磐便在背后侵袭豫章郡的艾、西安各县。孙策见状，便任命猛将太史慈为建昌都尉，以对付刘磐。黄忠作为刘磐的武将，极有可能与太史慈交过手。不过，黄忠肯定没有胜过太史慈，不然刘磐也不会停止了对豫章郡的侵袭。虽然如此，刘磐还是为黄忠表功。不过，黄忠予以拒绝，可能觉得自己没有带军征服豫章郡，心有愧疚。所以，大家只知道刘磐而不知有黄忠。

后来黄忠的妻子在江夏离世，黄忠心灰意冷，离开江夏，辗转来到韩玄手下当一偏将。不久，魏延也来投靠韩玄，心高气傲的魏延急于表现，便要求与众将比武，一展神威。可能是韩玄手下的武将都太菜，被魏延轻松搞定。黄忠觉得，这个年轻人太狂妄了，便请缨出战，一个百步穿杨，射向魏延坐骑的左眼，直接把魏延甩下马。魏延胆战心惊，从此知道人外有人，天外有天。

由此可见，黄忠是那种低调做人、不事张扬的性格。在“出道”前，他不像诸葛亮那样自比管仲、乐毅；“出道”后，他也一直老实巴交，勤勤恳恳做事，很少自我夸耀，也很少在乎功名。这就是为什么黄忠一身武艺，但是年轻时却名声不响的原因之一。

没有出名的机遇

黄忠长期跟随的主公庸庸碌碌，没有称雄天下的野心，这也是他一直籍籍无名的原因之一。

黄忠第一个跟随的大老板刘表，坐拥荆州之地。他处理内政的能力很强，执政十八年，原本“江南宗贼盛，袁术屯鲁阳，尽有南阳之众。吴人苏代领长沙太守，贝羽为华容长，各阻兵作乱”的局面不复存在，取而代之的是“南收零、桂，北据汉川，地方数千里，带甲十余万”，并且“沃野万里，士民殷富”。不然，孔明能安安稳稳地当“诸葛村夫”？在其他动荡之地，估计早就拖家带口、颠沛流离了。

不过，刘表却没有像曹操、刘备那种一统天下、成就伟业的雄心壮志。他只想管理好自己的一亩三分田，至于兴复汉室之类的事情，他毫无兴趣。《三国演义》中说，曹操正统兵北征乌桓时，刘备去荆州劝说刘表：“今曹操悉兵北征，许昌空虚，若以荆襄之众，乘间袭之，大事可就也。”刘表回答：“吾坐据九州足矣，岂可别图？”刘备默然无话。

由于只想做一方诸侯，刘表很少去跟其他势力斗得你死我活。因此，黄忠等一干荆州武将，没什么与其他势力的猛将交手的机会。黄忠唯一一次交手的猛将，可能就是太史慈，但这次交手没有产生什么影响，史书上和演义上都是语焉不详。

试想，关羽是怎么打出名气的？《三国演义》是这么讲的，十八路诸侯会盟讨伐董卓之时，刘备硬着头皮挤了进去，由此可见刘备的进取心。当董卓的大将华雄一连斩了盟军两员大将俞涉和潘凤之时，所有诸侯都大惊失色，再无人敢出战。袁绍正发愁之际，关羽主动请缨。其他几路诸侯想，你谁啊，我们听都没听说过，也敢去挑战华雄？后来见他胆量不小，就勉强同意了。曹操本来想温一壶酒给关羽壮行，没想到关羽一句话怼得他无话可说："小小华雄，何须借酒，诸位稍后，关某去去就来。"

盟主袁绍也没太在意，以为他肯定回不来了。没想到，不到一盏茶的工夫，关羽直接就把华雄的人头给提溜过来了，往大堂上一摔，所有人都傻眼了。曹操则是拿着手里那杯酒久久不能平静，拿手一摸，酒还是温的。

只此一战，关羽名震天下。

张飞是怎么打出名气的？还是在十八路诸侯会盟讨伐董卓之时。在虎牢关之战中，吕布一人斩杀联军大将数人，甚至击败白马将军公孙瓒。张飞大怒而出，大骂吕布"三姓家奴"，挥矛与吕布大战三十回合不分胜负。纵观三国名将，能与吕布大战这么多回合的，也就张飞一人而已。

经此一战，张飞名震天下。

值得注意的是，关羽和张飞虽然有万夫不当之勇，但前提是他们的大哥刘备是个野心勃勃的人。如果刘备不想方设法加入十八路诸侯，关羽和张飞压根就没有出场的机会。

遗憾的是，黄忠跟随的刘表野心不大，不然，荆州的诸葛亮、庞统、徐庶这些人才，早就被他所用了。黄忠跟着他，只能在镇压地方叛乱时出出力，没有一战成名的机遇。黄忠后来跟随的韩玄也是个庸碌之辈。

黄忠最后是怎么出名的？就是跟随刘备后，在定军山斩杀曹军大将夏侯渊，一战成名。

话说夏侯渊与刘备军在汉中争夺战中于定军山对峙，双方原本有来有往。但就在此时，刘备军使用奇谋突破僵局，派兵去烧曹军的拒马，没想到事必亲恭的主帅夏侯渊却带着四百亲兵自己去修拒马，这时候，身经百战的黄忠出马了。他带兵绕到背后发动奇袭、带头冲杀，在震天响的战鼓声中当场斩杀曹军主帅夏侯渊，终于证明了自己的实力。

我们常说，是金子总是要发光的，这句话放在黄忠身上再好不过。

在正史中，黄忠在斩杀夏侯渊之后不久就去世了，后被刘禅追谥为刚侯。

而在《三国演义》中，黄忠并没有那么早死去，而是继续为蜀汉发光发热。彼时，刘备征东，言老将无用。此语传到黄忠耳中，黄忠大怒：

> 吾自长沙跟天子到今，多负勤劳。今虽七旬有余，尚食肉十斤，臂开二石之弓，能乘千里之马，未足为老。昨日主上言吾等老迈无用，故来此与东吴交锋，看吾斩将，老也不老！

于是，老将黄忠踏上征东之路，由于他取胜心切，中了埋伏，被流箭射中肩窝，终箭疮痛裂而逝。死前，黄忠长叹："臣乃一武夫耳，幸遇陛下。臣今年七十有五，寿亦足矣。望陛下善保龙体，以图中原。"

虽然黄忠成名较晚，但他还是在生命的最后几年打出了自己的名号，被载入了史册，也算是不枉一生。

时至今日，因黄忠“老将军”的形象深入民心，“老黄忠”一词还被用来形容老当益壮的人。

（文/柏舟）

三国的余韵

曹魏政变始末：外有淮南三叛，内有曹髦造反，司马氏如何涉险过关？

三国时期魏代汉、晋代魏的政权更替一直是历史的热点话题，曹操当年趁汉虚弱一举篡夺终得江山，而司马氏在曹魏式微的时候又代替曹魏，实现了江山的再次改换。“天道好轮回，苍天饶过谁”，这样的历史因果循环仿佛非常符合人们的认知，然而历史演进绝非简单的“天理循环”，而是各种复杂现实情况交织在一起的结果。魏晋禅代之路上，司马家族不仅要在朝堂上与曹魏宗室展开斗争，还要解决地方外部势力的阻挠。

众所周知，高平陵之变是司马家掌握曹魏政权的重要转折点，但真正为司马家篡权扫清地方势力阻挠的节点是高平陵之变后的九年，司马氏集团平定了发起于淮南的三次军事叛乱。这个过程是异常艰难的，司马家从发家到掌权再到夺权历经了三代四世，而仅这三场军事斗争就折损了司马家前后的两代核心领袖。

为何三次叛乱都在淮南？

曹魏时期曾在魏国疆域内设置了四大都督，分管边疆的四大地区，分别是南部的扬州都督、中部的荆州都督、北部的河北都督以及西部的雍凉都督。而司马懿发动高平陵之变后，只有扬州都督管辖的淮南发生了叛乱，且不止一次，其核心原因正是司马家族并未对淮南地区的权力产生过影响。在四大都督管辖的地区中，自从司马懿领兵消灭辽东公孙氏政权后，东北部地区的辽东已成为魏国的后方，对国家产生不了实质的影响。而中部的荆州地区与西部的雍凉地区，司马懿曾担任过多年的荆州都督和雍凉都督，在对抗蜀汉政权和消灭辽东公孙氏的过程中司马懿对中部、西部与北部人员的把控与政治动向都产生了重要的影响，可谓上下布满了司马氏的亲信。然而多年的西线北线作战，却让司马家遗漏了重要的南部地区——淮南地区成了司马家族权力的真空地带，是他们从未染指过的地方。在这里，司马家族的势力最为薄弱，因而三次叛乱全部发生在淮南，而淮南地区的四位最高军事长官与司马家族的矛盾则更是引发淮南三叛的直接原因。

那么接下来就介绍一下在淮南三叛中淮南地区举足轻重的四位核心军事长官。

淮南三叛的四位地方军事领导人

淮南三次叛乱分别由王凌、毌丘俭、文钦以及诸葛诞四位军事长官引起。他们四位与司马家以及曹魏宗室都有着千丝万缕的微妙关系。作为曹魏宗室核心成员的曹爽，与司马懿共同担任曹叡唯二的辅政大臣，他早已看出司马家族的不臣之心，也在不停地琢磨如何去消解司马氏的权力。最终他将目光投向了司马氏未曾染指的淮南地区，然而他并不知道的是，在高平陵之变中他轻信司马懿，已经为司马懿夺权送了一波福利，而在这次试图分解司马氏地方权力为淮南地区安插领导人时，又误打误撞地为司马家族送了一次助攻。

淮南地区的最高长官扬州都督最早是由宗室成员曹休出任，后来是出身寒族的满宠担任。自从满宠征还之后，扬州都督一职就落到了王凌手中。王凌的年岁比司马懿还要长七岁，都是在曹操时代就已经出来做官的老资历、老干部了，是具有一定政治声望与政治资本的。然而一心想让曹魏宗室重掌大权的曹爽是不允许淮南地区再有地方权臣势力崛起的，因此他想通过派遣心腹去淮南逐步渗透淮南政局的方式将淮南重新夺回宗室手中。于是曹爽派遣文钦担任淮南牙门将、庐江太守，王凌也自然知道文钦是曹爽特意派来在淮南地区牵制自己的棋子。这时淮南地区的政治局势就开始变得愈加复杂了。不仅如此，不放心文钦一人的曹爽又派了诸葛诞前去。诸葛诞是一个政治立场十分模糊的人，虽然淮南的第三次叛乱是他发动的，但是在此之前他和各方势力都有着不俗的关联：一方面诸葛诞是曹爽派来牵制王凌的；另一方面诸葛诞和王凌、司马懿都有着姻亲关系。而第二叛中的毌丘俭与其他三位不同，他本身与司马懿交好，是司马懿在平定辽东时的属下，他叛乱只是因为司马家族废帝，践踏了臣子的底线，为了捍卫曹魏政权才做出反抗。

由此可见，四位淮南地区的军事长官要么是已经拥有较高政治资历的老干部，要么就是曹爽的亲信，要不然就是曹魏的铁杆忠臣，总之这没有一个是和司马家族一条心的。因而淮南地区逐渐发展为反抗司马家族势力的大本营也就不足为奇了。

淮南王凌第一叛

在高平陵之变后，司马懿掌握魏国军政大权，为了加强对各地方的管控，司马懿对原有的地方都督进行了明升暗降的分权处理，将负责镇守寿春的扬州都督王凌升为太尉。而王凌与外甥令狐愚担心魏帝曹芳年幼无力掌政，便意图废曹芳而改立楚王曹彪。王凌派令狐愚联络曹彪。从当时的情况来看，与司马懿相比，王凌仿佛是更心怀不轨的那一个。魏帝曹芳虽然年幼，但并无过错，而王凌为了保证自身权力，拥立曹彪为新帝，这是一个犯了极端政治错误的决定。他如果想与司马懿争权夺利，完全可以将矛头指向司马懿，责问他高平陵之变的问题，而他却错误地拥立新君，导致他在政治上处于极度被动的局面。

嘉平三年（公元251年），王凌见东吴在涂水有军事行动，于是乘机上书朝廷伐吴，想借此机会起兵反抗司马懿，但是上书并未得到回应。而此时更不顺利的事情发生了，一直与曹彪联络的外甥令狐愚突然去世，这一下导致王凌的计划全部错乱。他病急乱投医，将反抗司马懿的计划告诉兖州刺史黄华，希望能够得到支持，结果不料黄华直接向司马懿揭发了他。司马懿掌握确凿证据后便直接领兵讨伐，面对大军压境的王凌已不知所措。司马懿了解王凌的性格，便以赦免书骗他投降——写信对王凌说可以赦免他的罪过。老迈昏聩的王凌竟然信以为真，派部下去请降，并献上自己的官印和节钺，然后又命人把自己捆起来等候发落。

等他到了司马懿军营后才发现，他难免一死，于是在被押解至洛阳的途中自杀。王凌、令狐愚等人被诛灭三族，曹彪亦被赐死。

这样，第一次淮南叛乱就在司马懿的镇压下被解决了，而这一场叛乱也并非对司马家族没有产生影响。在平定叛乱的同年六月，一生装病的司马懿真的病重了，梦中梦到了贾逵、王凌作祟，不久就去世了。

淮南毌丘俭第二叛

相较于第一次与第三次叛乱，淮南二叛可谓是最为忠诚的一次叛乱。这一场叛乱的领头人毌丘俭曾经是司马懿的部下，与司马氏的交情不浅。他本完全可以不发动这次战争，因此他的反叛是淮南三叛中最为效忠的一次，这与其他两次为个人私利而叛乱的情况不同。

正元元年（公元254年），李丰与夏侯玄及张缉等人意图推翻司马师，但计划败露，李丰、夏侯玄和张缉等皆被杀。曹芳对李丰等人被杀深感不平，引起了司马师的不满。于是数月后司马师强行废了曹芳而改立曹髦为帝。李丰等人被诛杀和曹芳被废，令当时驻守寿春的镇东将军毌丘俭和扬州刺史文钦对司马师非常痛恨。

毌丘俭虽然曾经做过司马懿的属下，但他最初是被魏文帝曹丕任命为长子曹叡的文学掾。而随着曹叡的继位，凭借着昔日东宫时期的君臣情谊，毌丘俭也逐步做到了洛阳典农中郎将的职位。后来曹叡任命其为荆州刺史，他便一直扎根魏吴边境，为国守边。曹芳作为魏明帝曹叡亲自指定的合法继承人，在毌丘俭眼中就与曹叡一样，是他报答曹魏知遇之恩的主公。他需要做的就是守护曹魏江山，然而司马师竟然以莫须有的罪名强行废黜曹芳。对于忠心耿耿的毌丘俭来说，他绝不能坐视司马师肆意妄为而不顾，因此奋起反抗。

在战争前夕，毌丘俭派人联络了当时任豫州刺史的诸葛诞，认为诸葛诞与自己一样都是曹魏的忠臣，希望他能帮自己一把，匡辅社稷。然而，诸葛诞的政治成分太过复杂，他本身是曹爽派来限制王凌的大臣，但又和司马氏是亲家（诸葛诞的女儿嫁给了司马懿的第五子司马伷），同时诸葛诞与文钦关系又极为不和。因此出于保存实力的想法，权衡再三后的诸葛诞决定站队司马家，斩了毌丘俭的使臣。

于是，公元255年，毌丘俭和文钦无奈只能迅速起兵，矫太后诏，在寿春举兵讨伐司马师。作为文官出身的毌丘俭，文采自然出众，他那篇讨伐司马师前所发布的《罪状司马师表》十分具有杀伤力，准确地抓住了司马师的弱点，甚至可以说最后直接造成了司马师的死亡。在檄文中，毌丘俭将矛头直指司马师一人。这篇檄文很长，但核心内容就是下面这一段：

> 懿有大功，海内所书，依古典议，废师以侯就第。弟昭，忠肃宽明，乐善好士，有高世君子之度，忠诚为国，不与师同。臣等碎首所保，可以代师辅导圣躬。太尉孚，忠孝小心，所宜亲宠，授以保傅。护军散骑

常侍望，忠公亲事，当官称能，远迎乘舆，有宿卫之功，可为中领军。

意思就是：你们司马家，你爹司马懿是好人，你弟弟司马昭是好人，你叔叔司马孚是好人，你哥哥司马望也是好人，唯独就是你司马师是个逆贼。这样一来，毌丘俭的这篇檄文便挑拨了司马氏内部的团结，让刚刚重伤未愈的司马师没有了选择，他只能抱着病体，亲自去了前线。他派遣荆州刺史王基率兵与叛军对抗，抢先占领南顿。之后又和诸葛诞、胡遵和邓艾的领军会合。此时邓艾驻屯乐嘉，毌丘俭见邓艾兵弱，便派文钦攻击，但文钦到后却发现司马师率领大军到来，于是撤退。然而文钦儿子文鸯的勇猛作战一时间惊吓到了司马师，导致司马师眼睛爆裂，司马师只能强忍着痛苦指挥军队作战。这时曾在高平陵之变中替曹爽传话的尹大目，看到司马师重伤只剩下一只眼睛，心里盼着为曹爽报仇，于是请求由自己去说降已逃跑的文钦。尹大目对文钦喊道：

君侯何苦若不可复忍数日中也！

尹大目的意思是司马师已经重伤在身，命不久矣，希望他们再坚持几天，一定能消灭司马师。然而，因为在高平陵之变中传话曹爽，间接导致曹爽被杀的尹大目此时在这些地方大臣心里是不忠不孝的小人，他的话他们根本不相信。文钦甚至想张弓射杀尹大目。紧接着看到司马师大军来袭，文钦慌忙逃窜，队伍溃不成军。毋丘俭听说文钦战败后，恐惧得连夜撤退，众将星散。逃到慎县时毋丘俭只剩亲信两人，被安风津都尉部民张属就射杀，毋丘俭和文钦所迫胁的将士全部归降。

第二次淮南叛乱与第一次叛乱的结果相同——再一次被司马家平定了。不过与第一次叛乱后司马懿去世一样，淮南第二叛在某种意义上也完成了其相应的历史使命。仅掌握政权四年的司马师，因为战争的恶劣导致眼珠崩裂，不久便死于淮南。政权由其弟弟司马昭接任。

淮南诸葛诞第三叛

前文可知，第二叛时，诸葛诞非但没有帮助毋丘俭，反而杀掉了使者，并在平叛过程中为司马家族第一个冲进了寿春城。此次站队后，诸葛诞受到了司马家的赏识，被封为高平侯，并任征东大将军，仍管理淮南地区。然而在他成为东南地区的最高领导人后，诸葛诞的异志逐渐显露。他在当地收买人心，并蓄养了数千死士。一年后，他又借口东吴想要进攻，请求朝廷派兵增援。这样的借口对于司马家来说似曾相识，当年王凌正是这个请求。于是司马昭不得不对诸葛诞提防起来，果断派贾充去试探诸葛诞的用心。贾充回来后劝司马昭诏诸葛诞入朝，乘机逼反诸葛诞。果不其然，甘露二年(公元257年）在接到入朝诏令后，诸葛诞立即叛变，杀掉同在寿春的扬州刺史乐綝，调集十五万淮南将士和近一年的粮饷据守寿春，并派吴纲领小儿子诸葛靓到东吴请求援兵。淮南第三叛中双方参与的总兵力超过了四十万人，是三国时间规模最大的一次战役。

目睹了两轮反叛的诸葛诞，在自己起兵时已有了相当充分的战略谋划。他之所以放弃城外驻防，只在寿春城内坚守，是因为他了解寿春的天气。因为寿春每到雨季必然会造成淮水泛滥，洪水直接淹到寿春城下。而司马昭围城的时候正好是每年淮水最为泛滥的时节，诸葛诞一心诱骗司马昭前来围城。果然，司马昭来到后，真的采取了围城的策略。然而或许是天意使然，也可能是曹魏政权气数已尽，自从司马昭来到寿春城下后，就再也没有下过一滴雨（“及大军之攻，亢旱逾年”）。随着时间的推移，寿春城内士气越来越低，诸葛诞内部先发生了动乱，诸葛诞杀掉了他本就看不惯的文钦。司马昭趁着诸葛诞自乱，强力攻城，不久便攻克了城池，诸葛诞被夷三族。然而，更为吊诡的是，城破那天，大旱了近一年的淮南开始狂降暴雨，司马昭的围垒全部被冲毁了（“城既陷，是日大雨，围垒皆毁”）。谁曾想到，雨季一滴雨不下的寿春，在二月反而降了暴雨。

至此，淮南三叛全部被剿灭。回顾三次叛乱，虽然三次叛乱中的领导势力都是为反对司马氏，然而他们势力内部也存在着很大的矛盾，使得他们自始至终没有形成统一而有力的力量，最终被司马氏各个击破。自此之后，地方上拥戴曹魏的势力被铲除殆尽，这使司马家族的权力得到了更大的扩张，为司马家改朝换代提供了更大的政治便利。

魏帝曹髦的奋起反抗

司马昭凭借着平定第三次淮南叛乱的军功，更加有了改朝换代的资本。这时人们都在想，司马昭应当像此前的曹操一样，封公、加九锡、进位相国然后从容地江山易鼎。然而，司马昭却仍旧推辞，依然在等待时机。他在观望朝野的动向，希望在大局已定之后再去做最后的变革。这个时候，司马昭坐得住，魏帝曹髦却坐不住了，他不能眼睁睁地看着司马家一点一点地蚕食他的江山。他不能坐以待毙，他要做最后的反击。

这位末代皇帝并不像我们印象中的末代小皇帝那般软弱无能，相反他是一位非常有才能的皇帝。后来名噪一时的钟会曾这样评价曹髦，“才同陈思，武类太祖”。这是说曹髦文可比曹植、武堪比曹操。这样的评价虽说不免有夸赞的成分，但也足以说明曹髦确有能力。事实证明，在司马氏即将夺权的最后阶段，这位少年天子爆发出了曹家最后的余烈与光辉！

在曹髦继位的时候，政务几乎已经全部归了司马家，他似乎无力去改变现有的政治形势。曹髦思来想去，决定祭出最后的杀招——和司马家拼命！撕破最后的脸皮，公开带兵讨伐。如果司马昭妥协了那么必然要退让一部分权力；如果没有妥协，那就和司马昭以命相搏，大不了就是一个死。可一旦司马昭选择了弑君，那么司马家的天下也坐不稳了。因此，在下了这样的决心后，曹髦便抱着必死的信念与司马昭抗衡。能有这样的决心，曹髦不愧是曹操的后代。

公元260年5月，戊子之夜，曹髦命手下亲信李昭和焦伯在凌云台点兵，集合了自己少得可怜的军队，准备发起决死的反击，而这次壮举也给后世留下了“云台仗”的典故。在起兵之前，曹髦召集了王沈、王业和王经三人，对他们宣布了自己的计划，并说出了那句“司马昭之心，路人皆知”的千古名言。王沈和王业，全都是司马家的死忠，这一点聪明的曹髦也知晓，不过他的目的就是要他们去给司马昭报信，将这个事情公开化，让局面不可收拾，让司马昭下不来台。果真，曹髦走后，王沈、王业就急忙向司马昭报告，司马昭也开始了秘密的准备。天明时分，曹髦亲率数百人，大张旗鼓地向司马昭的府邸冲去。司马昭早有防备，命弟弟司马伷率兵迎战，结果曹髦一声大喝，司马伷的部队纷纷逃散。司马昭见状，赶忙派亲信贾充抵挡，但是曹髦身先士卒，普通士兵见到皇帝竟如此奋勇争先，都不敢上前交战。在这样的情况下，贾充的部下马上就要四散而逃了，而太子舍人成济正好撞到了枪口上。成济慌慌张张地问贾充该怎么办才好，贾充便说出了那句著名的话：“畜养汝等，正谓今日。今日之事，无所问也。”今天的事情，没有什么可问的。成济听后真就直接上前一矛将皇帝刺死了。或许他认为自己立了大功，荣华富贵指日可待，但他到死才知道自己的结局原来早就注定是“替罪羊”。事隔二十日后，司马昭因为群情激愤，便捕杀了成济兄弟，以推卸罪责。无论后来是否株连亲族，成济本人终究是充当了司马昭弑君的执行者和替罪羊。

成济的这一刺，震古烁今，他成了中国历史上第一个亲手杀掉皇帝的臣子。这种公然在庙堂之上、众目睽睽之下，毫不掩饰、直接弑杀君主的行为，自秦统一天下以来，还是第一次。虽然所有人都知道“禅让”是假的，可还从来没有人真的直接将具有统治合法性的帝王杀掉，贾充、成济的这种行为对后来一千余年的皇权政治都产生了极为深刻的恶劣影响。曹髦看似以卵击石的举动，虽然最终没能挽救曹魏社稷，却打乱了司马昭的计划，让他没有成功篡位称帝，留下了终生的遗憾。从这个角度来看，曹髦也算是成功的。

司马氏祖孙三代对外平定了三场动摇统治基础的叛乱，对内解决了颇有胆色的魏帝曹髦，最终彻底地掌握了国家政权，也获得了豪族阶级的支持，实现了王朝更迭的终极志向。

（文/贺梓森）

“蜀二代”阿斗的野望：活着

阿斗流浪记

兴平元年（公元194年），刘备帮助徐州牧陶谦击败了来犯的曹操，随后驻扎在小沛。在这里，三十三岁的刘备结识了小家碧玉甘氏，并迅速坠入爱河。由于刘备此前多次丧偶，出于迷信心理没有娶甘氏为妻，而是纳为妾室，但由于感情深厚，甘氏实际上主持着刘家后院的工作。

俗话说“嫁鸡随鸡，嫁狗随狗”。甘夫人嫁给刘皇叔后的命运，可以说是历尽艰险，活着已属不易。建安元年（公元196年），夹在曹操和吕布中间的刘备，被曹操表奏为镇东将军，在袁术的北上入侵中首当其冲。在刘备率部抵抗袁术时，吕布乘虚偷袭小沛，甘夫人被俘虏。后来刘备收拾残兵，向吕布求和，吕布归还了小沛和刘备的老婆。

两年后，刘备又受曹操怂恿，夺取了吕布的黄金，吕布一怒之下又攻陷了小沛，甘夫人再次被俘，直到吕布被击败后才被营救出来。后来刘备投靠曹操，参与董承衣带诏的事情败露后，刘备再次战败出逃，甘夫人再次被落在敌营，后被关羽过五关斩六将带回身边。

颠沛流离的日子持续了很久，直到建安十二年（公元207年）刘备落脚荆州，开始为实现“隆中对”战略而忙碌。在这里他“鱼儿有了水”，终于得到了诸葛亮。也是在这一年，甘夫人在婚后的第十三年，生下了一名可爱的男宝宝。据说此前甘夫人梦到自己吞下了北斗七星，因此给这个孩子取名叫阿斗，寄托了对他的美好期望。

根据《三国志》的记载，刘备的外貌“垂手下膝，顾自见其耳”，根据《拾遗记》，甘夫人“玉质柔肌，态媚容冶”，如果遗传没有“正正得负”，那阿斗一定是一个胳膊长、耳朵大、皮肤白的可爱宝宝。关于阿斗的可爱喜人，从一个侧面也可以证明：几年后，已经嫁给刘备的东吴孙夫人，在回娘家时还不忘带上五岁的阿斗，这恐怕不是单单用绑架人质能解释的。

弗洛伊德曾说，人的创伤经历，特别是童年的创伤经历会对人的一生产生重要的影响，我想不出比获得父亲保护更强烈的儿童需要。阿斗的童年肯定算不上幸福。甘夫人在阿斗一两岁的时候就因病去世了，在去世前不久，还经历了长坂坡之战中刘备的再一次抛弃。好不容易和后妈处出了感情，五岁的阿斗又经历了离别。许多年后，令人唏嘘的是，在白帝城穷途末路的刘备，还要从诸葛亮的口中来了解阿斗的表现。虽然不知道阿斗是“长于妇人之手”，还是被诸葛亮带在身边，但可以确定的是，和十岁就被曹操带在身边征战的曹丕不同，阿斗不仅对蜀汉的征伐毫无体验，父子之间也有很深的隔膜。离谱的是，在曹魏郎中鱼豢私撰的史书《魏略》中，阿斗的童年还多出了一段被拐卖的经历。

根据《魏略》记载，刘备从小沛逃亡时遗弃了家眷，当时已经好几岁的阿斗被人带到汉中，随后被人拐卖。扶风人刘括将阿斗买下，养大成人。十六年后刘备取得汉中，已经长大的阿斗记得自己的爸爸叫玄德。通过一个姓简的将军，刘备和阿斗才得以父子相认。随后，阿斗成为汉中王世子刘禅。

这个充满恶趣味的"阿斗流浪记"，已经被裴松之辟谣，他指出这个故事的时间线和实际根本对不上。但这段记录告诉我们，起码同时代曹魏的鱼豢，愿意相信这样的催泪故事，并正儿八经地把它写进严肃的历史作品里。

阿斗童年的不容易，这仿佛是三国人士的共识。

听过很多道理，依然过不好这一生

阿斗出生的那一年，刘备收荆州人寇封为养子，改名刘封。为了一家人整整齐齐，阿斗被命名为刘禅。"封禅"的名字中，承载了上古时期政治纯真年代的记忆。

建安二十四年（公元219年），刘备自立为汉中王，十二岁的刘禅成为王世子。仅仅一年后，哥哥刘封就因荆州失守，在诸葛亮的建议下被赐死。和刘封长期共事的孟达曾说：

> 自立阿斗为太子已来，有识之人相为寒心。
>
> 《三国志·蜀书·刘封》

因为刘封常年征战，其经验和才干不是刘禅比得上的。但这一安排，使得蜀汉避免了曹魏和东吴那样的继承人危机。公元223年，在刘备白帝城托孤之后，十七岁的刘禅顺顺当当地即位为蜀汉第二代君主。

在诸葛亮的眼中，刘禅的人品很不错，他评价十八岁的刘禅“天资仁敏，爱德下士”。这一评价用在青年刘禅身上，应该是中肯的。诸葛亮并不是阿谀或者客套之人，比如对自己的亲侄子诸葛恪，诸葛亮就曾给东吴都督陆逊写信，直言说诸葛恪性情疏阔、难堪大任。诸葛恪后来的命运也证明了诸葛亮的判断。

刘禅虽然资质平庸，但他在团结人的天赋上，应该很有父亲的风范。比如后来诸葛亮去世后，投机分子李邈揣摩上意，认为刘禅也许会觉得长期被诸葛丞相管教很压抑，因而上书说诸葛亮的坏话，结果被刘禅处死，他是刘禅在位期间少有的、被杀的大臣。在魏国高平陵政变之后，夏侯霸投降蜀汉，刘禅派人到大山里接迷路的夏侯霸，拜其为车骑将军。终其执政的四十一年，刘禅没有像曹叡一样大兴土木，也没有像孙皓一样滥杀无辜，的确可以算得上厚道人。

继承创业遗志又肩负托孤重任的诸葛亮，倾注全部心血的弟子不是马谡也不是姜维，而是刘禅。成都北面的射山，曾经有阿斗学习射箭的身影；在诸葛丞相一字一句手抄的《韩非子》竹简上，留下了阿斗认真学习的笔迹。创业难，守业更难，被给予厚望的刘禅，按部就班地茁壮成长着。在刘禅即位后的头十一年里，蜀汉平定南方叛乱，与东吴重修旧好，发展农业生产，五次北伐，但这些都不是他干的，天塌下来有丞相顶着。刘禅在诸葛丞相的呵护下度过了缓冲期。公元234年，诸葛亮病逝于渭水之滨的五丈原，二十七岁的刘禅不得不开始独自承担自己的使命。

“后诸葛亮时代”，对《出师表》中提到的贤臣，刘禅无条件地信任蒋琬和费祎；对总是给自己添堵、妨碍自己热爱生活的董允，仍然委以重任；对姜维的北伐，刘禅是坚定的支持者；对蜀汉英杰的事迹，刘禅是积极的传扬者。在位的最后三年中，刘禅做了一些耐人寻味的事情，给“五虎将”、庞统等蜀汉名将名臣追赠了谥号，给诸葛丞相立了庙，仿佛是准备给蜀汉创业史盖棺定论了。

刘禅这时是否认为兴复汉室的政治理想已经破灭？早在刘禅即位之初，诸葛亮当年“跨有荆、益”、从两路进攻的战略就已经瘸了一条腿。支撑着蜀汉上下的，只有诸葛亮的鞠躬尽瘁和大家的一股精气神了。战略目标的不断落空、上一代人才的逐渐凋零，刘禅对此应该是最感同身受的。

诸葛亮死后，刘禅又执政了三十年。祸国殃民的宦官黄皓，实际上在最后的五年才登上舞台，然而刘禅的随波逐流、不务正业早有端倪。局势一天天坏下去，面对满朝恨铁不成钢的忠臣脸，刘禅选择了逃避。刘禅经常神出鬼没，可以说是“薛定谔的皇帝”。《三国志·蜀书·谯周》中说刘禅“四时之祀，或有不临，池苑之观，或有仍出”，有时各种各样的正式活动上找不到人，但在各种游乐场所没准能把刘禅逮个正着。

蜀汉的年号经常改来改去，为了补充兵源，刘禅在位期间一共有三十多次大赦，后期更是一年一赦。但是改元不能改命，蜀汉国力逐渐难以支撑三足鼎立的局面。公元260年，东吴五官中郎将薛珝到蜀国买马，他眼中的成都，“野民皆菜色”，刘禅“主暗而不知其过”，全国弥漫着要完蛋的气氛。

对益州本土人士来说，刘备集团的政治理想是强加在他们头上的负担，在危难时自然最先动摇。公元263年，当邓艾伐蜀的奇兵从深山老林里冒出来的时候，土生土长的光禄大夫谯周，站在刘禅个人的角度详细地分析了局势，认为逃又没地方逃，打也打不过，不如投降以求瓦全，有理有据令人信服，刘禅当即决定照办。

谁说阿斗扶不起来？扶我起来，我要去送。

刘禅和谯周带着六十多名大臣，把自己绑起来，车上载着棺材，出门向邓艾投降。用蜀国君臣的真心换来了邓艾将军的笑容，正所谓“置之死地而后生”。邓艾在受降时说，这多亏是遇到了我，如果像东汉时期吴汉入蜀那样，各位就死定了。

刘禅还给司马昭送去了感人肺腑的投降书：

> 现即谕令各军将领抛戈解甲，官府国库一丝不毁，百姓列队郊野，所有粮食留于田地，以待天朝赐惠，保全百姓生命。
>
> 《三国志 · 蜀书 · 后主传》

先辈的事业至此灰飞烟灭，但起码人还在吧？

将士正欲死战，奈何陛下先降？元初诗人陈世崇凝练地概括了蜀汉最后的抵抗：

> 孔明之子瞻、孙尚战死，张飞之孙遵，赵云次子广亦战死，北平王谌哭于昭烈庙，先杀妻子，乃自杀。魏以蜀宫人赐将士，李昭仪不辱，自杀。

不仅事业灰飞烟灭，英杰后人也都玉石俱焚。连本可以得到保全的成都也在劫难逃。还希望“国家危而复安，日月幽而复明”的姜维，想与灭蜀的钟会发起兵变，结果三败俱伤，谋划者被阴谋反噬，邓艾、钟会、姜维皆死，成都终究没能躲过兵燹之灾。

陈寿称刘禅是“素丝”，是近朱则赤近墨则黑的一张白纸，可以说非常恰当。裴松之认为，刘禅是中下等水平，他个人的存亡，和国家兴亡无关（“刘禅凡下之主，费祎中才之相，二人存亡，固无关于兴丧”）。对刘禅来说，天下苍生有我没我都一样，但命是自己的，要好好爱护。诸葛亮“亲贤臣，远小人”的苦心教导，终究变成一语成谶。

知易行难，虽然听过很多道理，依然过不好这一生。刘禅以一种苦涩的方式，实现了诸葛亮《出师表》中“还于旧都”的理想，被邓艾押送到了洛阳。

好在人没事儿。

论演员的自我修养

其实奠定刘禅风评的“乐不思蜀”事件，包含三次紧张刺激的对线。

根据《汉晋春秋》的记载，第一次是司马昭在宴会上安排蜀地节目，蜀汉旧臣看了节目，此起彼伏潸然泪下，只有刘禅还在嘻嘻哈哈。回去之后司马昭就发出了著名的议论：这个人无情至此，诸葛亮都扶不起来，何况姜维呢？

第二次是司马昭和刘禅的对话。司马昭问刘禅：有点怀念在蜀国的时光了吧？刘禅的回答是“此间乐，不思蜀”。

第三次是原来在蜀汉担任秘书令的郤正，觉得刘禅的回答太假了，不能令人信服，因此好心向刘禅建议说，下次司马昭再问的时候，要哭着说“我的先人都安葬在蜀地，想到这就每天都伤心思念”。果然司马昭再问起来的时候，刘禅除了眼泪没挤出来，原封不动地背了一遍这些话。司马昭当然觉得奇怪，问起来说：“这话不像你能说出来的啊，倒像是郤正教你的。”刘禅听了很吃惊，脱口而出说“你怎么知道的”，在场的人看他这么老实，都笑了起来，殿内外充满了快活的空气。

此后，刘禅平平安安地度过了人生最后八年寄人篱下的时光，享年六十五岁。

有人说刘禅的应对，体现了大智若愚的明哲保身策略，展现了比较高的智商和情商。但这并不重要。眼前有三碗“寄人篱下饭”，谁来告诉刘禅，哪一碗叫“大巧若拙”，哪一碗叫“卧薪尝胆”，哪一碗叫“全无心肝”？故国可以回首，但没必要。

现在看这三次考验，有两个明显的感觉。一是司马昭显然把调戏刘禅当成日常节目，有事没事就问一问，说不放心可能谈不上，但仿佛在试探刘禅的底线到底存不存在。二是可以看出亡国之君的演员自我修养有三层境界——沙俄戏剧理论家斯坦尼斯拉夫斯基（Stanislavski）认为，演员的表演，应该调动以往的一切亲身经历和情感资源，用于进入角色的内心世界，而不是仅仅停留在基于角色身份或性格的表面层次。亡国之君的表演——第一层是心怀故国但不露声色；第二层是黯然神伤却坦坦荡荡；第三层是当空心人，随心所欲不逾矩。第一层的表演肯定感动不了把韬光养晦当成传家本领的司马昭。郤正是站在第二层，让刘禅用逆向思维，向司马昭表现出清澈见底的诚恳。而早已全无底线的刘禅是站在第三层：当年作为国君的胸中城府已经被夷为平地，在享乐层面上，眼前洛阳的舞榭楼台和成都的美酒佳肴又有什么分别？天真烂漫的快人快语足以让司马昭君臣相信，刘禅已经彻底成了大熊猫式的活宝。

三国的历史是一段群星璀璨、壮丽悲怆的英雄史诗，而这一切和刘禅基本无关。穿过赤壁的硝烟，越过北伐的车辙，我们可以重新认识苟全性命于乱世的刘禅——才能如此平庸、气节如此低下却无人唾骂，而只是让人仰天叹息的人物，三国中再难找出第二个。

对于一个好故事来说，如果没有拖油瓶阿斗，白马银枪的赵云七进七出为救谁？

没有扶不起来的阿斗，诸葛亮又怎能“长使英雄泪满襟”？

后人很难不对刘禅报以“理解之同情”，毕竟正是透过这个以“活着”为最高目标的平庸心灵，人们才能看清三国英雄们的伟岸身影，正是这种平庸使得悲壮的史诗得以成立。

（文/杰尼龟）

英雄后代的绝响：蜀国保卫战

炎兴元年（公元263年）八月，成都城外残阳似血，山雨欲来风满楼。

成都所处的四川盆地环绕着崇山峻岭，是蜀汉天然的阻隔和依仗，多年来，诸葛亮、姜维虽屡兴北伐功业未竟，但也能安坐益州，北绝曹魏、东抗孙吴，也不失为乱世求存之道。不过一切的安逸，都随着魏军的三路南征戛然而止。蜀汉空前危机之下，诸葛瞻、诸葛尚等一干蜀汉创业者的后代们，命运又将走向何方？

三世忠臣

《出师表》之后，诸葛亮最为人熟悉的一篇文章，写于他人生的最后时刻：

> 夫君子之行，静以修身，俭以养德，非淡泊无以明志，非宁静无以致远。夫学须静也，才须学也，非学无以广才，非志无以成学。淫慢则不能励精，险躁则不能治性。年与时驰，意与日去，遂成枯落，多不

接世，悲守穷庐，将复何及！

《诫子书》

建兴十二年初（公元234年），五十四岁的诸葛亮经过了三年的休养生息，发动了人生中的最后一次北伐。诸葛兵出斜谷道，占据武功五丈原（今陕西省岐山南），屯田渭滨与司马懿对峙。当年，诸葛亮身体每况愈下，意识到自己可能时日无多，写下了这篇流传后世的《诫子书》。

爱子出生时，诸葛亮已经四十六岁了。"瞻彼日月，悠悠我思。道之云远，曷云能来。"（《诗经·雄雉》）借《诗经》，诸葛亮为爱子取名诸葛瞻，字思远，代表了诸葛亮的期待。幼年的诸葛瞻才思敏捷、聪慧可爱，但诸葛亮却始终对诸葛瞻有种小时了了、大未必佳的隐忧。

饱含匡正的期望，诸葛亮在《诫子书》中以"淡泊明志、宁静致远"这样的方法论指导诸葛瞻，这也是一个父亲能给儿子最好的建议。忠孝仁义的思想，也是在这个基础上发展而来，诸葛亮的诫训，影响了诸葛家族三代，也影响了蜀汉草创团队的后人。

浸淫在父亲盛名之下成长的诸葛瞻，和其他勋贵之后一样，受到了更多的爱戴和爱护，仕途一路顺畅，平步青云。诸葛瞻十七岁时迎娶公主为妻，又从都尉当到了军师将军。军师将军的授予在诸葛瞻之前仅有一个先例，正是诸葛瞻的父亲诸葛亮。

诸葛瞻官拜父职，身负朝野上下厚望，不过多年来，诸葛瞻却表现平平，无功无过。直到蜀汉灭亡前夕，诸葛瞻随同儿子诸葛尚一起，向蜀汉朝野证明了诸葛家族的忠义。

诸葛一门三世忠烈，不过是蜀汉后代的一个缩影。与诸葛瞻父子做出同样选择的，还有许多“蜀二代”“蜀三代”。

孤城日落斗兵稀

随着景耀五年（公元262年）姜维最后一次北伐失败，蜀汉政权的丧钟已经敲响。“师老民疲，我今伐之，如指掌耳”，曹魏权臣司马昭认为，蜀汉累年兵连祸结，生产凋敝，灭蜀犹如探囊取物，于是决意先蜀后吴，统一天下。

曹魏大军压境，首先要突破的是蜀汉汉中防线。魏军兵分三路，西路军由邓艾率领，出狄道直扑姜维主力；中路军由诸葛绪自祁山向阴平进发，断绝姜维后路；东路军则是钟会的魏军主力，分两路从斜谷、骆谷进军汉中、阳安关。

魏军主力星集汉水上游，蜀军负责主要防御任务的，是驻兵阳安关的傅佥。傅佥的父亲傅肜就是蜀汉旧臣。傅肜在夷陵之战中身先士卒，为刘备断后战死，死前面对劝降的吴军，仍然不屈大喊：“吴狗！何有汉将军降者！”傅佥也因为父亲之事被蜀汉朝廷嘉奖，出任左中郎，后又升任为关中都督。然而，乱世之中无灾无病到公卿只能是奢望。魏军势大，钟会一面攻围汉、乐二城，一面遣胡烈为先锋进攻阳安关。傅佥积极组织阳安关城的防御，可就在此时，后院起火了。

傅佥的副将名叫蒋舒，曾任蜀汉的武兴督，因为曾被解除职务而怀恨在心，彼时魏军势大，蒋舒便联络了攻城的魏将胡烈，打算约降。蒋舒想蒙骗傅佥，对傅佥说："现在魏军到达，不主动出击，反而闭城自守，不是好的办法。"蒋舒的提议并没有得到傅佥同意，傅佥答道："你我奉命守关城，保全了关城就是功劳，违命出战，如果兵败丧师，便是辜负使命，就算战死又有何益！"见傅佥油盐不进，蒋舒以"各行其志"为名率领军队出城，旋即投降了围城的胡烈。外无援军，内生叛乱，阳安关门户洞开，没有时间留给傅佥做准备，大批魏军就已经裹挟着叛军蜂拥而至，局势瞬息崩溃。

或死，或降。傅佥同他的父亲一样，选择了战至最后一兵一卒，最终于战斗中被杀，阳安关随之陷落。傅佥的战死给魏军带来了巨大震撼，后来晋武帝司马炎评价傅佥为"天下之善一"。而傅彤、傅佥父子两代都为蜀汉战死，也成了"奕世忠义"这一典故的来源。

攻取了重镇阳安关城，获蜀汉库藏粮谷兵械等无算之后，蜀汉在汉中地区除柳隐坚守的黄金城与汉乐二城以外，纷纷易手魏军。钟会下令留下部分兵力围住汉乐二城，自己亲领大军长驱，与回师的姜维对峙剑阁。

钟会大军被姜维主力挡在剑门关外，寸步不前。而剑阁又是通往成都的主要通道，在钟会犯难之际，邓艾提出了一条奇策，建议从阴平由邪径(小道)经汉德阳亭(今四川剑阁西北)，出剑阁趋向成都。邓艾的计策重点在于，魏军面对蜀军有兵力优势，可以分兵行进，一路走阴平小道进攻。如果姜维回防，主力便可直接通过剑阁；如果姜维不回防，魏军便可直指兵力薄弱的成都。这条计策被钟会采纳，由邓艾执行，而魏军自阴平通往成都的道路上，横亘着空有将军履历却无实际指挥经验的诸葛瞻、诸葛尚父子以及一干蜀汉功臣宿将之后。

“傅佥可以愧蒋舒，三人又可以愧马邈。”明末清初文学家毛宗岗在批注《三国演义》魏灭蜀之战相关章节时，提到的“三人”，就是诸葛瞻身边的三位将领——张遵、李球、黄崇。他们三人也同样是蜀汉将领名臣之后——张遵是张飞之孙、张苞之子，父祖皆为蜀汉效忠；李球是李恢之侄，李恢早年曾跟随诸葛亮讨平南中四郡的叛乱；黄崇的父亲黄权，在夷陵之战中因为刘备战败，后路断绝，无奈投降了曹魏，却得到了刘备的谅解，甚至叹息道：“孤负黄权，权不负孤也。”

邓艾率军“凿山开路，造作桥阁”，诸葛瞻与尚书张遵、尚书郎黄崇、羽林右部督李球督率军队前往抵抗。到达涪县后，黄崇和李球多次建议诸葛瞻率先抢占有利地形，防止魏军进入平原作战。但即便黄崇说得声泪俱下，建议仍旧没有被诸葛瞻采纳。

诸葛瞻也有自己的考量，彼时诸葛瞻麾下的兵马并非能征善战的边军，与邓艾正面交战无异于以卵击石。况且，姜维大军孤悬在外，一旦战败后果将不堪设想。如果借由江油关天险消耗魏军，以阴平道路崎岖难行，魏军不久后将会出现补给困难。

于是，诸葛瞻与大军盘桓不前，整军备战，准备待邓艾军队顿足江油关、师劳兵疲时再行出击。未曾想到，江油关蜀军很快就高举白旗，几乎不战而下，守将马邈归附。魏军一路长驱，诸葛瞻的战略部署彻底失效，在邓艾的逼近下，退往绵竹关进行防守。此时诸葛瞻如果只想不被蜀汉朝廷追责，只需死守绵竹，但同样，只要邓艾转向东进，就可以使姜维的蜀军主力腹背受敌。诸葛瞻选择了置之死地而后生，与邓艾寻求决战。

物换星移，诸葛瞻麾下的军队，已经没有父亲诸葛亮时的强势。面对邓艾以“琅琊王”的显爵相诱劝降，诸葛瞻不为所动，盛怒之下还斩首了邓艾的使者，彻底与曹魏划清界限，并率军击败了邓艾之子邓忠、魏将师纂，左右两路挫败了邓艾的攻势。压倒性劣势下，没有悬念，这场胜利也是蜀汉军最后的回光返照。

再战之时，诸葛瞻已无力回击，与两路人马拼死奋战多时，最终寡不敌众被杀。诸葛尚得知父亲战死后，自认没有及时铲除奸贼黄皓，同样冲入阵内，乱刃加身而亡。

蜀汉军队不断溃败，张遵、黄崇、李球激励将士冲阵，赴火蹈刃，死不旋踵，即便如此，也无力回天。蜀国后代在蜀汉灭亡之际纷纷效死，但仍没能阻止魏军进攻的步伐，通往成都的大门已然完全向邓艾敞开。

成都的黄昏

从剑阁到绵竹，蜀汉军队的将士始终在鏖战，但在邓艾兵临锦官城之际，刘禅向邓艾服了软。

魏军大军压境，蜀汉朝堂之上，刘禅召集群臣商议对策，光禄大夫谯周极力主张以投降换取平安，并以既无力自守、更不能去东吴寄人篱下为由相劝。正当谯周舌战群臣时，刘禅的第五子刘谌站了出来，对着谯周愤怒道：“如果走到了穷途末路，父子君臣应当同心勠力背城一战，就算战败，也是为社稷而死，这样死后也有颜面去见先帝！”

刘谌有死战之志，刘禅却有投降之心。刘谌为首的诸臣屡屡劝说无果，刘禅最终决定向邓艾投降。陷入绝望的刘谌来到了祖父刘备的昭烈庙中，痛哭着祭祀了心中崇敬非常的祖父，随后将妻子儿女杀死后自杀——“吾等死战，何故先降耶！”

成都城外夕阳西下，蜀汉王朝走向生命的尽头。刘禅下令姜维的主力部队缴械投降。姜维假意接受，却仍放不下兴复汉室之心。他发觉了钟会潜藏的野心后，利用这一点说服钟会，幽囚邓艾，并对刘禅写信说：“愿陛下忍数日之辱，臣欲使社稷危而复安，日月幽而复明。”图谋通过兵变恢复社稷。蒋琬之子绥武将军蒋斌、张良之后左车骑将军张翼也参与了姜维的计划。但因为计划不周，钟会部下发动叛变，姜维、张翼、蒋斌等人虽拖死了邓艾、钟会，但在兵变中最终以身殉难。

蜀汉灭亡了，不知这些战斗至死的蜀汉后代，是否会回忆起自己尚在童稚时，其父祖为汉室横刀立马、誓言共襄大义的身姿。

天地英雄气，千秋尚凛然。
势分三足鼎，业复五铢钱。
得相能开国，生儿不象贤。
凄凉蜀故伎，来舞魏宫前。

《蜀先主庙》

（文/湘桥蓬蒿人）

蜀汉灭亡后，东吴如何独活？

三国往事，尔虞我诈，奇处颇多。其中有一件“稀奇事”——东吴为什么在蜀国灭亡后，还能形单影只地存留十七年？到底是上天垂怜，还是另有隐情？

机缘巧合，暂避危乱

景耀六年（公元263年），邓艾率军打败诸葛瞻，攻破绵竹，直逼成都。蜀后主刘禅见状投降，在西南存续四十二年的蜀国宣告灭亡。家国已破，刘禅倒没啥，递上降表，乐呵呵地顶着“安乐县公”的名头过小日子去了，凄苦全部丢给了孙吴。

本来，面对国力强大的魏国，吴蜀自觉搞了个松散联盟，勉强维持着“三国鼎立”的局面。魏大举攻打蜀国时，吴国最终还是出兵救援，又是攻魏，又是走水路入蜀。结果倒好，援军还没赶到，就等来个“蜀主刘禅降魏问至”，也只能作罢。

吴国此时当政的，是孙权之子孙休。孙休是吴国第三任君主，也是历史上口碑最好的一位。孙休一看，引颈受戮不如主动出击，遂派遣盛曼将军向西进军，说是救援，实际上是想偷袭永安（今重庆市奉节县）。

也怪吴国运气不好，此时镇守永安城的是蜀汉旧将罗宪。罗宪见状火冒三丈：

> 本朝倾覆，吴为唇齿，不恤我难，而邀其利，吾宁当为降虏乎！

你这盟友，不来救我们，还想乘机捞一把，反正蜀国已亡，我宁愿投降魏国，也要和你们刚到底。

公元264年，魏将又在蜀国故地争权夺利，自相残杀，孙休瞅准时机派兵增援，意图拿下蜀国。罗宪面对来犯的步协、陆抗，依然面不改色，愣是拼死抵抗，没让吴军进城。没过多久，司马昭派胡烈前来，协助罗宪一起击退了陆抗等人。

对此时的吴国来说，时机已去，出兵成不成功还是后话，如何保住自家小命才是大问题。毕竟，三国对阵变成两方对垒，更别说孙吴的国力差了魏国老远一截儿。同年，孙休也走完了自己二十余年的人生，驾鹤西去。

外有强敌虎视眈眈，内是国君新丧，交阯还发生叛乱，一堆乱摊子交给谁呢？历史选定了孙皓。孙皓，孙和的儿子，孙权的孙子。本来孙休有儿子，而孙皓又早早地被送去了封地，怎么也不可能有帝王命，偏偏这孙皓与乌程令万彧交好，后者极为看好孙皓，还没事就和当时的丞相濮阳兴和左将军张布推荐孙皓。这两人一合计，太子和诸皇子年龄还小，内忧外患，不如就让孙皓先坐上皇位。

就这样，永安七年（公元264年）孙皓即位。这位被选中的统治者做得如何呢？根据记载，当政早期，孙皓干得像模像样：

> 皓初立，发优诏，恤士民，开仓廪，振贫乏，科出宫女以配无妻，禽兽扰于苑者皆放之。当时翕然称为明主。

孙皓认真干了几件大事。首先是清除权臣。寻了个理由，把扶自己上位的濮阳兴、张布杀了，虽是残酷冷漠，但也实现了政由己出，改变了孙权去世后皇权旁落的政治格局。

随后，手握大权，顺利亲政，孙皓开始整顿朝局，找人为国卖命。一方面，军务大事得由能人负责，孙皓立马加封陆抗为镇军大将军，后又拜为大司马、荆州牧，尤其是将吴国的命门“荆州”全权托付给陆抗。事实证明，陆抗在随后与西晋的对弈中发挥了重要作用，不仅击退了羊祜，还攻杀了叛将步阐。陆抗的兄弟陆凯也被孙皓重用，被封为镇西大将军，后迁左丞相。陆凯在历史上以劝谏孙皓而闻名，说白了就是经常和孙皓对着干。司马昭死后，丁忠建议乘机偷袭弋阳，孙皓也是听了陆凯的劝，才没有贸然跑去招惹西晋。

最后，搞完军务，孙皓也没忘记整顿一下文官队伍，挑选有识之士充任常侍，专门让他们发表批评言论。据考证，孙皓当政早期逐渐形成一股“清议之风”，甚至能够比肩东汉末年的清议风尚。

正是这段短暂而宝贵的时间里，东吴的朝堂没有经历过多动荡，人心暂稳，为其政治生命的存续打了一剂微小的强心针。

西晋初立，获得喘息

真要说起来，东吴也算是被上天足够眷顾了。本来，司马昭灭蜀的时候，就已经提前给东吴热好了“盒饭”。只是考虑到灭吴得造战船、开水道，再加上忌惮吴国强大的水军，便把灭吴的计划延后：

> 今宜先取蜀，三年之后，因巴蜀顺流之势，水陆并进，此灭虞定虢，吞韩并魏之势也。

照这么看，消灭蜀国后，魏国的刀就已经架在了吴国的脖颈上，灭吴已经是板上钉钉之事。谁也没料到的是，蜀国刚灭，魏国还来不及磨刀，公元264年8月，司马昭暴毙，时年五十五岁。拿刀之人一命呜呼，灭吴计划自然暂时搁浅。不到半年，公元265年，司马昭的儿子司马炎改魏为晋，一段新的历史即将书写。

对刚坐上皇位的司马炎来说，“灭吴”并不是顶顶要紧的事，他反而要花点儿心思巩固皇权。司马炎反思了一下，觉得前朝亡在宗室受控过严、皇权孤立无援，自己得好好重视一下血缘宗亲。头一件事就是大封群臣。叔祖父、叔父、弟弟……反正但凡和自己有点血缘联系的，都得封王；之后便是封赏对自己上位有功的臣子。这么一连串动作搞完，已费了不少时间。

此外，国朝初立，司马炎还遇上了一些麻烦事，暂时腾不出手去收拾吴国。一是不断的天灾。根据史书记载，司马炎登位后，晋朝遭遇的自然灾害不在少数，水灾、旱灾、螟害，几乎样样都来。甚至公元271至273年，西晋连续遭受三年旱灾。二是少数民族的侵扰。其中最让晋国头疼的一次，是由鲜卑发动的叛乱，史称“秦凉之变”。要说也是事出有因，早年间，邓艾招降了鲜卑族人，并把他们安置在雍州、凉州等地，和汉人混居。本身鲜卑族平时也没多被待见，又遇到了连年天灾，雍、凉、秦三州爆发饥荒，肚子吃不饱，民众不满是情理之中。此时，任秦州刺史的是胡烈，不恤民苦就算了，胡烈偏要采取高压手段，武力镇压。公元270年，鲜卑首领秃发树机能发动叛乱。这场叛乱整整持续九年之久，硬生生地阻碍了司马炎伐吴的步伐。

事实上，在此过程中，司马炎不是没想过攻打吴国，他还认真地和众人商议了此事，但一到这种时候，贾充、荀勖便会阻止，认为吴国实力尚存，时机不够成熟，不能去自讨苦吃，有时还会劝司马炎先把少数民族的问题处理妥当，再论伐吴。总之，反对声一阵又一阵，司马炎便是想给吴国致命一击，也只能想想而已，没法有实质性的进展。

也正是诸如此类的麻烦事儿，束住了司马炎的手脚，为孙吴争得了宝贵的喘息机会。只是，上天的仁慈往往只有一次，面对这样珍贵的生机，吴国明显没能把握住。

自作自受，大厦倾颓

上天待吴国不可谓不好，可惜的是，吴国并没有珍惜这样的幸运。

前期勤勉当政的孙皓，皇位刚刚坐稳，便暴露了自己的暴虐本性。除诛杀濮阳兴、张布外，对其他的臣子，孙皓也没多客气。据记载，孙皓每次设宴款待群臣，必会让臣子们喝醉。君臣同醉同乐也就算了，孙皓还专门找了十个人做“黄门郎”，滴酒都不许他们碰，让他们专门检查群臣的醉酒过失。宴会一结束，这些人就来给孙皓汇报，说大臣们都有哪些不敬之处，不管是眼神不敬，还是言语不尊，都会被记录。官员们要是有大的过失，会被立即施加严刑，即便是小的过失，也会被记为罪过。

这样的暴政，即便是饱受宠信的臣子也无法幸免。一直受到孙皓信任的司市中郎将陈声，看到孙皓的爱妾派人到集市上抢夺财物，气不打一处来，将犯事之人绳之以法。小妾不乐意了，去向孙皓告状，孙皓一听，大怒，寻了其他事由，拿被烧红的锯子生生割掉了陈声的头，还把尸体扔到了四望山下。

这么一搞，原本忠心耿耿的官员们如履薄冰，只求保住项上人头，还有些将领干脆率众归顺魏国，早早给自己寻条生路。

暴虐之外，孙皓还穷兵黩武，幻想收拾西晋。早期，孙皓还忌惮魏国实力，处事谨慎，甚至还让纪陟跑去献上土特产。后来，孙皓在与晋军的几次作战中获得了一些小型胜利，自此逐渐放松，越发不把西晋放在眼里。后来，步阐叛乱，陆抗奉命讨伐，但其考虑再三，并没有主动出击。孙皓知道后大怒，派人责问陆抗，陆抗乘势上书，劝谏孙皓保存实力，不要因为战事劳民伤财。孙皓置若罔闻，我行我素。公元274年，陆抗去世。

与此同时，对手却开始认真搞起事业。自公元272年，司马炎开始有意识地发展水军，几年后，马隆击败鲜卑，拔除了西晋伐吴路途中最显眼的荆棘。

叛乱平息，军备充足，于西晋而言，真正的伐吴良机来了。公元279年，司马炎任命太尉贾充为大都督，任冠军将军杨济为副都督，派遣王伷、王浑、王戎、胡奋、杜预等分路而出，率二十余万大军攻吴，水陆并进，来势汹汹。

戏剧性的是，晋军所到之处，吴军鲜有抵抗，几乎是不战而降，甚至东吴百姓还欢迎晋军进城。晋军势如破竹，孙皓见状，奉上印玺，主动投降。公元280年，东吴灭亡，弥漫着狼烟战火、群雄角逐的三国时代宣告结束。不久后，孙皓在洛阳病死。

虽说三国争锋，归为一统是大势所趋。但在蜀亡后，硬生生又多坚挺了十多年的东吴，也算是一个小小的奇迹。可惜的是，上天纵有好生之德，却不会对其无限度地庇佑。苛政当道，穷兵黩武，东吴的悲剧落幕，在民不聊生、怨声载道之时，便已注定。

（文/念缓）

古代纷争之世何其多，为何最火的是三国？

2020年秋，笔者去河南临颍繁城镇寻访1800年前汉魏禅让的受禅台与受禅碑。

不独今人，古人亦然

笔者一路上免不了找村民问路，在典型的豫中农村，许多上了岁数的村民文化程度并不高，但只要与他们聊到三国，聊到曹操、曹丕，他们便一下打开了话匣子，滔滔不绝。类似的场景，在四川成都、河北涿州、湖北荆州等三国故地的探访过程中也常常能遇到。尽管当地村民的口音不是那么好听懂，尽管他们的讲述未必那么准确，但他们对三国的热情令人感动。在勉县武侯墓、庐江周瑜墓、剑阁姜维墓等三国名人故地，还能看到游人自发留下的鲜花、酒杯、手写卡片。"三国"，这一个充满"魔力"的词语，让这些素不相识的人们眼中闪烁出共同的热爱之光。

唐代诗人李商隐在诗中描写自己四五岁的爱子，特意强调了这个细节：孩子送完客人出门，便忙不迭地返回来，在李商隐面前用戏谑的方式模仿那些来客——有的像张飞一样粗莽，有的像邓艾一样结巴……如果这不是诗人富有的文学性夸张，至少能说明，在唐朝，三国故事就已妇孺皆知，童蒙小儿皆可信手拈来做譬喻。与李商隐齐名的杜牧，在游览赤壁古战场后慨然有怀古之思，可诗中“东风不与周郎便，铜雀春深锁二乔”，却是十足的市井流言、桃色八卦，与三国正史南辕北辙。这却也说明了三国故事、人物在民间的传播早已走了样，人们不必受史传的桎梏，可以自由地按照自己的价值观去解读那段历史。而此时，距离三国落幕已经过去500多年，而再过500多年，那本畅销全国的《三国演义》才问世。

对“三国”的热忱根植于中国人的记忆深处，对三国英雄的崇敬更成为一代代后来人挥之不去的情结。潇洒不羁的李白歌咏“陈王昔时宴平乐”，梦想着与曹植斗酒十千、一醉方休；落魄潦倒的杜甫含泪吟诵“出师未捷身先死”，将自己对忠君报国的政治理想投射在诸葛亮身上；怀才不遇的苏轼在黄州触景生情，一句“谈笑间，樯橹灰飞烟灭”梦回周瑜的潇洒人生；壮志未酬的辛弃疾站在京口北固亭眺望陷于敌虏的故土，高歌“年少万兜鍪，坐断东南战未休”，向昔日虎踞江东的孙权投以深沉的敬意。

乱世出英雄

马可·奥勒留曾在《沉思录》中说：“环顾历史，那些赫赫有名的人物都到哪里去了，他们像一股青烟消失了。”这句话适用于绝大多数中外历史，却不适用于三国。三国英雄的名字早已被镌刻成了永恒，他们“身虽死，而名垂于竹帛”，为后世传诵千余年。

中国拥有上下五千多年的悠久历史，传奇故事不绝如缕，英雄人物灿若群星，讲史论史早已成为中国人血脉里流淌的基因。若说后人论史往往追慕盛世，那么三国必定不在其列，因为这是一个名副其实的乱世、衰世；若说持续时间较长的王朝易于被后世记挂，三国又是一则反例，因为三国连头带尾也不过百年、魏蜀吴国祚可谓短暂。那么，三国何以成为中国历史的第一IP？何以在中国文化的花园中如此大放异彩呢？

三国最吸引人的是风云激荡的大纷争时代中涌现的一个个鲜活的人物。那时的人们不得不面对一个残酷的悖论：一方面，政治黑暗、社会混乱、战火连绵、生灵涂炭；另一方面，在旧有的社会秩序崩溃的同时，固化的社会阶层也被打破，许多出身卑微的人可能凭借自己的本领在历史的大潮中搏击风浪。这既是“白骨露于野，千里无鸡鸣”的时代，又是“人人自谓握灵蛇之珠，家家自谓抱荆山之玉”的时代。于是我们看到曹操、诸葛亮这样的战略大师，周瑜、邓艾这样的军事奇才，关羽、吕布这样的熊虎之将，郭嘉、贾诩这样的神算智者，华佗、张仲景这样的旷世神医。

并非苍天垂青三国，让这璀璨群星托身于这百年之间，而是在中国历史漫长的年谱中，绝大多数的奇才生不逢时，以至有“冯唐易老，李广难封”的论调。而乱世与英雄互为成全，“滚滚长江东逝水，浪花淘尽英雄”。杨慎这句诗虽不是写三国，放在《三国演义》之前却颇为贴切，这正是三国时代的真实写照。

不过，中国历史中的乱世多矣，十六国、南北朝、五代十国……何以三国独占鳌头？因为在三国群英之中，除了才，还有情——刘备的仁德、曹操的率性、关羽的大义、诸葛亮的忠诚、张飞的豪爽、周瑜的潇洒、嵇康的狂傲……这样一群有血有肉的人物，即便他们生活的时代与我们相距遥远，即便他们的生活方式与我们差距甚大，那些幽微的人性与细腻的情感，依然会循着一条若隐若现的脉搏与我们在心灵上产生共振：忠诚与背叛、正直与谄媚、勇敢与怯懦、信任与怀疑、大度与狭隘、坚毅与脆弱、慷慨与自私、孟浪与隐忍、超脱与功利……它们是人类社会永恒的二重奏，它们不会因为社会变迁而消亡，却会在某些风云激荡的大时代被凸显强化，从而化为历史中的典型。而三国恰恰就是这样的时代，人们读三国，读的不仅是历史，也是当下，读的不仅是金戈铁马、纵横捭阖，也是人性之中共通的情绪。

正史与野史

在历史的长河中，三国人物的形象也会随着时代的变迁而发生嬗变，甚至与史传中的记载大相径庭。野史、话本、杂剧、小说都是这些变化背后的推手，终至《三国演义》而登峰造极。《三国演义》中对三国人物的阐释和臧否竟成为它们在后人印象中的“标准像”。当然，会有不少人站出来为“三国”喊冤，认为“演义”恩怨分明的文学色彩让读者对众多三国人物存在着深深的误解。然而，存在即合理，小说家之所以要将三国挑出来作为某种戏剧情景的聚合场，要将曹操、关羽、诸葛亮、周瑜等人物选出作为某种艺术典型来塑造加工，其背后本身就有着耐人寻味的缘由，这种流变同样也是三国文化影响力的一种呈现。

就拿走上神坛的关羽来说，正史《三国志·蜀书·关羽》中对关羽的记载只有953字，即便加上裴松之注引也不过千余字，仅简略记载了关羽生平。正史中对关羽虽有“勇冠三军”“万人敌”“熊虎之将”等褒奖，但所见战绩不过斩颜良、水淹七军两则，同时不乏对关羽“刚而自矜”的批评。史传中的关羽形象，尚未超越一个勇猛但有性格缺陷的将军范畴。晋人王隐《蜀记》还记载了关羽向曹操乞娶秦宜禄之妻的故事，可见到南北朝时，关羽的形象并非完美。

关羽的神化始于宋徽宗年间。北宋末年，宋徽宗需要利用民间对英雄的尊崇来弘扬忠义、鼓舞士气，其在位二十五年间，陆续加封关羽为“忠惠公”“昭烈武安王”“义勇武安王”。及至南宋，因为朝廷偏安江南，失去北方故土，与三国蜀汉处境相似，蜀汉正统论成为主流，朱熹《资治通鉴纲要》叙述三国史事改以蜀汉年号纪年。作为蜀汉武将的关羽自然受到格外厚待。宋孝宗时，关羽已为“壮缪义勇武安英济王”。元代，元世祖忽必烈正式敕封关羽为伽蓝，关羽崇拜与三教的结合也进一步加深。元杂剧中也出现了大量赞美关羽的剧目，如《关大王独赴单刀会》《关云长千里独行》等，后来均成为《三国演义》的素材。明太祖朱元璋罢黜武庙，于鸡鸣山建庙，独将关羽列入国家祀典。清军入关后为笼络汉人，对关羽的推崇有增无减，清朝先后有八代皇帝对关羽层层加封，最后封号竟长达二十六个字。关羽身上的

“忠义”品格让统治者甚为欣赏，历代帝王们无不希望自己的臣子以关羽为楷模，“身在曹营心在汉”，杀身成仁以全其忠。实际上，将关羽从一名武将推上神坛的并不仅仅是统治者。关羽的形象在流变过程中，越来越完美地符合了官方与民间的共同期待。对普通百姓来说，关羽神勇的传说让他具备了消灾去难、庇护众生的功能。北宋时，关羽的老家解州流传着关羽大战蚩尤这种时空错乱的荒诞故事。明清时，晋商的崛起为关羽封神又添了一把火。关羽的忠义精神，与晋商的“守信重义”理念契合，晋商走货时往往会祭拜“老乡”关羽。就这样，关羽这个在史传中与财富毫无关联、在小说中挂印封金淡泊名利的人，竟成为如今大小商铺都要供奉的“财神爷”。论起三国对于后代的影响，无论从广度还是深度，被“封神”的关羽都无出其右。

关羽因“义”与“勇”而备受推崇，诸葛亮则因为“忠”与“智”而成为万世楷模。实际上，史传中的诸葛亮并没有多少“神机妙算”的事例，他是杰出的战略家、外交家、政治家、军事家，却从未像庞统、法正、郭嘉、荀攸那样担任过“谋主”的角色，但这不妨碍后人将诸多智慧故事倾注于他的身上。诸如火烧博望坡、草船借箭、借东风、八卦阵、安居平五路、空城计等脍炙人口的精彩桥段，要么是移花接木，要么是子虚乌有，乃至于鲁迅都愤而指责《三国演义》“状诸葛亮之多智而近妖”。

然而，人们之所以要将并不以庙算见长的诸葛亮“打扮”成“智绝”，究其根本还是源于他鞠躬尽瘁、死而后已的赤胆忠心的道德感染力。人们崇敬诸葛亮，将他视为“千古完人”，是因为人们在诸葛亮的身上寄托了一个明君贤相、政通人和的太平愿景。因而在成都武侯祠，我们会看到一个有趣的场面——这里原本是刘备的祠庙和陵墓，却在明代因为诸葛亮祠庙的迁入而“君臣易位”，武侯祠的名头盖过了昭烈帝庙及惠陵。出现这种场面，显然不是诸葛丞相的本意，但正所谓“民意不可违”。面对“粉丝”表达“爱”的方式，“偶像”也无可奈何。

关羽和诸葛亮都不是严格意义上的成功者，前者败走麦城，后者秋风五丈原，多少人读到这两处时捶胸顿足、仰面而涕。二者在生前未能“立功”，在身后却“芳龄永继”，这其中固然有同情的因素，但更多是因为他们为后世的中国人编织了一个个绚丽多彩的梦境——触手可及又遥不可及，有顺境逆境却又胸怀理想主义，既能够与数以亿计的人们共情，又可以被他们高高举起、深情仰望。

三国文化的历史意义

黄仁宇曾说：“生命的真意义，要在历史上获得，而历史的规律性，有时在短时间尚不能看清，而须要在长时间内大开眼界，才看得出来。”

三国的历史虽然短暂，但如果将它置于中国历史长河中，用“大历史观”去审视它，暂时摆脱英雄史观与传奇叙事的影响，我们更能发现，三国上承秦汉、下启隋唐，充满了转折与变革的色彩。

在政治制度方面，中书从尚书台中分离，为后来“三省六部制”的雏形；九品中正制的确立，成为门阀政治的滥觞。在经济发展方面，江南的土地被大量开发，中国经济重心南移从此悄然开启。在城市建设方面，全城规划“中轴线”的理念首次应用于实践，为中国都城建设开典范之作。在军事建设方面，马镫、马铠的出现让骑兵成为真正的主力兵种。在文学创作方面，“三曹”“七子”的涌现、七言诗和文学批评的产生，让三国成为“文学自觉的时代”。在书法创新方面，隶书完成了向楷书的转变。在宗教文化方面，道教的诞生、佛教的繁荣，深刻影响了中国历史的发展。

三国距离我们已经过去1800多年，从时间上看，它已变得遥远而模糊，然而在各种科技和艺术形式的催化下，三国又往往能够焕发新的生命力。

许多“80后”，是通过连环画走入三国的世界。之后，央视版《三国演义》电视剧横空出世，令书本上的三国英雄以鲜活的形象变得清晰。我们随之悲喜，随之驰骋江山。接下来是各类三国游戏，让我们在虚拟世界有了与三国人物并肩同行、参与群雄逐鹿、改变历史进程的成就感。

如今，三国的文化内涵与外延仍在被拓展，近年来考古成果不断涌现，朱然墓、曹操墓、曹休墓、丁奉墓、曹魏邺城、汉魏洛阳城……那些沉睡千年的三国英雄又重新“复活”于我们面前。

三国的影响也早已不限于国内。2019年，在东京国立博物馆、九州国立博物馆举办的“三国志特展”，汇集了从中国各大文博机构遴选的近200件两汉、三国文物，引发了日本观众的观展热潮，两个月内观众达33.7万人次。在东亚、东南亚，三国早已成为中华文化的名片。在全球各地有华人的地方都有关帝庙。

结　语

汉末风云突起，黄巾起义打开了苍天已死的乱世帷幕。乱世难存，唯有能者安于其中，这给生在那个金戈铁马时代的英雄提供了展示雄才大略、文治武功的最佳舞台。因此，有人认为，三国是中国古代最浪漫的时代。关汉卿《单刀会》中关羽有一句唱词："这也不是江水，二十年流不尽的英雄血。"

三国便是如此。它不仅是一段历史、不仅是一部"名著"，它是涓涓不息的文化传承。无论未来三国还会以何种面貌呈现，它的精神内涵恒久不变，它将在每一个不甘于平凡的灵魂中叩出回响，而这个民族也因而有了生生不息的力量。

（文/成长）

图书在版编目（CIP）数据

三国面孔：纷争下的人性与权谋/《国家人文历史》编著.--北京：大有书局，2022.4（2022.7重印）
（历史的智慧）
ISBN 978-7-80772-070-6

Ⅰ.①三…　Ⅱ.①国…　Ⅲ.①中国历史－三国时代－通俗读物　Ⅳ.①K236.09

中国版本图书馆CIP数据核字(2022)第035303号

书　　名　三国面孔：纷争下的人性与权谋
SANGUO MIANKONG:
FENZHENG XIA DE RENXING YU QUANMOU
作　　者　《国家人文历史》编著

策划编辑　李瑞琪
责任编辑　周　舟
责任校对　李盛博
责任印制　袁浩宇
出版发行　大有书局
（北京市海淀区长春桥路6号　100089）
综 合 办　（010）68929273
发 行 部　（010）68922366
经　　销　新华书店
印　　刷　中煤（北京）印务有限公司
版　　次　2022年4月北京第1版
印　　次　2022年7月北京第2次印刷
开　　本　160毫米×230毫米　1/16
印　　张　19.75
字　　数　210千字
定　　价　58.00元